로마와
그리스도교

믿음이란 한 알의 밀알이 땅에 떨어져 죽음으로 많은 열매를 맺음과 같이 진리의 열매를 위하여 스스로 죽는 것을
뜻합니다. 눈으로 볼 수는 없으나 영원히 살아 있는 진리와 목숨을 맞바꾸는 자들을 우리는 믿는 이라고 부릅니다.
「믿음의 글들」은 평생, 혹은 가장 귀한 순간에 진리를 위하여 죽거나 죽기를 결단하는 참 믿는 이들의, 참 믿는 이들을
위한, 참 믿음의 글들입니다.

His+STORY
그리스도교의 역사 1

로마와
그리스도교

--
**ROME AND
CHRISTIANITY**

그리스도교는
어떻게
로마를
정복했는가?

--
김덕수
지음

역사에서 신앙과 개혁의 길을 묻다

2017년은 종교개혁 500주년이라는 뜻깊은 해다. 그러나 한국 교회는 갱신과 개혁에 대한 기대로 그리스도교 공동체와 한국 사회에 새로운 희망을 주기보다는 세상으로부터 그 어느 때보다 따가운 질책을 받으며 곤혹스러운 시간을 보내고 있다. 오래전부터 교회는 세상의 고통이나 불의, 신앙의 사회적 차원에 대해서는 거의 관심을 보이지 않았고, 복음의 본질도 철저히 망각한 채 맘몬신과 성장·성공이라는 세속적 가치를 추구하는 데 여념이 없었다. 신자들이 그저 자신의 욕망을 신앙의 이름으로 포장해 추구하지만, 교회는 그런 풍조를 방임하거나 심지어 북돋고 있다. 교회가 세상에 귀감이 되기보다는 걱정거리로 전락해 있으며, 종교인들이 저지른 사회적 비리와 낯 뜨거운 일탈행위들은 일일이 열거할 수 없을 정도가 되었다. 철저히 세속화된 종교, 21세기 한국 그리스도교의 민낯이다. 이는 사실상 종교개혁 직전 부패와 모순으로 저항에 직면했던 유럽의 가톨릭교회와 비교해도 전혀 나을 것이 없다. 폭발적인 성장에 취해 스스로를 돌아볼 기회를 갖지 못했던 한국

교회는 치명적인 위기에 직면해서야 비로소 반성과 성찰을 강요받고 있다. 한때 세계 그리스도교의 희망이었던 한국 교회가 어쩌다 이 꼴이 되었을까? 길을 잃은 한국 교회는 일단 가던 길을 멈추고 지나온 길들을 찬찬히 돌아보며 길을 잃게 된 원인을 점검해 봐야 한다.

개신교인들은 종교개혁을 명분과 정당성을 갖춘 사건으로 확신한다. 그런데 지난 500년간 가톨릭교회에서 이탈하여 종교개혁가들이 건설한 새로운 교회가 과연 온전히 성경다운 교회상을 구현하고, 바람직한 발전을 거쳐 왔는지 냉철하게 돌아볼 시기가 되었다. 사실상 한국 교회뿐 아니라, 그리스도교 역사 중 상당 부분이 지구촌 공동체로부터 부정되고 있는 현실을 성찰해야 한다. 그리스도교는 현재 세상의 어두움을 밝히는 진리이기는커녕 일반적으로 기대되는 종교의 모습에도 크게 미흡하다는 평판을 받고 있다. 그로 인해 세상은 종교개혁 500주년을 그리 의미 있는 일로 평가하지 않으며, 오히려 그리스도교가 경제정의, 자유, 민주, 인권 등 현대 문명의 발전에 걸림돌이 되고 있는 현실에 주목한다. 그런 맥락에서 때마침 맞이하는 종교개혁 500주년은 통렬한 성찰의 계기가 되어야 한다. 정작 필요한 것은 거창한 과시용 행사들이 아니라, 세계 교회와 한국 교회가 어디에서 길을 잃었는지 역사의 경로를 되짚어 보며 차분하게 묻고 찾는 모색의 과정이다.

이 기획은 이러한 자기성찰로부터 비롯되었다. 그리스도인 공동체와 제도로서의 교회가 팔레스타인 지역에서 시작된 후 현재에 이르기까지 전 과정을 세속사의 전개와 더불어 찬찬히 살펴보며, 그 변화와 성장, 일탈과 갈등의 과정들 속에서 새로운 통찰과 전망을 얻고자 하는 시도다. 그리스도교 역사의 발전 과정에서 이루어졌던 개혁들과 일련의 운동들이 남긴 긍정적인 성과들뿐만 아니라, 의도하지 않았을지라도 결과적으로 부정적인 유산을 초래하게 된 원인들에 대해서도 관심을 두고 추적하려 한다. 세상의 길과 교회의 길이 다르다는 주장을 간과하지 않겠지만, 종교의 이름으로 자행되었던 흉악하고 반인륜적인 범죄들을 대면하려는 노력도 포기하지 않을 것이다. 그 과정에서 현재 길을 잃고 헤매는 한국 교회와 그리스도교인들에게 주는 시사점을 찾아보고자 한다.

이 기획이 기왕에 출판된 여러 세계교회사 시리즈와 차별을 보이는 부분은 대략 다음 세 가지로 요약할 수 있을 것이다.

첫째, 교회사와 세속사를 적극적으로 통합하여 그리스도교 역사를 전체사로 다루는 것을 목표로 삼는다. 그리스도교인들은 역사(歷史)가 하나님이 주관하는 역사(役事), 즉 'His Story'임을 고백하는 자들이다. 그럼에도 불구하고 기존의 교회사들은 제도로서의 교회, 교리, 신앙운동 등 제한적인 종교사를 서술하는 것으로 만족한다. 이 기획은 세속사를 전공하는 역사가들과 교회사가들이 상호 협력하여 교회사와 세속사를 그리스도교적 안목으로 통합적으로 서술하려는 시도다. 세속사에서는 교회사를 지엽적인 것으로 생각하는 경향이 있고, 교회사에서는 종교적인 주제에만 관심을 보이면서 사회사적인 풍부한 연구 성과들을 도외시해 왔다. 그러나 어느 시대를 막론하고 그리스도교는 정치는 물론 사회, 경제, 문화 등과도 밀접한 관계를 맺으며 상호작용했다. 종교인과 신자들의 삶의 현장이 세상이기 때문이다. 분량의 제한 때문에 세속사의 모든 주제를 포괄할 수는 없겠지만, 통상 세속사의 영역으로 다루어지던 주제들도 통합적인 안목으로 재해석하려 시도했다.

둘째, 우리 연구자들의 눈으로 세계 그리스도교의 발전 과정을 재해석하려고 시도했다. 그리스도교 역사를 다루는 번역서들은 넘쳐나지만 정작 한국인이 서양 학자들과 다른 시각으로 저술한 저서들은 아직 드물다. 그들의 변형된 제국주의적 시각이 아니라, 한국과 제3세계까지도 포괄하는 다중심성의 시각으로 그리스도교의 발전과 전개를 새롭게 해석하기 위해서는 한국과 같은 주변부 연구자들의 적극적인 기여가 요청된다. 유럽중심주의적 시각에서 벗어나야 할 필요성은 근현대 시기뿐 아니라, 근대 이전 시기의 역사에 대해서도 마찬가지로 절실하다. 이 책은 예루살렘과 땅끝을 균형 있게 살피는 태도를 견지하고자 했다.

셋째, 연구 업적의 축적과 방대한 사료들로 인해 한두 학자가 세계사 전체의 서술을 감당할 수는 없다. 그로 인해 해당 분야의 전문가들 중에 그리스도교 역사에 관심을 갖고 연구해 온 학자들을 엄선하여 저술을 의뢰함으로써 전문성에 있어서 미흡함이 없도록 배려했다. 이 기획에서는 통상적인 시대구분법을 감안해 세계사 전체를 다섯 부분으로 나누어 집필하도록 했다.

① 서양 고대에 해당되는 시기로, 그리스도교가 출현하여 제국의 종교로 발전하게 된 국면
② 서양 중세에 해당되는 15세기까지로, 그리스도교가 유럽 문명의 속성을 지니게 된 국면
③ 근대 전기를 대체로 포괄하는 16-17세기로, 종교개혁과 종교전쟁의 시기
④ 근대 혹은 '장기의 19세기'라고 불리는 시기로, 계몽주의와 혁명들 그리고 제국주의 시대
⑤ 시간적으로는 현대로 분류되는 20세기로, 공간적

이와 같이 국내 중견급 학자들이 협업하며 그리스도교 역사를 통사로 서술하는 기획은 사실상 국내에서 처음으로 시도되는 일이다. 학문 세계의 축적을 감안하면 무모하게 생각되는 측면도 있지만, 출판사와 저자들은 광야에 길을 내는 심정으로 용기를 내어 의기투합했다. '홍성강좌'라는 이름으로 필자들은 2016년 초부터 한 학기씩 관심 있는 독자들을 모아 파일럿 강의를 시작했고, 그 강의안과 교실에서 실제 이루어졌던 토론 내용 등을 보완하여 책으로 완성하는 절차를 밟았다. 집필에 참여한 여러 연구자들은 함께 콘셉트, 역할 분담, 용어 등 일부 사안들에 대해 의견을 나누었다. 각 권의 저술은 각 담당자들이 책임을 지며 소신껏 진행하기 때문에 어느 정도 견해 및 시각 차이도 피할 수 없을 것이다. 그렇지만 드러나게 될 차이들이 오히려 서로를 긍정적인 방향으로 이끄는 좋은 자극제가 되리라 기대한다.

역사에서 신앙과 개혁의 길을 묻는 긴 여정의 동반자로 당신을 초대한다.

홍성강좌 기획위원

박흥식(서울대 서양사학과 교수)

머리말

로마가 건국되어 몰락하기까지 1,200년 정도 걸렸다. 동로
마제국(비잔티움 제국)까지 보면 1,000여 년이 더 유지되지
만 이 책은 6세기 중엽 유스티니아누스 황제 시대까지만
다룬다. 책의 전반부에서는 이탈리아 반도 중앙에서 기원
전 753년에 건국된 로마가 이탈리아 반도와 지중해 세계
로 팽창해 가는 과정을 알아본다. 즉 트로이전쟁에서 패
한 트로이의 영웅 아이네아스가 유민들을 이끌고 이탈리
아 반도의 라티움에 정착해서 새로운 문명의 씨앗이 되고,
그 이후 초대 왕 로물루스를 시작으로 왕정 그리고 브루투
스를 시작으로 공화정이 수립되어 로마가 지중해 제국으로
성장해 가는 과정을 탐구하는 것이다. 이어서 지중해 동
쪽 끝, 로마제국의 변방 예루살렘에서 시작된 그리스도교
가 시리아, 소아시아, 그리스를 거쳐 로마까지 전파되고 로
마제국의 국교가 되는 과정을 알아본다. 즉 유일신 사상을
핵심으로 하는 유대교의 전통에서 나온 그리스도교가 1세
기 중반부터 지중해를 통해 중심부인 로마까지 전파되면
서 다신교적 전통의 그리스로마 세계와 충돌하고, 박해와

11

묵인이 반복되다가 마침내 4세기 초 공인되고 4세기 말에 로마제국의 국교가 되는 과정 그리고 로마와 그리스도교의 갈등과 대립, 그리스도교의 공인과 국교화가 로마 역사, 더 나아가 인류 역사에 끼친 영향을 탐구하는 것이다.

　　고대인들은 대체로 자신들의 국가의 기원에 대한 건국신화를 가지고 있다. 로마인들 역시 마찬가지였다. 1장에서는 트로이에서 탈출한 아이네아스가 라티움에 정착하고, 그 뒤 아이네아스의 17대손 로물루스가 로마를 건국하고 이후 전개된 왕정 시대를 다루었다. 트로이 기원설에 근거한 로마의 건국신화를 완성한 것은 아우구스투스 시대 시인 베르길리우스였다. 그는 당시까지 구전으로 내려온 전승을 정리해서 '아이네아스의 노래'라는 뜻의 대서사시 《아이네이스》에 담았다. 아이네아스는 베누스 여신과 왕족 안키세스 사이에 태어났고, 트로이 왕 프리아모스의 사위였다. 《아이네이스》는 아이네아스가 어머니인 여신 베누스의 도움과 유피테르의 가호를 입어 일족을 이끌고 트로이를 탈출하고 지중해 유랑을 거쳐 이탈리아의 라티움에 정착하는 과정을 담은 서사시다. 그는 라티움의 통치자 라티누스의 도움으로 라비니움을 건설하고 토착 세력인 투르누스 왕을 물리침으로써 트로이-라티움 연합국가를 세우는 데 성공한다.

　　《아이네이스》는 로마 건국 신화일 뿐 아니라 건국 이후 전개되었던 실제 역사를 미래에 대한 예언 형식으로 보여주었다는 점에서 베르길리우스 당대 역사 인식의 반영이다. 《아이네이스》 6권에는 아이네아스의 후손 로물루스에 의한 로마의 건설, 마지막 왕 타르퀴니우스를 내쫓고 공화정을 연 브루투스와 나라를 위기에서 구한 위대한 로마인들의 활동, 그리고 마침내 아우구스투스 시대에 지중해 세계에 평화를 가져올 로마의 통치가 예언 형식으로 그려져 있다. 트로이전쟁에서 패망한 자의 망국의 설움과 유랑의 고난 속에서도 장차 이루어질 일들을 봄으로써 아이네아스는 힘을 내서 라티움에 새로운 국가의 씨를 심었다는 것이다. 기원전 1세기 말 베르길리우스가 《아이네이스》를 쓸 당시의 로마는 우연히 생긴 것이 아니라 이미 예견된 운명의 필연적 결과라는 인식이 담겨 있다.

> 로마인이여 너는 명심하라. 통치권으로 민족들을 다스리는 것, 평화의 법도를 세우고 순종하는 자들에게는 관용하고 오만한 자들에게는 전쟁으로 징벌하는 것 (이것이 네 기술이 될 것임을) (베르길리우스, 《아이네이스》, 6, 851-853행)

베르길리우스가 이처럼 트로이-라티움 연합왕국의 등장을 미래의 로마를 위한 씨앗으로 보았다면 베르길리우스와 동시대 인물이면서 역사가인 리비우스는 로마가 이탈리아 반도, 더 나아가 지중해 세계로 팽창하는 과정을 142권의 《로마사》에서 상세하게 밝혔다. 리비우스 역시 로마 역사의 기원을 트로이전쟁에서 패한 아이네아스가 이탈리아의 라티움 지방에 정착하면서 뿌린 씨앗의 열매로 보았다. 또한 그는 아이네아스의 17대손 로물루스와 레무스가 레아 실비아와 전쟁의 신 마르스 사이에서 태어나는 과정과 형제의 권력 투쟁에서 승리한 로물루스가 팔라티움 언덕에서 초대 왕으로 등극하는 과정을 신화적으로 설명했다. 그리고 트로이-라티움 연합왕국의 계통을 이은 로물루스를 초대왕으로 해서 출발했던 왕정이 7대만에 무너지고 공화정이 등장해서 베르길리우스가 아이네이스에서 예견했던 로마의 미래가 현실 역사에서 구체적으로 펼쳐지는 공화정기의 역사와 그에 이어진 아우구스투스의 통치까지를 연대기적으로 작성했다. 이 책에서도 왕정기와 공화정기의 역사를 2-5장에서 다루었다.

아우구스투스 시대에 지중해 제국으로 성장한 로마는 지중해를 '마레 노스트룸'(우리 바다)이라 불렀고, 팍스 로마나(로마의 평화)라는 명분을 내걸고 로마의 통치제도와 이념을 지중해 세계에 확산시켰다. 바로 그 아우구스투스 시대에 로마의 통치하에 있던 유대 땅에서 새로운 세계가 탄생했으니 유대교에 뿌리를 둔 그리스도교 세계가 그것이다.

> 이때에 카이사르 아우구스투스(가이사 아구스도)가 영을 내려 천하로 다 호적하라 하였으니 … 요셉도 다윗의 집 족속이므로 갈릴리 나사렛 동네에서 유대를 향하여 베들레헴이라 하는 다윗의 동네로 그 약혼한 마리아와 함께 호적하러 올라가니 마리아가 이미 잉태하였더라. 거기 있을 그때에 해산할 날이 차서 첫 아들을 낳아 강보에 싸서 구유에 뉘었으니 이는 여관에 있을 곳이 없음이러라. … 천사가 이르되 무서워하지 말라 보라 내가 온 백성에게 미칠 큰 기쁨의 좋은 소식을 너희에게 전하노라. 오늘 다윗의 동네에 너희를 위하여 구주가 나셨으니 곧 그리스도 주시니라.(눅 2:1-11).

이처럼 예수 그리스도의 탄생은 흥미롭게도 로마의 초대 황제 아우구스투스의 호적령이라는 법적인 조치 때문에 역사 속의 한 시점에 명확히 자리 잡을 수 있었다. 예수의 탄생은 인류 역사를 B.C.와 A.D.로 나누는 기준이 되었지만 당시에는 아우구스투스 자신은 물론이고 예수를 따랐던 제자들도, 그리고 나중에는 예수를 반대했던 유대인들도 예상치 못한 역사의 대사건이었다.

6장에서는 로마 종교와 유대교·그리스도교의 주요 특징들을 비교하면서 알아본다. 예수의 탄생은 다신교적 전통을 가진 고대 지중해 세계에 유일신 사상을 바탕에 둔 보편 종교의 등장을 의미했다. 다신교와 유일신교는 서로가 상대를 용납할 수 없는 대립과 갈등의 두 세계였고, 이는 시간이 지나면서 분명해졌다. 유일신 사상이 그리스도교에서 시작된 것은 아니었다. 아브라함을 조상으로 하는 이스라엘 백성이 구약성경을 경전으로 해서 여호와 하나님만을 경배의 대상으로 하는 유일신 사상을 가지고 있었다. 그것은 다른 민족과 이스라엘을 가르는 중요한 기준이 되면서 일종의 민족 종교적 성격이 강해졌다. 기원전 586년에 유대 왕국이 신바빌로니아에 멸망한 뒤에 유대인들은 나라 잃은 백성의 설움 속에서 동부 지중해 세계 곳곳에 흩어져 살면서도 자신들의 전통을 유지하고 있었다. 다만 유대인들의 유일신 사상은 선민사상과 결합하면서 타민족과의 분리를 통한 내부적인 정체성으로 유지되었기에 다신교적 전통을 지닌 그리스인이나 로마인 또는 동방 여러 민족의 종교 전통에 직접적인 위협이 되지는 않았다. 유대인들은 선민사상의 연장선상에서 강력한 권능을 가진 메시아(그리스도)가 오면 다윗과 솔로몬으로 이어진 위대한 하나님의 나라 이스라엘이 회복될 것이라고 믿으며 자신들의 종교적 전통을 유지했던 것이다. 그러나 유대인들이 기다려온 메시아가 곧 예수라고 믿는 그리스도교는 유대인이나 다신교를 믿는 그리스인과 로마인의 반발을 살 수밖에 없었다. 예수가 메시아임을 주장하는 것에 반발해서 십자가 처형을 요구했던 유대인들에게도, 또는 다신주의적 전통을 계승하던 그리스인이나 로마인에게도 타협의 여지가 없는 영적 전쟁을 선포한 것이나 다름없었기 때문이다.

7장에서는 그리스도교가 1-2세기, 즉 로마의 평화의 시대에 예루살렘을 시작으로 시리아, 소아시아, 그리스를 거쳐 이탈리아 반도의 로마에까지 전파되고 그 과정에서 네로, 도미티아누스, 트라야누스, 마르쿠스 아우렐리우스 등 몇몇 황제들에 의해 탄압받았던 시대적 배경을 알아본다. 8장에서는 3-4세기에 그리스도교가 위기를 딛고 국교가 되기까지의 과정을 다루었다. 그리스도교인의 숫자는 점차 많아졌기 때문에 3세기에는 셉티미우스 세베루스, 데키우스 등의 탄압이 있었고, 4세기 초 디오클레티아누스 때 최대의 박해가 있었다. 그리스도교에 대한 박해 속에서 그리스도교를 변호하는 변증가들과 순교자들이 나왔고, 신앙을 저버리는 배교자들이 있었다.

그러나 313년 밀라노칙령으로 그리스도교가 공인되고 콘스탄티누스 황제 자신이 그리스도교인 황제로서 친그리스도교 정책을 취하면서 로마제국과 그리스도교는 대립과 갈등을 청산하고 함께 나아가기 시작했다. 391년에 테오도시우스 황제는 그리스도교 외의 모든 다신교적 종교와 제사의식을 금지시키고 그리스도교를 사실상 국교로 선언했다. 그 결과 국가와 교회 사이의 밀월관계가 시작되었고, 황제는 그리스도교의 보호자, 나아가 그리스도교의 우두머리 자리까지 차지하게 된 것이다. 또한 유일신 사상에 기초한 그리스도교는 탄압받는 종교에서 모든 다신교적 전통 종교와 의식을 탄압하는 종교로 변했고, 서양 고대세계의 다신주의적 전통, 다원주의적 가치는 역사의 뒤안길로 물러날 수밖에 없었다. 로마제국의 그리스도교화가 완성된 것이다.

9장에서는 성경의 정경화 과정과 정통 교리가 확정되어가는 과정을, 그리고 10장에서 12장까지는 그리스도교의 국교화 이후 동서 로마의 분리 그리고 밀월관계로 변한 교회와 국가의 문제를 다루었다. 그리스도교의 국교화 이후 중요한 사건이 불과 4년 만에 일어났다. 395년에 테오도시우스 황제가 죽으면서 로마제국이 두 아들에게 분할 상속되어 사실상 동로마와 서로마의 분리가 확정된 것이다. 그로부터 80여 년 만에 서로마는 게르만족의 이동으로 몰락했고, 제국 서부에서는 로마 교회의 주교였던 교황이 교회의 수호자일 뿐만 아니라 로마 시의 행정과 시민 보호자로 자리 잡았다. 반면 오히려 황제권이 강화된 동로마는 황제교황주의의 전통에 따라 황제가 교회의 보호자일 뿐만 아니라 교회의 우두머리를 자처했다. 여러 가지 교리 분쟁을 해결하기 위한 공의회가 황제의 주선으로 개최되었고, 삼위일체 등 정통 교리를 하나씩 확정해 가기 시작했다.

이처럼 황제들의 주도로 여러 공의회를 거치면서 삼위일체 교리가 확립되고, 로마 교회의 수위권과 베드로의 계승자로서 교황권이 형성되었다. 10-11장에서는 공의회와 로마 교황권, 성인 숭배, 마리아 숭배, 십계명 등을 알아봄으로써 그리스도교 안에 들어오게 된 로마적인 요소들을 알아본다. 로마가 그리스도교를 공인하고 국교화하는 과정에서 황제들의 역할이 대단히 중요했다는 것은 이론의 여지가 없다. 콘스탄티누스 황제가 그리스도교를 공인하는 밀라노칙령을 발표했고, 그런 정치적인 결정은 300여 년 동안 '불법' 종교였던 그리스도교에게는 축복이었음에 틀림없다. 그로부터 10년 전만 하더라도 디오클레티아누스는 교회를 완전히 문을 닫게 하고 성경과 교회 재산을 몰수했고, 성직자들의 시민권을 제한하기도 했었다. 그러다가 그리스도교인의 종교의 자유를 인정한 것이니까 4세기 초 그리스도교인들에게는 기적 같은 경험이었을 것이다. 이뿐만 아니라 주요 교리를 둘러싸고 정통과 이단 시비가 끊이지 않자 황제들이 나서서 이것을 정리하는 역할을 수행하게 되었다. 이처럼 교리나 교회의 주요 정책 결정에 대한 주도권을 황제가 행사하다 보니 국가와 교회 사이의 긴장이 사라지며 황제가 정치적으로 교회를 이용하게 되고, 교회의 도덕성과 거룩성이 훼손되는 후유증을 남기게 되었다.

교황권 역시 마찬가지다. 초대 교황으로 예우되는 베드로는 극적인 인생을 살았다. 갈릴리 바다의 어부에 지나지 않았던 베드로는 예수의 부르심에 따라 사도가 되었다. 3년 동안 예수를 따라다니면서 고생도 많이 하고, 질책도 많이 받았지만 예수를 메시아라고 고백함으로써 자타가 공인하는 '수제자'가 되었다. 대부분의 사도가 그러하듯이 예수께서 승천한 뒤에는 복음 전파를 위해 온 몸과 마음을 다 바쳤고, 결국 순교한 것으로 전해지고 있다. 그런데 베드로가 순교한 장소가 어디인지는 여전히 논란거리다. 베드로가 순교한 장소가 로마이든 팔레스타인이든 초기 그리스도교 역사에서 그의 역할은 부정할 수 없다. 그런데 베드로를 기념한다고 성당 밑에 석관을 보존하고, 성당 안을 화려한 성화와 성상으로 꾸미고 전 세계의 사람들의 볼거리로 만든 현재의 성 베드로 대성당은 과연 그가 순교하기까지 헌신했던 예수 그리스도에게는 어떤 의미가 있을까? 그렇게 공경의 대상이 되는 것을 베드로가 원할까? 그를 계승한다고 하는 후계자들(교황들)은 예수가 맡긴 사명을 베드로처럼 겸손하게 잘 감당해 왔는가? 게다가 교황의 직위인 대사제(Pontifex Maximus)는 원래 전통적인 로마 다신교의 수장을 지칭하는 말인데 베드로는 그 직책을 자랑스러워할까?

이처럼 교황 호칭뿐만 아니라 여러 다신교적 로마 문

화가 그리스도교에 들어와 있음을 살피며 그리스도교가 로마화된 증거를 짚어볼 것이다. 즉 이 책은 '로마의 그리스도화'뿐만 아니라 '그리스도교의 로마화'를 추적하면서 오늘날 세속사회를 사는 그리스도교인들에게 어떻게 신앙을 유지해야 하는지 시사점을 던져줄 것이다. 종교개혁 500주년이 되는 해에 그리스도교에 남아 있는 로마적 요소들을 떨쳐버리는 것이 우리에게 남은 과제일 것이다.

이 책은 2016년 9월 22일부터 12월 2일까지 매주 화요일 저녁에 진행된 홍성강좌를 수정·보완한 것이다. '로마와 그리스도교'라는 주제로 강의할 기회를 준 홍성사와 저녁 늦게 양화진 책방에 와서 강의를 들어주신 30여 명의 수강생 여러분 그리고 강의 내용을 녹취해 준 김화니 양과 교정을 도와준 고한석 군에게 감사를 드린다. 이 책이 대학원에 입학해서 로마사 연구자가 되어 오늘에 이르기까지 필자를 지도해 주신 송암 허승일 선생님의 학은에 조금이나마 보답이 될 수 있다면 더없이 기쁘겠다. 그리고 연구와 교육으로 늘 분주해서 가정적이지 못한 남편 뒷바라지 하면서 세 아들을 잘 키워준 아내 안현숙에게 고마움을 전한다. 무엇보다도 여러 모로 부족한 자에게 예수를 그리스도로 믿을 수 있는 마음을 주시고 구원의 은혜를 주시고 그리스도인 그리고 로마사 연구자로서의 삶을 인도해 주신 하나님께 영광을 돌린다.

2017년 9월
Coram Deo et Soli Deo(하나님 앞에서 그리고 오직 하나님께)!

19

일러두기

◦ 성경이나 교회사에 나오는 지명, 인명의 번역은 간단한 문제가 아니다. 학생들이 학교에서 배우는 교과서에 나오는 번역 용어와 성경 번역 용어가 일치하지 않을 때가 많고, 개신교와 가톨릭이 사용하는 성경 번역 용어 또한 통일되어 있지 않기 때문이다. 비신자뿐만 아니라 교회나 성당에 다니는 학생들 입장에서 보면 동일한 용어가 서로 달리 번역될 때 서로 다른 것으로 착각하거나, 어느 것이 정확한 번역인지 혼란을 느낄 수 있다. 이 책에서는 학생들을 우선적으로 고려해서 번역 용어를 택했다. 일단 외래어 표기 원칙, 즉 원어에 맞게 음역하는 것을 원칙으로 했다. 그러나 익숙한 성경 번역 용어를 일괄적으로 외래어 표기 원칙에 따라 바꿀 경우 그리스도교인에게 혼란을 줄 수 있다고 판단해서 현재 통용되고 있는 성경 번역어를 혼용하기도 했다. 이때에도 한글 개정개역판 성경과 가톨릭 성경 번역 용어가 다를 때는 경우에 따라 둘 중에 더 바람직하다고 생각하는 것을 선택했다.

로마 건국과 왕정 시대
신화에서 역사로

1

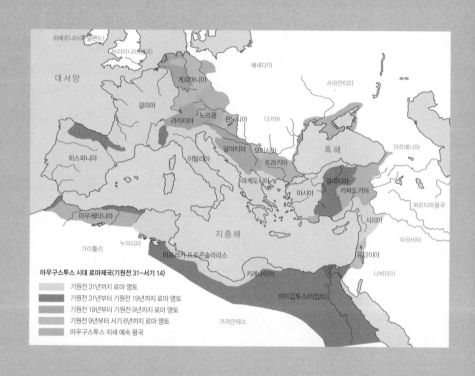

아우구스투스 시대 로마제국(기원전 31-서기 14)

□ 기원전 31년까지 로마 영토
■ 기원전 31년부터 기원전 19년까지 로마 영토
■ 기원전 19년부터 기원전 9년까지 로마 영토
■ 기원전 9년부터 서기 6년까지 로마 영토
■ 아우구스투스 치세 예속 왕국

지중해를 둘러싼 로마 영토.
로마인들은 지중해를 '우리 안에 있는 바다'라고 불렀다.

들어가는 말

옆의 지도는 기원전 1세기와 서기 1세기에 걸쳐 있는 아우구스투스 시대 (기원전 63-서기 14)의 로마제국이다. 당시 로마는 유럽, 아시아, 아프리카가 접하고 있는 지중해 세계를 통치했다. 한 나라가 세 대륙을 통치한다는 것은 흔한 일이 아니다. 그것도 1,000년 이상이나 말이다. 로마인들은 지중해를 '마레 인테르눔 노스트룸(mare internum nostrum)'이라고 불렀다. 번역하면 '우리 안에 있는 바다'라는 뜻이다. 5,000년 인류 문명사에서 거대한 지중해를 '우리 바다'라고 말할 수 있었던 민족은 로마인뿐이었다. 개인도 그렇고 나라도 그렇고, 어느 정도 성장을 하게 되면 자기의 뿌리에 대해 관심을 갖게 된다. 어렵게 살 때에는 뿌리고 뭐고 생각할 겨를이 없고, 단지 먹고사는 것, 즉 생존의 문제에 몰두하게 된다. 그러나 어느 정도 살 만해지면, 특히 로마처럼 세 대륙, 여러 나라(오늘날은 20여 개 나라로 나누어져 있는)를 아우르는 대제국으로 커지면 '우리 나라가 언제, 어떻게 시작했을까?' 그리고 '어떻게 이렇게 커졌을까?' 하며 궁금해하기 마련이다. 이러한 문제에 대한 로마인들의 답변을 우리가 자료로 확인할 수 있는 시점은 아우구스투스 시대다.

아우구스투스와 예수

아우구스투스(기원전 63-서기 14년)는 기원전 27년부터 서기 14년까지 41년 동안 로마를 통치했다. 그 시대에 지중해 세계는 '아우구스투스의 평화'라는 말이 나올 정도로 안정과 질서가 확립되었다. 한편 이 시기에 또 다른 세계가 동지중해 연안에 있는 팔레스타인에서 떠오르기 시작했다. 예수 그리스도의 등장과 함께 시작된 그리스도교 세계가 그것이다. 누가복음 2장을 보면, 아우구스투스의 호적령에 따라 다윗의 후손인 요셉이 베들레헴으로 간다. 요셉은 원래 이스라엘 북쪽의 갈릴리 지방에 살고 있었지만 고향에 가서 호적 등록을 하고 오라는 명령에 아내 마리아와 함께 다윗의 고향인 베들레헴으로 간다. 그곳에서 마리아가 예수를 낳은 것이다. 아우구스투스는 국가적 필요에 따라 제국 전역의 사람들에게 고향에 돌아가서 호적을 정리하는 데 참가하라고 명령을 내렸을 뿐이지만, 결과적으로는 예수의 탄생지를 확정한 셈이 되었다. 흥미롭게도 우연인지 필연인지 로마에서 황제의 통치가 시작하는 시기와 그리스도교가 탄생하는 시기가 바로 이 아우구스투스 시대다. 이때 로마의 기원에 대해서 질문을 던지고, 그것을 작품으로 쓴 사람들이 있었다. 서사시인 베르길리우스(기원전 70-기원전 19)와 역사가 리비우스(기원전 59-서기 17)다. 두 사람은 로마의 기원을 트로이전쟁에서 찾았다는 점에서 공통점이 있다.

트로이전쟁

발단

그리스신화에 나오는 트로이전쟁은 워낙 유명하다. 전쟁의 발단은 트로이[1] 왕자 파리스가 스파르타 왕비 헬레네와 사랑에 빠져서, 헬레네를 자기 나라로 납치한 사건이다. 10년 동안 전쟁이 있었다고 전해진다. 그리스의 많은 영웅이 그리스의 명예를 위해 소아시아 북서쪽에 위치한 트로이로 가서 견고한 성채를 공격했다.

그러나 10년 동안 트로이를 공격했는데도 전쟁은 지지부진했다. 10년 동안 원정을 나와 있으니 얼마나 힘들었겠는가. 이에 마지막 꼼수, 일명 목마작전이 오디세우스의 머릿속에서 나왔다. 거대한 목마를 트로이 성채 앞에 남기고 그리스인은 배를 타고 어디론가 사라진 것이다. 순진한 트로이인들은 그리스인이 지쳐서 돌아갔구나 생각하고 목마를 성 안으로 끌어들였다. 그러나 알다시피 속임수였다. 트로이인들은 어리석게도 오디세우스의 작전에 말려들고 만 것이다.

트로이의 목마

목마를 성 안으로 끌어들이고 승리의 축배를 든 그날 밤은 트로이가 파괴되는 비극의 날이 되고 말았다. 목마에 은신해 있던 그리스 군인들이 나와 성문을 열어 젖히자 멀리 간 줄 알았던 그리스인들이 근처 섬에 은신하다가 해

1ㅡㅡ '트로이'는 영어식 표현이고, 라틴어로는 '트로이아'다. 하지만 통용되고 있는 익숙한 표현이라 '트로이'로 표기했다.

변에 상륙하여 성벽 안으로 쏟아져 들어온 것이다. 트로이는 불타고 파괴되었다.

그리스신화에서 트로이전쟁은 영웅들의 시대의 종말이기도 하다. 아킬레우스, 헥토르, 파리스, 오디세우스, 아가멤논과 메넬라오스 등의 영웅들이 대부분 전쟁 과정 중에, 그리고 이후에 죽는다. 2004년에 개봉된 〈트로이〉라는 영화를 보면 트로이를 지키던 영웅 헥토르는 아주 멋진 사나이로 묘사되는데, 중세 시대를 거치면서 흠이 하나도 없는 영웅으로 남게 되었다. 헥토르의 역할이나 품성이 굉장히 영웅다운 면모를 가지고 있었기 때문이다. 그러나 헥토르는 아킬레우스와 일대일 대결을 하다가 죽는다.

호메로스의 《일리아스》

호메로스의 《일리아스》는 트로이전쟁 막바지 50여일 전후에 일어난 사건들을 다룬 서사시로 "노래하라, 아킬레우스의 분노를"이란 문장으로 시작된다. 왜 분노했는가 하면, 트로이전쟁에서 아킬레우스는 영웅이지만 그리스 군대 총사령관은 아가멤논인데, 아가멤논과 뜻이 잘 안 맞아 다툼이 생겼기 때문이다. 아킬레우스의 전쟁포로인 여자 노예를 아가멤논이 빼앗아 간 것이다. 아킬레우스가 아가멤논에 대한 불만 때문에 전투에 나가지 않자 그리스 군대는 계속 전투에서 지고 많은 사람이 죽었다. 부하들이 "아무리 아가멤논이 마음에 안 들어도 그리스를 위해서 전쟁에 나왔는데 이렇게 가만히 계시면 어떻게 합니까?"라고 설득했는데도 그는 말을 듣지 않았다. 그러다가 아킬레우스가 가장 아끼는 친구인 파트로클로스가 아킬레우스의 갑옷을 입고 싸우다가 헥토르의 창에 맞아 전사했다. 가장 사랑하는 친구의 죽음에 분노한 아킬레우스는 전투에 나가 헥토르와 일대일 대결을 펼쳐 그를 죽인다.

가장 멋진 트로이의 영웅이 이렇게 죽는데, 아킬레
우스는 누구에게 죽임을 당했나? 그는 파리스에 의해 일
명, 아킬레우스건이라 불리는 뒤꿈치에 화살을 맞아 죽는다.
파리스는 헬레네와 사랑을 하면서 나라를 패망에 이르게
한 장본인이다. 그 둘의 사랑 때문에 일어난 역사적 사건
이 바로 트로이전쟁이고 트로이의 패망이다. 둘은 한때 사
이가 좋았을지는 모르지만 그 결과로 왕족이 몰살당하고
나라가 망했다. 파리스는 아킬레우스를 죽임으로써 보복했
는지는 모른다. 그러나 목마 작전으로 프리아모스 왕의 트
로이는 불타고 사라졌다. 그리스는 승리했고, 승자들은 고
향으로 돌아가 지리멸렬했던 전쟁을 잊고 일상으로 돌아
가려 했다.

아가멤논의 죽음

그러나 흥미롭게도, 전쟁에서 승리했던 미케네 왕 아
가멤논은 본국으로 돌아온 날 목욕탕에서 아내인 왕비 클
리타임네스트라와 함께 음모를 꾸민 귀족의 손에 죽는다.
트로이전쟁을 총지휘했고 승리로 이끈 총사령관의 죽음치
고는 너무나 어이없는 죽음이다. 왜 그런 일이 일어났을까?
트로이전쟁에 나갈 때 아가멤논이 자기 딸 이피게네이아를
제물로 바쳤기 때문이다. 배가 출항을 해야 하는데 바람이
불지 않아서 딸을 제물로 바치고 출항한 것이다. 이 일로
클리타임네스트라는 이를 갈면서 복수를 계획했다. 그녀
는 딸을 제물로 바치면서까지 하는 전쟁은 인정할 수 없었
던 것이다. 그래서 아가멤논은 승리하고 돌아온 그날, 목욕
탕에서 비극적인 죽음을 맞이한 것이다.

오디세우스의 귀환

계략이 뛰어났던 오디세우스는 10년 전쟁을 승리로 이끄는 데 기여했지만 너무 머리를 굴리다가 신들에게 밉보이고 말았다. 그래서 그리스 서해안에 있는 자기 나라 이타카 섬까지 온갖 고난과 고통을 당하며 돌아오는 데 거의 10년이나 걸렸다. 그래도 참 운이 좋은 사나이였다. '오디세우스는 전쟁이 끝난 지 10년이나 지났는데도 오지 않으니 죽은 게 아닌가'라면서 많은 구혼자들이 아내 페넬로페에게 청혼했지만 그녀는 끝까지 오디세우스를 기다리면서 지혜롭게 견뎠기 때문이다. 결국 오디세우스는 페넬로페와 재회해 행복한 결말을 맺게 되었다. 승리한 영웅들 중에 끝이 좋았다.

헬레네

헬레네는 어떻게 되었을까? 이 전쟁에서 개인적인 분노가 가장 컸던 사람은 헬레네의 남편이자 아가멤논의 동생인 메넬라오스였을 것이다. 전쟁에 승리해 헬레네를 다시 붙잡아 왔는데 그녀를 보니 여전히 예뻐서(전쟁을 일으킬 정도로 예쁘기에) 다시 행복하게 잘 살았다고 한다. 언제 그랬냐는 듯이.

그리스신화에는 여러 버전이 있어서, 헬레네가 트로이에 가지도 않았고, 이집트에 있었다는 설도 있다. 그리스신화는 그리스인들에게 회자되기는 했지만 성경처럼 체계화된 하나의 경전은 없다. 그러다 보니 트로이전쟁 이야기도 여러 버전이 있다. 결론은 헬레네가 남편을 다시 만나서 돌아가 잘 살았다고 생각하면 된다.

계속 트로이전쟁 이야기를 한 것은 전쟁의 승자 이야기를 하려는 것은 아니다. 승자들은 신화와 함께 사라져 버렸다. 패망한 트로이에서 살아남은 한 사람이 새로운 역사, 로마의 씨앗이 되었음을 말하려는 것이다. 그는 패망한 트로이에서 도망 나온 아이네아스다.

아이네아스: 프리아모스 왕의 사위

아이네아스는 트로이 프리아모스 왕의 사위였다. 그는 헥토르나 파리스 못지않게 그리스 군대와 열심히 싸웠다. 아킬레우스나 디오메데스와 싸우다 죽을 뻔했지만 신들의 사랑을 받아 가까스로 목숨을 건지기도 했다. 트로이가 패망했으니, 그도 결국 패한 나라의 한 영웅일 뿐이었지만 아이네아스는 그대로 거기에서 죽기에는 너무나 아까운 인물이었다. 어머니이자 미의 여신 아프로디테(비너스)가 극진히 그를 돌보았다.

미의 여신 아프로디테와 트로이전쟁

트로이전쟁은 엄밀히 말하면 아프로디테의 책임이 크다. 전쟁의 원인이 된 파리스의 헬레네 납치는 거슬러 올라가면 파리스의 재판으로 귀결된다. 이 사건은 펠레우스와 테티스의 결혼식에 초대받지 못한 불화의 여신 에리스가 가장 아름다운 여신에게 주라며 던지고 간 황금사과가 발단이 되었다. "가장 아름다운 여신이 누구냐"라는 말에 결혼식에 참여한 여신들 사이에 경쟁이 일어났다. 제우스가 보니 아내 헤라와 두 딸 아테나와 아프로디테 모두 황금사과를 탐냈다. 누가 가장 아름다운지 결정하기 어려웠다. 아내인 헤라를 고를 수도 딸 중의 누구라고 할 수도 없으니 그 심정이 이해가 간다. 그래서 그 곤란한 판정을 파리스에게 맡겨 버렸다. 세 여신은 판정권을 가진 파리스에게 잘 보일 수밖에 없었고 저마다 파리스가 끌릴 만한 '선물'로 유혹했다. 헤라는 재물, 아테나는 지혜와 용맹을 주기로 약속했다. 그러나 아프로디테는 자신을 선택하면 가장 아름다운 여자를 주겠다고 약속했다. 파리스는 두말없이 아프로디테를 선택했다. 그래서 아프로디테, 즉 비너스는 오늘날까지 미의 여신으로 많은 여성의 마음을 사로잡는다. 문제는 그다음이다. 이제 가장 아름다운 여인을 파리스에게 주는 것은 아프로디테의 책임이다. 그 당시 헬레네가 가장 아름답다고 소문이 나 있고, 영웅들도 다 헬레네의 마음을 차지하려 했는데, 그녀는 이미 스파르타의 왕비가 된 후였다. 유부녀였던 것이다. 파장이 만만치 않을 것을 알았지만 가장 아름다운 여신으로 등극한 아프로디테는 파리스를 도와 헬레네를 트로이로 데리고 갈 수 있게 해주었다. 헬레네가 납치된 것인지 아니면 서로 눈이 맞아 온 것인지는 알 수 없지만 그게 전쟁의 발단이 되었다.

아프로디테와 안키세스의 사랑

그러나 아프로디테가 트로이전쟁과 관련해서 끼친 더 큰 영향은 우리가 주목하는 주제, 즉 아이네아스와 관련된 신화다. 제우스를 포함한 신들이나 인간들에게 이성에 대한 애욕을 불러일으키는 아프로디테도 잘생긴 인간 안키세스의 매력에는 어쩔 수 없었다. 그녀는 프리기아의 공주로 가장해서 그와 사랑을 나누고, 아이네아스를 낳았다. 문제는 모든 어머니가 그러하듯 아프로디테도 트로이 왕의 사위였던 아들이 트로이 패망과 함께 죽게 되는 것을 볼 수 없었다. 제우스에게 아이네아스를 살려 달라고 '청탁'했더니, 제우스가 청을 받아들여서 아이네아스를 구해낸 것이다. 즉, 트로이가 패망해 트로이의 영웅들(프리아모스 왕, 헥토르와 파리스 왕자)은 다 죽었지만 아이네아스만 아프로디테의 아들이라는 이유 때문에 살아남은 것이다. 그뿐만 아니라 새 나라의 씨앗이 될 수 있었다.

하인리히 슐리만의 트로이 발굴

하인리히 슐리만

19세기까지만 해도 유럽인들은 트로이전쟁뿐 아니라 그리스신화 자체를 고대 그리스인들이 지어낸 이야기라고 생각했다. 그러나 19세기 중엽에 독일인 하인리히 슐리만(1822-1890)은 그리스도교인들이 성경을 읽듯이 호메로스의 《일리아스》를 읽고 또 읽으면서 "트로이전쟁은 역사의 한 페이지를 장식한 전쟁이다"라고 믿기 시작했다. 젊어서 돈 버는 일에 몰두했던 슐리만은 40세에 엄청난 부자가 되어 트로이 전쟁터를 찾아 나설 경제적 토대를 마련했다. 《일리아스》에 묘사된 지형이나 자연환경을 현지답사를 통해 세밀히 확인하면서 터키 북서 해안에 위치한 히사를리크의 한 언덕을 트로이전쟁이 일어난 현장이라고 판단하고 1870년부터 발굴을 시작했다. 그곳에서 3년 만에 이른바 '프리아모스의 보물'이라 명명한 250여 개의 황금 유물을 찾아냈다.

지금 트로이 유적지에 가보면 축대를 쌓다가 무너진 것 같이 허름하게 되어 있다. 그리고 슐리만이 발굴한 지하에서 두 번째 지층에서 나온 많은 유물은 베를린의 페르가뭄 박물관에 소장되어 있었는데 제2차 세계대전 말 나치 패망 후 소련군이 들어와서 박물관에 있는 것을 다 약탈해 갔다. 그래서 지금은 황금 목걸이, 황금 팔찌 등 대부분의 유물이 모스크바 푸시킨 박물관에 있다.

슐리만은 신화에 나오는 트로이의 유적이 밑에서 두

하인리히 슐리만.

번째 지층에 있었다고 생각했지만 나중에 고고학자들은 슐리만이 틀렸음을 확인했다. 밑에서 일곱 번째 지층이 기원전 1250년대의 트로이 유적이라는 것을 밝혀낸 것이다. 그래도 트로이가 신화가 아니라 역사라는 것을 우리에게 확인해 주었고, 그리스인들의 문명이 오리엔트보다 시기적으로 늦었지만 트로이와 아가멤논의 미케네 문명 같은 것들이 있었다는 것을 밝혀냈기에, 슐리만은 '그리스 고고학의 아버지'가 되었다. 그의 발견으로 지중해와 유럽 땅에도 오리엔트보다는 약간 늦지만 청동기 시대 문명이 있었다는 것이 확인되었기 때문이다. 슐리만 이후 고고학자들은 고대 오리엔트, 메소포타미아, 이집트 유적만 발굴하다가 그때부터 그리스 땅을 파기 시작했다. 오늘날 터키 북서쪽 해안 히사를리크 언덕에 가면 트로이목마를 전시해 놓은 트로이 유적 발굴 현장을 볼 수 있다. 이곳은 터키 관광의 필수 코스가 되었다.

트로이가 신화가 아니라 역사라는 것이 증명되고, 이후 1876년 미케네 유적도 발굴됨으로써 트로이전쟁을 청동기 시대에 에게 해에서 일어난 동서 문명의 대결로 설명할 수 있게 되었다. 기원전 8세기에 시작한 그리스 고전 문명 이전에 에게 문명이 발전했음을 알게 되었다.

앞에서 보았듯이 19세기에 와서 유럽인들은 "트로이는 신화가 아니다"라는 생각을 하기 시작했다. 그런데 이미 2,000년 전에 로마인들은 트로이가 신화가 아닐 뿐만 아니라 로마 역사가 거기서 출발했다고 생각했다. 왜 하필 패한 트로이에서 자기들의 정체성의 출발을 알리는 건국 신화를 구했을까?

영화 〈트로이〉에 나타나는 로마인의 품성

영화 〈트로이〉에서 로마인이 자신들의 기원을 트로이에 연결시킨 단서를 찾을 수 있다. 이 영화의 주요 등장인물은 아킬레우스와 헥토르, 파리스와 헬레네인데, 그리스와 트로이를 상징하는 두 인물인 아킬레우스와 헥토르의 대결이 압권이다. 1,000여 척의 배를 타고 트로이 해변에 도착한 그리스 군대의 상륙을 앞두고 아킬레우스와 헥토르가 자기 부하들을 독려하는 연설이 인상적이다.

엄청난 그리스 군대가 몰려오니 병사들이 얼마나 두렵겠는가. 헥토르는 병사들을 모아 놓고 "트로이 병사들이여, 내게는 몇 가지 원칙이 있다"라며 연설을 시작한다. 단순한 원칙인데, "신을 사랑하고, 내 여자를 아끼고, 내 나라를 지키는 것. 이게 내 삶의 원칙이다. 트로이의 아들들이여, 조국 트로이를 위해 나가 싸우자"라고 독려한다. 대단히 종교적이고 애국적인 트로이인들의 가치관을 볼 수 있다.

반면 상륙을 앞둔 아킬레우스 역시 자기 병사들을 독려한다. 아킬레우스는 이 전쟁에서 자신이 죽을 운명인 것을 알고 있지만 그래도 그 길을 피하지 않는다. "다시 돌아오지 못할 길이라도 이 전쟁에 나선다면, 후세의 영웅이 내 이름을 받길 것이다." 그러면서 "제군들, 수천 명의 병사보다 난 자네들을 더 믿는다. 용맹을 떨쳐 보자. 우린 사자다. 저 해변에 무엇이 기다리는가? 영원한 승리다. 가서 쟁취하자"라고 말한다. 이 연설에는 애국이고 국가고 아무것도 없다. 자기 이름을 남기는 것만 있다. 개인주의의 극치다.

이 상징적인 대사만 비교해 보아도, 또한 로마와 그리스의 삶의 터전을 보아도 로마가 트로이 쪽을 기원으로 택한 이유를 짐작할 수 있다. 이탈리아 반도는 그리스 반도보다 농업에 유리한 자연환경을 가졌다. 따라서 로마는 농업

위: 트로이 유적지.
아래: 트로이 유적지에 있는 트로이목마 모형.

이 발전했고 농민적 전통과 문화가 강했다. 반면에 그리스는 척박한 자연환경 때문에 일찍부터 해외 식민 활동과 교역 활동을 활발히 전개했다. 따라서 항해에 능했고, 교류나 상업 활동이 발전했다. 그래서 로마인과 그리스인은 그 사고 구조가 판이했다. 로마는 그리스 문화의 영향 아래 문명화되었지만 문화적 성향 때문에 그리스보다는 트로이의 오리엔트적 전통에 더 끌렸을 것이다. 승리하기 위해 수단과 방법을 가리지 않는, 목적이 수단을 정당화하는 오디세우스의 태도보다는 조국을 수호하기 위해 근면성실하게 버티는 헥토르가 로마인들의 품성에 더 적합했는지도 모른다.

서양고대사의 전개 과정을 보면 크게 그리스사와 로마사로 되어 있는데, 로마인은 많은 부분 먼저 번영한 그리스인의 선진 문물을 받아들여 헬라어와 그리스철학, 문학, 역사도 배웠다. 그런데 그리스와 동부 지중해 세계를 정복한 아우구스투스 시대의 로마는 이러한 상황 속에서 자신들의 기원을 패망한 트로이로 연결시켰다. 문명을 전해 준 그리스는 가깝지만 먼 나라였던 것일까?

 ## 로마 건국신화 1: 베르길리우스의 《아이네이스》

그리스 문명의 세례를 받고 자란 로마는 아우구스투스 시대에 지중해 제국의 중심국가가 되었다. 이때 로마의 기원에 대해 건국 서사시를 통해 트로이 기원설을 확증한 사람이 시인 베르길리우스다. 그는 북이탈리아의 만투아(오늘날의 만토바)의 소박한 농민 가정에서 태어났다. 그는 기원전 70년에서 기원전 19년까지 살았는데, 아우구스투스가 기원전 63년에 태어났으니 아우구스투스와 동시대인인 셈이다.

그가 활동하던 공화정 말기는 군인 정치가들의 내전기여서 로마인들끼리 서로 살육을 펼치던 때였다. 그래서 베르길리우스도 자라면서 많은 고생을 했는데, 훗날 아우구스투스가 되는 옥타비아누스의 친구 마이케나스를 만나 그 문학적 재능을 인정받는다. 마이케나스는 문인들을 후원하면서 아우구스투스 체제를 만들어 가는 데 기여한 일등공신이었다. 베르길리우스는 마이케나스를 만나면서 작품 활동을 계속할 수 있었고, 마이케나스를 통해서 아우구스투스를 만났다. 그는 《전원시》,《농경시》에 이어 《아이네이스》에서 아우구스투스를 내전의 모든 고통을 해소할 지도자로 보았고, 로마가 세워지기도 전인 먼 옛날부터 역사적 사명을 감당하기 위해 이미 예언된 인물로 묘사했다. 《아이네이스》는 아이네아스가 트로이에서 탈출해 이탈리아 라티움에 정착하는 과정에서 겪은 고난과 성취를 12권에 담은 글이다. 라틴어로 쓰인 최고의 문학 작품으로 평가받는다.

흥미롭게도 베르길리우스는 호메로스의 《일리아스》와 《오디세이아》를 작품의 기본 틀로 수용했다. 기원전 8세기에 트로이전쟁을 소재로 쓴 호메로스의 두 작품은 전쟁에서 승리한 그리스 영웅들의 이야기다. 최초의 그리스 문자로 기록된 두 작품은 그리스 문명의 출범을 알리는 대작이기도 하다. 그 뒤 그리스의 문학, 철학, 역사가 호메로스의 작품에 커다란 영향을 받았기 때문이다. 그로부터 약 800년 뒤에 베르길리우스는 《아이네이스》를 통해서 패망한 아이네아스가 어떻게 트로이를 빠져나갔는지, 그리고 어떻게 이탈리아에 정착했는지를 보여 준다.

만토바에 있는 베르길리우스 기념공원의 월계관을 쓴 베르길리우스 동상. 하단에 '조국이 베르길리우스에게'라는 헌사가 새겨져 있다.

《일리아스》와 《오디세이아》는 그리스 알파벳 24자를 따라 각각 24권으로 지어졌다. 《일리아스》는 트로이전쟁의 막바지, 그러니까 한 50여 일의 전투 과정을 이야기했고, 그다음 《오디세이아》에서는 오디세우스가 전쟁에서 승리한 뒤 귀환하는 10년 동안의 고난을 다루었다. 즉 전쟁 이야기 24권과 귀환 과정의 유랑 이야기 24권으로 구성된 것이다.

베르길리우스는 호메로스를 모방했지만 두 주제를 《아이네이스》 한 책에 담았다. 호메로스가 먼저 전쟁 이야기인 《일리아스》를 쓰고, 나중에 돌아온 이야기 《오디세이아》를 쓴 반면에 베르길리우스는 《아이네이스》에서 전반부 6권은 트로이를 탈출하여 라티움에 오는 과정을, 후반부 6권은 라티움에 정착하면서 전쟁한 이야기를 담은 것이다. 결국 아이네아스가 천신만고 끝에 라티움에 정착하고 훗날 로마 건국의 씨앗이 된다는 것이 베르길리우스의 《아이네이스》의 요지다. 호메로스가 트로이전쟁에서 승리한 그리스 영웅들의 이야기를 썼다면, 베르길리우스는 호메로스의 작품을 모델로 하면서도 패망한 트로이 출신이 고난 끝에 라티움에 안착한 이야기로 꾸민 것이다.

아이네아스의 유랑

베르길리우스에 따르면 아이네아스는 꿈 속에서 헥토르의 혼령을 통해 트로이 전통의 계승자로 선언된다. 패망한 트로이에서 죽은 헥토르의 혼령이 나타나 다음과 같이 촉구했기 때문이다.

'여신의 아들이여, 도망치시오. 트로이는 그대에게 자신의 성물들과 페나테스 신들을 맡겼소. 이들을 운명의 동반자로 삼고 이들을 위해 강력한 도시를 구하시오. 그대는 바다 위를 떠돌다가 마침내 그 도시를 세우게 될 것이오.' 이렇게 말하고 그는 신전의 맨 앞쪽에서 머리띠를 맨 강력한 베스타와 영원한 불을 두 손으로 내왔습니다.(《아이네이스》, 2, 289-297행)

안키세스와 아프로디테 사이에 태어난 아이네아스는 프리아모스 왕의 공주 크레우사와 결혼해 아들 아스카니우스를 얻었다. 그는 아버지를 들쳐 업고, 아내와 아들을 이끌고 탈출을 시도하는데, 그 과정에서 아내는 죽고 세 부자와 일단의 무리가 트로이 탈출에 성공했다. 트로이 탈출 장면을 그린 바로치의 그림에 보면 아이네아스의 어깨 위에 있는 아버지 안키세스가 페나테스를 들고 있는 것이 보인다. 페나테스는 가족을 수호하는 집안의 수호신인데 탈출하는 와중에도 손에 쥐고 있다. 이는 훗날 로마인들의 가정마다 신성시하는 신상이 된다.

아이네아스는 이런 이야기를 한다. "아버지, 아버지께서는 성물들과 조상 대대로 모시던 페나테스 신들을 팔에 안으십시오. 저는 저 모든 전투와 살육에서 막 떠나온 터라 흐르는 물에 목욕하기 전에는 그것들을 만질 수가 없습니다."(《아이네이스》, 2, 717-720행) 전투로 인해 피가 손에 묻어 있어서 성물에 손을 댈 수 없는 것이다. 뒤에 따라오던 아내는 혼란 중에 잃어버렸는데, 아이네아스가 돌아가서 그녀를 찾다가 혼령이 된 크레우사를 만났다. 그녀는 사랑하는 아들 아스카니우스를 부탁하면서 자신은 신경 쓰지 말고 어서 떠나라고 말한다.(《아이네이스》, 2, 771행 이하) 안키세스, 아이네아스, 아스카니우스로 이어지는 삼대의 탈출은 로마의 가부장제 전통을 암시한다. 한편 아이네아스의

트로이를 탈출하는 아이네아스와 아버지 안키세스, 아들 아스카니우스, 그리고 아내 크레우사. 페데리코 바로치 작, 보르게세 미술관 소장.

아버지 안키세스는 거친 항해에 시달리며 시킬리아(오늘날의 시칠리아) 근처를 표류할 때 서북단에 위치한 드레파눔 포구 근처에서 죽음을 맞는다.(《아이네이스》, 3, 707-711행)

카르타고 여왕 디도와의 사랑과 배신

트로이를 떠나 천신만고 끝에 카르타고에 도착한 아이네아스는 카르타고의 여왕 디도와 운명적인 사랑에 빠지게 된다. 카르타고에 눌러앉으려던 그는 메르쿠리우스를 통해 전달된 유피테르의 준엄한 경고를 듣게 된다.

> 그대는 지금 아내를 기쁘게 해주려고 높다란 카르타고의 초석을 놓고 아름다운 도시를 세우고 있는 것인가? 아아, 그대는 자신의 왕국과 운명은 완전히 잊어버렸구려! 그대는 무엇을 바라고 리뷔아 땅에서 빈둥거리는 것인가? 장성해 가고 있는 아스카니우스와 그대의 후계자인 율루스의 희망을 생각하구려. 이탈리아의 왕국과 로마의 땅은 그의 몫이니까?(《아이네이스》, 4, 265-275행)

결국 아이네아스는 여왕에게 "이탈리아로 향하는 것은 내 뜻이 아니오"(《아이네이스》4, 361행)라고 했지만 그를 '배신자'로 여겨 분노한 여왕의 저주를 피할 수는 없었다. 분노한 디도는 아이네아스가 세울 나라의 후손과는 절대로 상종하지 말도록 경고하면서 자살로 생을 마감한다. 카르타고 여왕 디도의 저주는 결국 훗날 포에니전쟁을 예표한 것이다. 베르길리우스 시대에는 이미 과거의 역사가 되어 버린 카르타고와의 대전쟁의 근원이 해명된 셈이다. 그런 고난을 거쳐 아이네아스 일행은 라티움에 도착했다.

아이네아스의 라티움 도착과 라티누스의 환대

라티움은 이탈리아 반도 중남부에 있다. 로마인들의 공용어인 라틴어는 바로 라티움 지방 사람들이 쓰던 말이라는 뜻이다. 나중에 제국의 중심도시로 발전했지만, 로마는 티베리스 강이 왼쪽으로 흐르는 산동네였고 그 로마 남쪽으로 넓은 지역이 라티움 지방이다. 우리나라와 비교하자면 한양 도성 남쪽으로 있는 경기도와 비슷하다. 따라서 출발할 때에는 작은 산동네에 불과한 로마였기에 로마어라 하지 않고 라틴어라고 한 것이다.

라티움 지방에 도착한 아이네아스는 라티누스 왕의 환대를 받고, 그 딸 라비니아를 아내로 맞는다. 트로이인과 라틴인의 제휴가 성립한 것이다. 이어 아내 이름을 딴 라비니움이라는 도시를 건설하고 새로운 역사를 시작했으나 새로운 고난의 시작이기도 했다. 라비니아는 원래 근처 루툴리인의 왕 투르누스와 혼인하기로 약조한 상황이었다. 아이네아스가 오는 바람에 졸지에 약혼녀를 빼앗긴 투르누스의 분노는 이해할 만하다. 《아이네이스》 후반 6권은 라비니아를 아이네아스에게 빼앗긴 것에 앙심을 품은 루툴리인들의 왕 투르누스와의 전쟁으로 시작하고 마지막 12권은 아이네아스가 투르누스를 죽이는 것으로 끝난다. 이처럼 로마의 첫 번째 건국신화는 트로이전쟁에서 시작해 라티움에 안착하는 이야기로 마무리된다.

로마 건국신화 2: 리비우스의 《로마사》

두 번째 로마의 건국신화가 있는데, 이는 아이네아스의 후손이 이 라티움 지방에 정착한 뒤에 시간이 흘러 그의 후손 로물루스가 로마 왕정을 연 이야기다. 이 이야기를 우리에게 전해 준 이는 로마 역사가 리비우스다. 리비우스는 기원전 59년에 북이탈리아의 파타비움(오늘날의 파도바)에서 태어났다. 북이탈리아 만투아 출신 베르길리우스(기원전 70년생)보다 약 10년 뒤에 태어났고, 아우구스투스(기원전 63년생)보다는 4년 어리다. 베르길리우스와 아우구스투스, 리비우스는 10여 년을 사이에 둔 동시대인인 것이다.

《로마사》

리비우스는 트로이전쟁을 시작으로 아이네아스 이야기를 포함해서 기원전 1세기 말까지 이어진 로마 역사를 142권에 담았다. 《로마사》의 원제목은 'Ab urbe condita'인데 번역하면 '건국으로부터 (로마 역사)'다. 아우구스투스 시대를 살면서 당대까지 약 700여 년의 로마 역사를 쓴 것이다.[2]

리비우스는 1권을 시작하면서 트로이에서 온 아이네아스 이야기를 쓰기에 앞서 안테노르(Antenor)도 트로이를 탈출했다고 말한다. 그가 아이네아스와 함께 헬레네를 돌려보내야 한다고 주장했기 때문에 트로이가 패망할 때 그리스인들이 안테노르와 그의 일파를 배려했다는 것이다. 안테노르는 베네투스인들과 합류해 알프스 산맥과 해안가 사이에 정착했고, 이들은 베네티인(오늘날의 베네치아인)의 선조가 되었다. 아마도 베네티인들은 리비우스의 고향 파타비움 근처에 정착했기 때문에 로마로 온 아이네아스보다

---

2 —— 트로이전쟁 이후부터 기원전 753년 건국까지, 그리고 그때부터 기원전 9년까지의 역사를 142개의 두루마리에 썼는데, 현재 1권부터 10권까지와 21권부터 45권까지의 35권과 각 권마다 주요 내용을 요약한 요약본(Perioicae)만 남아 있다.

앞서 기록한 것으로 보인다. 그러나 안테노르의 이야기는 더 이상 언급되지 않고, 아이네아스를 중심으로 이야기가 이어진다.

　그런데 리비우스는 아이네아스가 트로이에서 왔다는 전승의 사실 여부는 확증할 수 없다고 말한다. 베르길리우스가 시인이었다면 리비우스는 역사가였기 때문이다. 역사가는 사실을 기록해야 하는데, 문제는 초기 역사에 대한 사실 확인이 어렵다는 것이다. 사람들은 전승을 믿는 경향이 있으니 전승을 소개는 하는데 그 사실성을 보증할 수 없다는 입장을 밝힌 것이다. 그는 라티움에 정착한 아이네아스가 라비니움을 건설한 뒤에 아들 율루스(율리우스 씨족의 조상)가 알바 롱가를 세웠으며, 그로부터 15대 내려간 아이네아스의 17대손이 늑대 젖을 먹고 자랐다는 로물루스 레무스라고 말한다.

암늑대의 젖을 빠는
로물루스와 레무스.

서양의 연대 표기법: A.U.C., 올림피아드, BC와 AD

리비우스는 A.U.C. 1, A.U.C. 2, 즉 로마 건국 후 1년, 로마 건국 후 2년, 이렇게 한 해씩 연대기적으로 역사를 서술했다. 이전의 그리스인들은 펠로폰네소스 반도 서북쪽 올림피아에서 행한 올림픽 제전을 토대로 한 올림픽 연대법(올림피아드)을 사용했다. 기원전 776년에 첫 번째 올림픽이 열렸고 4년마다 정기적으로 경기가 개최되었다. 즉, 몇 번째 올림피아드 이후 첫 번째 해, 두 번째 해, 세 번째 해… 그다음 올림피아드 등등 이런 식으로 연대를 표기한 것이다. 그 결과 기원전 776년부터 한 해씩 주요 사건들이 일어난 연대가 시간적 순서에 따라 정리될 수 있었다. 로마도 건국연대(A.U.C.)를 토대로 주요 사건들을 연대기로 정리했다. 이러한 것들을 토대로 중세 서양인들은 서기 6세기경부터 BC(Before Christ, 그리스도 탄생 이전)와 AD(Anno Domini, 주님 탄생 이후) 연호로 연대를 부여할 수 있게 되었다. 따라서 리비우스나 그리스의 역사가들이 이런 식의 연호를 쓴 것이 오늘날 우리가 서양 고대사의 연대를 매기는 데 중요한 기준이 되었다.

후진국(?) 로마의 등장

뒤쪽의 지도를 보면 로마가 건국된 기원전 8세기 중엽의 이탈리아 반도의 정치 상황이 잘 드러난다. 당시 라티움 지방의 로마 남쪽에는 대(大) 그리스(Magna Graecia)라 부르는 그리스 문명이, 북부 이탈리아에서는 에트루리아 문명이, 그리고 바다 건너 서쪽과 남쪽으로는 카르타고인이 각각 강력한 세력권을 형성했다. 이 세 문명권의 틈새에 로마가 끼어 있었다. 즉 세 어른들 사이에서 로마라는 아이가 태어난 셈이다. 로마는 '후진국'이었다. '후진'이라는 것은 발전이 늦었다는 의미이지 뒤처진다거나 나쁘다는 뜻은 아니다. 시기적으로 늦게 출발했다는 것뿐이다.

일곱 언덕의 로마

초기 로마는 7언덕(Seven Hills of Rome)을 중심으로 발전했다. 그중에서도 로물루스와 레무스 형제가 늑대의 젖을 먹고 자랐다는 팔라티움 언덕이 로마사의 출발점이 되었다. 훗날 청년이 된 쌍둥이 형제는 왕국 건설의 주도권을 두고 다투다 로물루스가 레무스를 죽이는 비극이 발생한다.

이러한 형제 사이의 권력을 둘러싼 갈등은 그들의 할아버지 대에 시작되었다. 아이네아스의 14대손인 알바 롱

가의 누미토르 왕이 동생 아물리우스에 의해 왕위를 찬탈
당했다. 아물리우스는 누미토르의 아들들을 죽이고, 외동
딸 레아 실비아(Rhea Silvia)를 베스타(Vesta) 여사제로 만들
어서 신전에 유폐시켰다. 불을 수호하는 베스타 여사제는
평생 독신으로 살아야 했고, 만일 처녀성을 잃으면 생매장
되는 가혹한 형벌에 처해졌다. 그런데 레아 실비아를 마르
스 신이 사랑했고 그 사이에서 쌍둥이 로물루스와 레무스
가 태어났다.

　레아 실비아가 쌍둥이를 마르스 신의 아이라고 주장
했지만 아물리우스는 그들을 죽이기를 원해 티베리스 강
에 갖다 버리라고 명령했다. 그러나 가까스로 살아남아 늑
대 젖을 먹던 그들을 마침 지나가던 양치기 파우스툴루스
가 보고 데려다가 키우게 되었다. 훗날 청년이 된 로물루스
와 레무스는 출생의 비밀을 알게 되자 아물리우스로부터
권력을 빼앗아 누미토르에게 넘겨주었다.

로물루스와 레무스의 경쟁

　리비우스에 따르면 로물루스와 레무스는 알바 롱가
를 떠나 새로운 나라를 세우기로 했다. 통치권을 둘러싸
고 형제간에 다툼이 일자 신들에게 물어보자며 새점을 치
기로 했다. 새가 날아가는 모습을 보고 신이 누구를 선택
했는지 보자는 것이다. 로물루스는 팔라티움 언덕에서, 레
무스는 그 건너편에 있는 아벤티눔 언덕에 가서 징조를 보
기로 했다.

　아벤티눔 언덕에 갔던 레무스가 먼저 여섯 마리 독
수리가 나는 모습을 보았다고 주장했다. 독수리는 유피테
르 신의 신조(神鳥)다. 그래서 유피테르의 뜻이라며 형 로물
루스에게 와서 말하려는데, 팔라티움에서는 12마리의 독

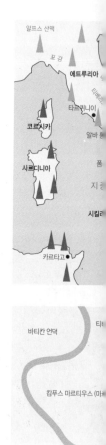

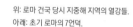

위: 로마 건국 당시 지중해 지역의 열강들.
아래: 초기 로마의 7언덕.

수리를 보았다고 탄성을 지르고 있었다. 6마리를 먼저 보았다는 측과 두 배인 12마리를 보았다는 측이 서로 자기가 왕이 되어야 한다고 주장한 것이다. 결국 로물루스가 이겼지만 레무스는 승복하지 않았다.

로물루스는 팔라티움 언덕에 성벽을 쌓고 성벽 안팎을 신성한 지역(포메리움)으로 선포했다. 이렇게 경고를 했는데도 레무스는 오히려 성벽을 넘나들며 조롱하다가 분노한 로물루스에 의해 죽임을 당하고 말았다. 누구든지 자기 명령을 무시하면 용서하지 않겠다고 단호한 태도를 보인 것이다.

 ## 로마 왕정 시대

팔라티움 언덕에서 로물루스가 건국한 로마

로마 역사는 이렇게 팔라티움 언덕에서 형제간의 권력투쟁과 살육으로 출발했다. 로물루스는 자기 이름을 따서 국가의 이름을 로마로 정했다. 공화정 후기의 키케로는 《국가론》에서 국가의 터를 잘 받았다며 로물루스의 위대함을 찬양했다. 그 이유는 무엇이었을까?

기원전 8세기에 그리스인들은 폴리스를 세우기 시작했는데, 대개 항구를 중심으로 세웠다. 그리스는 척박한 산들이 많다. 기껏 해봐야 올리브나무 몇 그루 외에 눈에 띄는 게 없다. 비가 많이 오지 않기에 올리브나무 외에는 잘 자라지도 못한다. 그리스인들은 늘 먹고살기가 힘들어서 여러 지역으로 퍼져 나갈 수밖에 없었다. 동쪽으로 흑해 연안에서 서쪽으로는 이탈리아 반도까지, 특히 남부 이탈리아에 마그나 그라이키아, 즉 대(大) 그리스라 불린 그리스 식민시들이 많이 건설되었다. 나폴리의 경우도 그리스인들이 건설한 곳으로, 원래 이름은 네아폴리스, 즉 뉴 폴리스(New Polis)라는 뜻이다. 옛날에는 오늘날처럼 국경선이 정확하게 그어져 있지 않으니, 그리스인들이 떼를 지어 나가서 정착촌을 건설하면 새 나라가 되는 것이다. 프랑스 남부 항구도시 마르세유(마실리아)도 그리스 식민시였다. 흑해로 들어가는 입구에 있는 이스탄불도 원래는 그리스인들이 세운 도시인 비잔티움이었다.

그러다 보니 그리스인보다 늦게 출발한 로마인들은 바닷가에 나라를 세우면 자기들의 정체성을 유지하기가 어려웠을 것이다. 항구에는 온갖 잡다한 것이 다 드나들기 때문이다. 그런데 로물루스가 나라의 터를 잡은 팔라티움 언덕은 티베리스 강가에 있었고, 30킬로미터 정도 내려가면 바로 서쪽 바다와 연결되었다. 고대 시대에 그 정도의 거리는 외부 세력의 침입에 대해 상당한 완충작용을 했다. 너무 산골 깊숙이 들어가면 외부와의 단절로 고립될 수 있었다. 기원전 1세기 중엽을 살았던 키케로는 당대에 번영한 로마를 생각하며 해안가도 아니고 깊은 산골도 아닌 지점에 터를 잡았다는 점 때문에 로물루스의 공이 크다고 한 것이었다.

사비니 여인들을 약탈하다

터는 잘 잡았지만 초기 로마는 사실 시골 양치기들의 나라였다. 주변에 있는 양치기를 전부 모아서 나라랍시고 만들었는데, 남자만 많았다. 여자가 있어야 인구도 번성하고 발전할 수 있다. 초기 로마는 인구가 너무 부족했다. 로물루스는 주변 나라들을 다니면서 혼인 동맹을 맺자고 했는데, 주변국들은 로마를 나라로 인정하지 않았다. 그래

〈사비니 여인들의 중재〉, 자크 루이 다비드 작, 루브르 박물관 소장.

48

서 로물루스는 계략을 짰다. 추수를 끝내고 가을 축제를 열었다며 이웃 나라 사람들을 초청했다. 축제가 한창 무르익을 때 로마 청년들이 사비니 여자들을 약탈하기 시작했다. 이 사건은 서양 여러 화가의 작품에서 묘사되었다.

사비니 여인들의 중재

크게 놀란 사비니인들은 자기 딸들을 빼앗기고도 일단 후퇴했다가 로마에 최후통첩을 했다. '딸들을 돌려달라. 아니면 전쟁이다.' 로마는 돌려줄 수 없었다. 그래서 한 2년 정도 질질 끌면서 버텼는데, 결국 3년 뒤에 전쟁이 일어났다. 그런데 그 사이에 아이들이 태어났다. 아이까지 낳고 살다 보니, 여인들 입장에서는 남편과 자기 오빠나 아버지가 싸우는 꼴이 되어 사비니와 로마의 전쟁을 두고 볼 수가 없게 되었다. 그래서 남자들이 싸우는 전쟁터에 아이들을 데리고 가서 더 이상 피를 흘리지 말도록 중재를 하고 나섰다. 결국은 로마인과 사비니인이 화해를 하고 평화 조약을 맺어 한 나라가 되었다.

로마와 사비니의 연합국가 로마

모든 사비니인이 동의한 것은 아니지만, 사비니인과 로마인의 연합왕국이 탄생했다. 로마는 그런 식으로 나라를 키워 나갔다. 나라를 물리적으로 정복해서 다스리는 게 아니라 조약을 맺어서 로마에 통합시키는 것이다. 로물루스와 사비니들의 왕이었던 타티우스가 공동으로 통치를 하기로 약속했다. 시작은 좋지 않았지만 로마 역사의 첫 단추는 이런 식으로 채워지게 되었다. 그래서 이런 정책이 로마 대외 정책의 기본이 되었다. 고대 국가는, 특히 스파르타의 경우는 주변 나라를 정복하면 피정복민을 죽이거나 노예를 삼는 방식으로 나라를 확장했다. 그러나 로마는 다른 나라를 정복하면 그 국가의 생존권을 다 빼앗지 않고 자치를 인정하면서 로마의 영향력 아래 두었다.

두 가지 방법을 썼는데, 먼저 그 지역의 일부에 로마 시민권을 줘서 로마의 지배집단으로 통합시켰다. 그리고 일부 지역에 식민시(colonia)를 건설해서 로마 시민들을 심는(植民) 전략을 썼다. 로마와의 관계를 원활하게 하는 몇 가지 장치를 만든 것이다. 로마는 군사력도 뛰어났지만 로마의 팽창 과정에서 이런 대외정책이 상당히 잘 먹혔던 것 같다. 아우구스투스 시대에 로마가 지중해 제국이 될 수 있었던 것도 바로 로물루스로부터 시작된 로마 대외정책의 결실이 아니었을까 한다.

로물루스 왕정

어느새 우리는 신화의 세계에서 역사의 세계로 넘어왔다. 로물루스는 아이네아스의 17대손으로 신화에 연결되어 있지만 기원전 753년 로마를 건국함으로써 역사 속의 초대 왕으로 자리 잡는다. 로물루스는 로마 통치의 기본 단위를 세 지역으로 나누고 각각을 '트리부스'라고 명명했다. 트리부스는 영어로 'tribe'(부족)라는 뜻이다. 처음에 로마는 세 개의 트리부스(부족)가 연합한 국가였기 때문이다.[3] 혈연(부족)과 지연(지역)이 공동체의 기본 단위가 된 것이다. 세 개의 트리부스는 다시 각각 10개의 쿠리아(curia)로 세분되었다. 그래서 초기 로마는 3개의 트리부스, 30개의 쿠리아로 구성되어 있었다.

로물루스는 원로원과 민회라는 두 정치 기관을 잘

3── 트리부스는 '3'을 뜻하는 영어의 'three'의 어원인 라틴어 'tres'에서 왔다.

활용하면서 통치했다. 전근대 사회는 동서양 할 것 없이 거의 모든 나라에서 왕이 통치했다. 그러나 로마 왕정은 세습되지 않는다는 점에서 독특했다. 로물루스는 초대 왕이라 예외였지만 이후 로마인들은 국가를 통치할 만한 자질이 있는 사람을 후임 왕으로 선출했다. 원로원이 왕 후보자를 추대하면 시민들의 모임인 민회에서 왕을 뽑았다. 일단 왕이 되면 죽을 때까지 통치했고 왕이 죽으면 같은 방식으로 새로운 왕이 추대되었다. 왕정의 연속성을 가능케 한 것은 원로원이었다. 왕은 원로원에 의해 추대되고 통치기간에 원로원 의원들의 의견에 귀를 기울였다.

로물루스가 처음 원로원을 만드는 과정도 특이하다. 리비우스에 따르면 로물루스가 귀족 중 한 명을 선발했다고 한다. 그는 왕이 전쟁에 나간다든가 외교 문제로 로마를 떠나 있을 때 일종의 왕 대행 역할을 했다. 다음으로 3개의 트리부스에서 3명씩 9명이 선발되었다. 이렇게 10명의 원로원 의원이 선발된다. 또 3개의 트리부스 밑에 각각 10개의 쿠리아가 있다고 했는데, 30개의 쿠리아에서 3명씩 나라를 위해 가장 열심히 일할 수 있는 사람을 선출한다. 그러면 90명이 나온다. 이 90명에 앞에서 선발한 10명이 합쳐져 100명의 초대 원로원이 구성되었다. 만약에 로물루스가 홀로 100명을 선발했다면 그 자율성을 보장하기가 어려웠을 것이다. 첫 번째 원로원 의원만 자기가 선발하고 나머지 99명은 트리부스 대표, 또는 쿠리아 대표로 채운 것이다. 그런 식으로 원로원은 대체로 귀족들이었지만 아래로부터의 대표성을 확보했다.

원로원은 '세나투스'(senatus), 원로원 의원은 '세나토르'(senator)라 불렸는데, 노인을 뜻하는 'senex'에서 파생된 단어다. 또한 원로원 의원은 '파테르'(pater, 아버지) 그리고 복수형으로는 '파트레스'(patres, 아버지들)라고 불렸다. 아이네아스가 트로이를 탈출할 때 보여 주었듯 로마 문화는 가부장 전통을 토대로 하고 있었다. '아버지들'이란 곧 귀족을 뜻했다.

왕, 원로원과 함께 세 번째로 중요한 기관은 30개의 쿠리아들의 모임인 쿠리아 민회였다. 초기의 로마 시민들은 쿠리아 조직 안에 편제되어 있었고 자기가 속한 쿠리아 단위 안에서 의견을 모으고 공식적인 결정에 참여할 수 있었다. 이처럼 로물루스는 왕과 원로원과 민회를 토대로 한 로마의 통치 체제를 만들었다. 왕정이지만 왕이 독단적으로 통치하는 게 아니라 원로원 의원들의 의견을 청취했고, 마지막은 민회에서 시민들이 결정하게 했던 것이다. 원로원 의원들의 의견이 모인 안건들이 민회에 회부되면 거기서 크게 문제없으면 박수를 치며 통과시키는 것이다. 민회에서 결정하면 이것이 법이 되고 법이 되면 모든 로마 시민이 지켜야 했다. 로마 왕정하에서 공적인 문제가 이런 과정을 거쳐 처리되었다.

물론 엘리트와 민중 사이가 늘 그렇듯이, 귀족과 평민 사이에는 갈등이 있게 마련이다. 전근대 사회는 다 농업 사회였다. 귀족은 신분적 우월성을 강조했지만 실상은 대토지 소유자이자 지역의 유지였다. 이런 가운데서, 로물루스는 귀족들로 하여금 자기 지역의 평민들을 잘 돌보는 일종의 공동체의 '아버지', 즉 평민들의 보호자(patronus) 역할을 하게 했다. 이른바 보호-피보호(patronus-cliens) 관계라는 사회적 그물망으로 묶어 놓은 것이다. 이로써 귀족은 평민을 보호하고 평민은 귀족을 존경하면서 로마 사회의 수직적 질서가 조화와 안정을 이루게 했다. 양자 간에 최상의 덕목은 신의(fides)였다. 갈등이 없지 않았지만, 그것을 조율

해 가면서 초기 로마 사회가 발전해 갈 수 있는 정치사회 제도를 마련했다.

로물루스의 최후

리비우스는 민회 중에 갑자기 로물루스가 승천했다고 전한다. 민회 중에 천둥이 치고 비가 쏟아지고 난 후 그가 사라졌다는 것이다. 사람들이 어디 갔을까 궁금해하는데, 하늘에 올라가서 피레니우스 신이 되어 로마를 돌본다더라 하며 마무리를 지었다. 그러나 '승천은 무슨 승천이야, 원로원 의원들이 죽인 것 아니야?'라는 음모설도 나돌았다고 한다.

2대 왕 누마

로물루스가 비록 동생 레무스를 죽이고 왕이 되었지만 정치제도와 사회관계를 정립한 뒤에 7대까지 왕정이 계속되었다. 2대 누마 왕은 사비니족 출신으로 종교의식을 제도화한 왕이다. 로마인들의 종교성은 베르길리우스가 아이네아스 이야기에서 강조했듯 트로이 전통과 연결되어 있다. 로마인들은 신들을 숭상하고 신전을 많이 지어 바치고, 의식을 행하고, 신관을 우대했다. 그 전통을 마련한 것이 누마 왕이었다.

3대 왕 툴루스 호스틸리우스

3대 왕 툴루스 호스틸리우스는 영토를 확장했다. 그러나 너무 난폭해서 좋은 죽음을 맞이하진 못했다. 30년이나 통치했는데 제사를 지내다 벼락을 맞아 죽었다고 한다. 신들에게 밉보였던 것 같다. 4대 왕인 안쿠스 마르티우스도 역시 팽창 정복 전쟁을 많이 했다.

로물루스부터 안쿠스 마르티우스까지는 라틴 출신
과 사비니 출신이 번갈아 가며 왕위를 이어갔는데, 5대 왕
타르퀴니우스 프리스쿠스는 코린토스 출신으로 타르퀴니
이에 정착했던 에트루리아 계통 사람이었다. 이때부터 로
마인들은 3대에 걸쳐 에트루리아계 왕의 지배를 받게 된다.

6대 왕 세르비우스 툴리우스

그중에 6대 왕 세르비우스 툴리우스는 센서스 제도
를 시행함으로써 로마 역사뿐만 아니라 서양 역사에서 인
구조사의 첫 사례가 되었다. 누가복음(2:1)에 아우구스투스
가 내린 호적령 역시 세르비우스 왕의 센서스 제도의 유산
이었다. 이에 따라 다윗의 자손 요셉이 마리아와 함께 고
향 베들레헴에 갔다가 거기서 예수께서 탄생하는 역사적
사건이 발생한다. 첫 번째 센서스에서는 8만 4,000명의 시
민이 등록되었다고 한다. 이 숫자는 성인 남성 시민 수이니
당시 로마의 규모를 짐작할 수 있는데, 그 숫자의 신빙성에
대해서는 논란이 많다. 어쨌든 시간이 지나면서 팔라티움
언덕에서 시작된 도시 로마의 영역도 7언덕을 포함하면서
넓어지게 된다. 왕정 시대 후기에 오면 로마는 도시 로마를
중앙으로 해서 티베리스 강을 따라 900제곱킬로미터 정도
의 영토를 가진 라티움 최대의 국가로 발돋움한다.

7대 왕 타르퀴니우스

마지막 7대 왕은 타르퀴니우스인데, 왕위 등극 과정
이나 통치 방식이 너무 난폭해서 오만왕(superbus)이라는
별명이 붙었다. 원로원을 무시하는 통치를 행함으로써 왕-
원로원-민회 사이의 세력 균형을 깨뜨리고 귀족들의 불만
을 샀다. 반면에 타르퀴니우스는 공공건축을 많이 일으켜

서 평민들의 지지를 확보하려 했던 것 같다. 카피톨리움 언덕의 유피테르 신전도 바로 타르퀴니우스 때 건설되었다. 그러나 워낙 그가 폭정을 일삼고, 특히 그의 아들 섹스투스가 루크레티아라는 귀부인을 겁탈하는 사건이 터지자 왕정 자제에 대한 분노가 폭발하고 결국 귀족들의 왕정 타도 운동이 성공해서 왕정 시대를 마감하게 된다.

로마 역사는 루크레티아 사건을 통해 왕정 시대를 마감하고 새로운 시대로 넘어간다. 더 이상 왕을 뽑지 않는 새로운 체제로의 전환인데 바로 공화정이다. 공화정은 로마뿐만 아니라 근대에도 정치 발전에 크게 기여했다.

또한 리비우스는 《로마사》 142권 중에서 244년 되는 왕정 시대를 처음 한 권에서만 다루고, 그 뒤의 500여 년 역사를 141권에 담았다. 신화의 시대부터 왕정 시대 초기는 신빙성이 떨어지는 이야기라 짧게 담은 것이다.

맺음말

'로마는 하루아침에 이루어지지 않았다'는 말이 있다. 기원전 753년에 건국될 당시 로마는 중부 이탈리아의 라티움 지방 티베리스 강변의 야트막한 팔라티움 언덕에서 시작되었다. 왕들의 통치 244년, 그리고 아우구스투스가 새로운 통치를 시작하기 전까지의 공화정기 약 482년. 이 둘을 합쳐 약 700년 동안 지중해 제국으로 성장했다. 바로 그 아우구스투스 시대 때 로마의 건국 서사시 〈아이네이스〉가 베르길리우스에 의해 쓰였고, 로마의 건국 이후부터 당시까지의 역사는 리비우스에 의해 쓰였다.

흥미롭게도 로마의 건국 신화는 트로이전쟁에 뿌리를 두고 있다. 비록 패망했지만 트로이를 탈출한 아이네아스가 트로이의 정신을 계승해서 라티움에 정착했고, 왕정 시대를 거치면서 로마는 지중해 세계의 제국으로 성장하는 발판을 마련했다는 것이다. 두 작품은 베르길리우스나 리비우스가 로마의 번영에 대해 제시한 나름대로의 답변이었다. 하나는 문학작품으로, 하나는 역사로. 그들은 로마인들에게 '신화는 역사였다. 트로이전쟁은 지어낸 이야기가 아니라, 우리 역사의 출발이었다'라고 말했던 것이다. 19세기에 슐리만이 트로이전쟁이 역사임을 밝혀냈지만 로마인들은 2,000년 전에 자신들이 트로이의 후예이고, 그 전통을 계승한다는 의식이 있었던 것이다.

이번 장에서 신화에서 역사로 넘어온 뒤 244년의 왕정 시대를 개관했다. 왕들은 각각 로마 역사에서 중요한 업적을 남겼다. 전쟁을 통해서 영토를 확장한 왕도 있고 종교 제도를 정착시킨 사람도 있었다. 왕정기는 나중에 전개될 공화정에 비하면 역사적인 평가가 높진 않지만, 공화정의 형성과 로마가 팽창해 간 원동력은 대부분 왕정 시대에 준비되었다는 점에서 역사적 의의가 있다. 다음 장에서는 공화정의 형성 과정과 주요 특징에 대해 다룰 것이다.

로마 공화정
원로원과 로마 인민

2

들어가는 말

로마 역사는 기원전 753년에 로물루스의 건국부터 서기 476년 서로마제국 몰락까지 1,200년 정도 진행된다. 아이네아스의 17대손 로물루스가 로마를 건국한 이래 244년간 7대에 걸친 왕정 시대를 이어갔다. 비록 5-7대에 에트루리아의 지배를 받았지만 왕정기에 로마는 왕, 원로원, 민회라는 세 기관이 상호 보완하면서 나라를 키워 갈 수 있었다. 그러나 7대왕 타르퀴니우스 때 그 아들 섹스투스가 귀부인 루크레티아를 겁간하는 사건이 일자 로마 귀족들은 왕정 타도운동을 벌였고, 마침내 로마는 왕을 몰아내고 공화정(Res Publica)이라는 새로운 정치체제를 수립했다. 이번 장에서는 로마 공화정의 형성 과정과 특징 그리고 그것이 로마의 발전에 끼친 영향에 대해 알아본다.

공화국의 현재와 과거

우선 공화정이라는 말부터 알아보자. 오늘날 많은 국가가 공화국임을 선언하고 공화정을 국가의 통치 이념으로 내세운다. 멀리 갈 필요 없이 우리나라가 그렇다. 헌법 제1조를 보면 "대한민국은 민주공화국이다(The Republic of Korea shall be a democratic republic)"라고 쓰여 있다. 대한민국은 공화국인데, '민주공화국'이다. '공화국'이란 용어 'Republic'은 라틴어 'Res Publica'에서 왔다.

북한 역시 공화국이지만 앞의 수식어는 우리와 다르다. 북한은 '조선민주주의 인민공화국'(Democratic People's Republic of Korea)이다. 그래서 우리나라의 공식적인 국호는 영어 약자로 R.O.K라 표현하고 북한은 D.P.R.K라 표현한다. 공화국이라는 명칭을 우리나라와 북한이 공유하는 셈이다. 거기에 북한은 공화국이라는 단어를 강조하는 경향이 있다. 북한을 소재로 하는 영화나 드라마를 보면 북한 사람들은 공화국에서 왔다는 것을 자랑스럽게 말한다. 이탈리아, 프랑스, 포르투갈 등 다른 많은 나라도 공화국이라는 국호를 가지고 있다. 중국 또한 공화국이다.

한자어 공화(共和)의 어원

공화의 어원은 역사적인 맥락이 있다. 사마천의 《사기》에 나오는 용어다. 주나라 려왕이 폭정으로 쫓겨나고 소공과 주공, 두 명의 제후가 합의하에 통치한 시기를 공화라고 불렀다. 그러나 이때 무력에 의한 정치가 횡행하여 전국은 오패에 의해 좌우되었다. 그래서 왕은 없고 두 제후가 다스리던 이 시기의 통치는 부정적으로 평가되고 있다.

공화 14년에 왕이 죽자 두 제후는 왕의 아들을 불러와서 선왕으로 즉위케 했다. 이 통치는 14년에 그쳤다. 1912년 신해혁명이 일어날 때까지 중국 역사에서 더 이상 이러한 통치는 없었다. 그러므로 중국에서 공화는 왕이 없는 통치 체제를 지칭하는 용어였던 것이다.

로마 공화정의 단초인 루크레티아 사건

로마 공화정(Res Publica Romana)은 어떻게 시작이 되었고 중국의 공화와 어떻게 다른가에 대해 알아보자. 로마 공화정의 출발점이 되는 사건은 앞 장에서 언급한 루크레티아 사건이다. 루크레티아는 로마 귀족 부인으로 성추문에 휘말렸다. 7대 왕 타르퀴니우스 수페르부스(Lucius Tarquinius Superbus)의 아들 섹스투스가 루크레티아를 겁탈하는 사건이 일어났기 때문이다.[1] 트로이도 왕자가 사고를 쳐서 나라가 망한 것처럼 로마도 섹스투스 때문에 타르퀴니우스 왕조가 큰 위기를 맞게 된다. 사건이 일어나자 루크레티아는 당시 전쟁에 나가 있던 남편 콜라티누스와 아버지 루크레티우스에게 급히 사람을 보내서 집안에 긴급한 일이 생겼으니 돌아오라고 알렸다. 또한 믿을 만한 사람을 한 사람씩 데리고 오도록 당부했다. 남편은 브루투스(Lucius Junius Brutus)를 데려왔다. 이 브루투스가 중요한 역할을 한다. 브루투스는 5대 왕 타르퀴니우스 프리스쿠스의 딸 타르퀴니아의 아들이다. 브루투스도 타르퀴니우스 왕족의 일원인 셈이다. 아버지 루크레티우스는 발레리우스 푸블리콜라

〈루크레티아의 자살〉, 렘브란트 작.

1——— 루크레티아는 루크레티우스의 딸이다. 로마 귀족들은 이름이 세 부분으로 되어 있다. 맨 앞이 그 사람의 개인 이름이고, 두 번째가 씨족 이름, 그리고 세 번째가 가문 이름이다. 그러나 귀족 집안의 여자는 씨족 이름에 여성형 어미 '-a'를 붙인다. 그래서 루크레티아는 루크레티우스 씨족의 딸이라는 뜻이다.

라는 귀족을 데려왔다. 이렇게 네 사람이 모이자 루크레티아는 자초지종을 설명하고 나서 이러한 수모를 당해 억울하다며 칼을 들어 자결했다.

그녀는 이런 상황을 묵과하면 안 되고 자기가 희생양이 되어서라도 섹스투스의 범죄, 나아가 타르퀴니우스 왕실의 통치를 응징해야 한다고 판단한 것이다. 물론 에트루리아 왕가의 지배가 다 나쁘진 않았다. 로마사를 보면 로물루스부터 7명의 왕들이 서로 번갈아 통치했지만 로마의 발전을 보강하는 것이었다. 에트루리아는 기원전 8세기 로마가 건국될 때 이탈리아 반도의 상황에서 보았듯이 로마보다 문명이 먼저 발전했던 곳이다. 왕정 시대 로마의 많은 토목과 건축 기술이 에트루리아에서 왔다. 하지만 타르퀴니우스 가문의 통치가 로마 귀족들과 원로원의 자유를 짓밟고 폭정으로 치닫는 상황에서 섹스투스 왕자의 만행이 벌어졌기에 로마 귀족들은 이 사건을 불씨로 해서 왕정 타도 운동을 전개했다.

브루투스와 콜라티누스의 주도로 왕정 타도 운동이 시작이 되었다. 원래 이 사건은 로마에서 북동쪽으로 20킬로미터 떨어진 콜라티아라는 지방도시에서 시작되었는데 루크레티아 사건을 계기로 로마까지 번져 마침내 왕정 타도 운동으로 확산된 것이다.

전선에 나가 있던 타르퀴니우스 왕이 소식을 듣고 로마로 급히 돌아왔지만 성문은 잠겨 있고 "우리는 더 이상 왕을 인정하지 않는다"는 외침만 들렸다. 친왕 세력의 저항이 있었지만 왕정 타도 운동이 일사불란하게 이뤄져 왕을 축출하는 데 성공했다. 브루투스가 "앞으로 우리 로마인들은 왕을 세우지 않는다"고 선언하면서 왕정 시대는 마감되었다.

로마 공화정의 등장

왕 없이 나라가 유지될 수 있을까? 로마 왕은 선출직이었다. 통치할 수 있는 자질이 있는 자를 원로원이 천거하고 민회가 확정했다. 왕이 선출되면 죽을 때까지 왕의 자리를 유지했다. 왕위는 종신직이었지만 세습되지는 않았다. 이것이 로마식 왕정의 특징이었다. 그런데 타르퀴니우스 왕가는 왕위를 세습했다. 세습도 자연스럽지 않았다. 타르퀴니우스 프리스쿠스가 선왕 안쿠스 마르키우스의 아들들에게 암살되자 왕비 타나퀼은 사위 세르비우스 툴리우스를 왕위에 앉혔다. 6대 왕 세르비우스 툴리우스는 타르퀴니우스 프리스쿠스의 아들 루키우스 타르퀴니우스를 사위로 삼았다. 큰딸이 죽자 욕심 많은 둘째 딸 툴리아가 형부와 재혼했는데, 딸과 사위의 음모로 세르비우스 왕은 암살되었다. 왕권을 잡은 7대 왕 타르퀴니우스는 원로원을 무시한 채 통치하다가 루크레티아 사건으로 결국 축출되었다. 이처럼 타르퀴니우스 왕가 안에서 세습되면서 음모와 암투가 계속되었는데, 왕정이 타도되면서 세습의 고리를 완전히 끊어 버린 것이다.

왕이 가지고 있던 통치권을 임페리움(imperium)이라 한다. 임페리움은 더 정확히 말하면 명령권 또는 통수권이라는 뜻이다. 대통령의 많은 권한 중에 군대 통수권이 있다. 또한 전쟁을 하거나 조약을 맺는 중요한 결정도 대통령이 내리게 되어 있다. 왕의 역할은 군대를 명령하는 임페리움을 갖는 것이다. 왕은 축출했지만 누군가가 임페리움을 행사해서 국가의 중대사를 결정하고 집행해야 했다.

파스케스를 어깨에 멘
로마 릭토르들의 모습.

콘술직 창설

켄투리아 민회에서 왕 대신 2명의 콘술을 선출했다. 로마 인민이 지도자를 선출한 것이다. 왕이 있을 때에 릭토르(lictor)라고 하는 호위무사 12명이 왕을 호위했다. 콘술 제도로 바뀌면서 콘술 두 사람을 각각 릭토르 12명이 호위하게 했다. 왕의 자색 복장도 2명의 콘술이 입었다. 그래서 왕과 동등한 권위가 있음을 보여 주었다. 릭토르들은 권위를 보여 주기 위해 파스케스(fasces)를 어깨에 걸치고 행진했는데, 파스케스는 나무다발을 묶어 그사이에 도끼날을 붙인 것이다. 인민을 상징하는 나무다발을 하나로 묶고 그곳에 도끼날을 꽂아 국가를 수호하는 왕으로서의 권위를 표현한 것이다. 20세기 이탈리아 무솔리니에 의해 일어난 파시즘의 어원이 파스케스다. 이때는 단결·단합이라는 의미로 파스케스라는 말을 썼는데, 독재자 무솔리니는 '자기를 중심으로 단합하여 이탈리아를 재건하자'는 의미에서 파시즘이라는 용어를 쓴 것이다.

콘술직에서 물러난 콜라티누스

왕정 타도의 주역 브루투스나 콜라티누스도 사실 왕족의 일원이었다. 그러나 왕족이라 해서 다 쫓아낼 수는 없었다. 브루투스는 왕정 타도 운동을 진두지휘했고 콜라티누스는 자기 아내 루크레티아 사건 때문에 함께했다. 브루투스가 생각해 보니 왕족인 두 사람이 함께 새로운 정치체제를 만든다는 게 모양이 좋지 않았다. 그래서 콜라티누스에게 "네가 물러나는 것이 좋겠다"고 제안했다. 거사하고 나서 함께 싸운 동지가 새로운 체제 건설에 맞지 않는다는 것이다. 콜라티누스는 완강히 버텼지만 그의 장인인 루크레티아의 아버지가 "국가를 위해 물러나는 것이 가장 좋다.

브루투스는 이 운동을 처음부터 주도했다"라며 설득했다. 타르퀴니우스가 후사를 위해 많은 왕족을 죽였는데, 브루투스는 바보짓을 연기하면서 죽음에서 비켜 갈 수 있었다. 결국 콜라티누스는 콘술직을 내놓고 남서쪽 해안가에 있는 소도시 라비니움으로 망명했다. 그를 대신해서 루크레티아가 자살할 때 함께 있었던 푸블리우스 발레리우스가 콘술이 되었다.

왕정복고운동

이렇게 일단락되는가 싶었다. 하지만 젊은 청년 귀족들 중 몇몇이 가만히 생각해 보니 왕이 없는 것은 생각할 수 없었다. 왕을 복위시켜야 한다는 왕정복고 음모가 내부에서 발생한 것이다. 이 음모가 발각되었는데 콘술이었던 브루투스의 두 아들도 연루되어 있었다. 일종의 반역이었다. 사람들은 브루투스가 이 문제를 어떻게 해결하는지 주목했다. 브루투스는 단호하게 두 아들을 포함한 모든 음모자를 처형시켰다. 더 이상 왕이 통치하지 못한다는 명분을 아들들을 처형하면서까지 고수한 것이다.

쫓겨났던 타르퀴니우스 왕은 에트루리아 여러 도시를 돌며 지원군을 얻어 다시 로마를 장악하려 했다. 그러자 브루투스가 타르퀴니우스를 막으러 전쟁에 나갔는데 전사하고 말았다. 왕정복고운동에 두 아들이 연루되어 죽고 본인은 그 일을 막으려다가 전사한 것이다. 그가 죽은 후 루크레티우스가 콘술직에 선임되었다가 며칠 후 죽었다고 전해진다. 루크레티아 사건이 계기가 되어 왕정에서 공화정으로 이행하고 콘술직이 신설된 이야기는 너무 드라마틱해서 후대에 꾸며졌거나 미화된 이야기라는 주장도 있다. 그러나 이 이야기 속에 로마인들이 생각한 공화정의 정신이 잘 드러난다.

리비우스는 공화정의 시작을 다룬 《로마사》 2권의 첫 문장을 다음과 같이 시작한다.

> 이제 여기부터 나는 자유로운 로마 인민이 평화시와 전시에 이룬 업적들, 1년 임기의 정무관들의 활동 그리고 인간들보다 더 상위에 있었던 법의 통치에 대해서 상술할 것이다.

로마 공화정은 자유를 얻은 로마 인민이 성취한 것의 총합이었다. "1년 임기의 정무관들의 활동"이란 말에서 알 수 있듯 정무관(magistratus)은 인민이 뽑아서 대개 1년 임기로 공무를 맡긴 사람들이고, 최고위직 콘술부터 하위관직까지를 포함한다. 공화정에서 제일 중요한 것은 인간보다 상위에 있는 법의 통치다.

로마 인민은 귀족과 평민을 포함한 개념으로 국가의 모든 일에 참가하고 민회에 모여 투표하고 투표한 것에 따라 전쟁도 나가고 세금도 부담하는 국가의 주체다. 인민은 정무관들을 선거로 뽑아서 공무를 맡기고 법을 제정했으며 법으로 사회의 모든 문제가 통치되도록 했다. 1권을 제외하고 2권부터 142권까지 482년의 공화정 시대를 다루었기에 리비우스의 《로마사》는 결국 공화정의 역사인 셈이다. 로마 시대 이후 공화정은 세계사적 의의를 갖는 정치제도가 되었다.

신분제 사회 로마

우선 로마 사회는 귀족과 평민으로 나뉜 신분제 사회였다. 어느 사회이든 소수의 지배 엘리트와 다수의 일반 대중으로 나누어지게 마련이다. 완벽하게 평등할 수는 없다.

요즘 시대에는 귀족과 평민이라는 신분제적 질서는 없지만 부자들이 귀족이나 마찬가지다. 돈이 많으면 뭐든지 할 수 있지만 돈이 없어서 생계가 어려운 사람도 있다. 고대 로마는 로물루스 때부터 이미 귀족과 평민이라는 신분 질서가 존재했다. 앞에서 서술했듯 로물루스는 양 신분 간의 갈등과 분쟁으로 사회가 혼란스러워지지 않게 하려고 보호-피보호 제도(patronage)를 만들었다. 즉 특정 지역의 귀족 보호자(patronus)가 자기 지역의 평민 피호민(cliens)을 도와주고 평민은 귀족을 존경하고 지지함으로써 서로 도와주도록 하는 제도였다. 귀족 보호자는 자기의 피호민이 법적 분쟁에 연루되면 법정에 나가 변호도 해주고, 경제적으로 어려우면 피호민이 잘 살 수 있도록 도와주었다. 피호민은 자기 보호자를 존중하고 만일 그가 콘술 선거에 나간다면 선거 운동을 도울 수 있었다.

신분 투쟁과 공화정의 형성 과정

귀족과 평민의 관계가 항상 평화로운 것은 아니었다. 왕정이 폐지되고 정치적으로 자유가 회복되었지만 경제 상황은 나아지지 않았다. 오히려 왕정 때는 왕과 귀족의 대립으로 인해 왕이 평민에게 우호적인 정책을 많이 펴기도 했다. 그러나 왕정 폐지 후 경제 위기가 심화되었다. 더욱이 귀족들이 정치 관직이나 사회적 특권을 독점하면서 불평등에 대한 반발이 심해졌다.

왕정 말기 로마는 라티움 지방의 선도 국가였다. 그러나 공화정이 등장하면서 주변 나라와 영토 분쟁도 생기고, 내부적으로는 부채 문제로 귀족과 평민 사이의 갈등이 심

성산에 집결한 로마 평민들.

화되는 상황이 벌어졌다. 그래서 공화정 초기 200여 년 동안 귀족에 대항하는 평민의 신분 투쟁이 전개되었다. 귀족들이 새로운 지배세력을 형성하니 평민과 귀족의 갈등이 드러나게 된 것이다.

성산 철수 사건

신분 투쟁의 첫 번째 사건은 기원전 494년에 일어난 성산 철수 사건이다. '거룩한 산'이라는 뜻의 성산(聖山)은 라틴어로 '몬스 사케르'(Mons Sacer)이다. 로마 북동쪽 5킬로미터 지점의 아니오 강과 노멘타나 가도 사이에 있는 이 산으로 평민들이 모이기 시작했다. 로마를 떠남으로써 귀족을 압박한 것이다. 일종의 파업을 벌인 것이다. 귀족과 평민의 불평등이 해소되지 않자 우리끼리 나라를 만들겠다는 최후통첩, 즉 '분리'(secessio) 독립을 선언한 셈이다.

호민관직의 창설

대면해서 다툴 때는 대응하는 수단이 있을 텐데 떠나 버리면 대책이 없다. 전쟁도 해야 하고 경제 활동도 해야 하는데 평민이 없으면 아무것도 할 수 없으니 귀족들은 특단의 대책을 내놓을 수밖에 없었다. 평민의 대표직을 인정한 것이다. 귀족들은 이른바 호민관(tribuni plebis)이라고 불리는 평민의 보호자들과 협상에 들어갔다.

호민관은 '평민을 보호하는 관리' 정도로 뜻을 풀 수 있지만 정무관이 아니라 평민의 대표자일 뿐이다. 그 일을 원활하게 행하기 위해서는 몇 가지 법적 보호 장치가 필요했다. 우선적으로 평민 대표의 몸은 신성불가침하다는 약속이 필요했다. 호민관을 폭행하거나 위협하는 것은 평민 전체를 위협하는 것으로 간주한 것이다. 그래서 이를 미연에 방지하기 위해 호민관의 신성불가침에 대한 법을 만들었다. 이제 귀족들은 아무리 마음에 안 들어도 호민관을 함부로 대할 수 없게 되었다.

호민관은 콘술이나 정무관의 자의적인 임페리움 행사, 원로원의 의결, 민회의 결정 등이 평민의 이익을 해칠 때에는 간섭(intercessio)해서 거부(veto)할 수 있는 권한도 얻었다. 다만 호민관의 권한은 로마 시내와 성 밖 1,5킬로미터 정도 안에서만 유효했고, 로마 밖에서, 특히 해외에서는 권한을 행사할 수 없었다. 그럼에도 성산 철수 사건으로 제도화된 호민관은 법적 권한이나 위상이 상당히 높았고 앞으로 전개될 정치 투쟁에서 평민의 권익을 보호하고 확대하는 데 크게 기여했다.

평민회의 성립

기원전 471년에는 평민의 모임, 즉 평민회(concilia plebis)가 정례적인 모임이 되었다. 이미 왕정 시대에 쿠리아 민회(comitia curiata)와 켄투리아 민회(comitia centuriata)가 만들어졌다. 민회는 귀족이나 유산자에 유리하게 조직되어 있었지만 귀족과 평민이 같이 모여서 국가의 중요한 문제를 결정하는 의결기구였다. 그러나 평민회는 귀족이 참석할 수 없었기 때문에 코미티아가 아니라 콘킬리아(concilia), 즉 평민의 모임일 뿐이었고, 거기서 나온 평민회 의결(plebiscita)[2]은 평민에게만 구속력이 있었다. 평민회의 의결이 법이 되려면 귀족과 평민이 함께 모이는 켄투리아 민회로 가서 통과되어야만 했다.

로마 광장에 공시된 12표법.

2—— '플레비스키타'(plebiscita)는 영어 사전에서는 '국민투표'라고 번역된다.

12표법의 제정

신분 투쟁의 다음 단계는 12표법의 제정이었다. 로마의 세계사적 업적 중 하나는 로마법인데, 12세기 로마법 계승 운동을 시작으로 유럽 여러 나라의 법체계의 토대가 되었고, 이를 이어받은 근대 독일법을 통해 일제강점기 그리고 해방 이후 우리나라에까지 영향을 주고 있다.

그러나 기원전 5세기 초 로마법은 구전에 근거한 관습법으로, 관행에 따라 운영되었다. 법의 관리와 집행은 귀족 출신 신관의 손에 달려 있었다. 그러다 보니 평민에게 불리한 경우가 많았다. 이에 평민은 누구나 법의 내용을 알 수 있도록 성문화하여 공지하라고 요구한 것이다. 기원전 452년에 법률제정 10인 위원이 귀족들 가운데에서 선정되었고 그들은 솔론의 법을 참고하기 위해 아테네로 파견되었다가 돌아왔다고 전해진다. 이들의 활동으로 처음에는 10개 법조문이 10개의 동판에 기록되었다가 나중에 2개가 추가되어 12표법이 제정되고 로마 광장에 공시되었다. 12표법은 시민의 권리와 의무를 성문화한 것인데 원문은 전해지지 않고 고대 저자들의 글에 언급되어 있던 내용을 복원해 3분의 2 정도가 전해지고 있다.

성문화된 법이 공지됨으로써 귀족들의 자의적인 법 운영이 불가능해지고 그 결과 평민의 권리가 더 잘 보장될 수 있게 된 것은 중요한 성취라고 할 수 있다. 그러나 법의 내용이 더 중요했는데, 기존의 관행을 성문화하다 보니 귀족에게 유리한 것도 있어서 결과적으로 일방적인 평민의 승리라고 할 수는 없었다. 11표에 있는 귀족과 평민의 금혼 조항이 그러했다. 신분을 넘어선 결혼이 흔한 일은 아니나 "사랑에는 국경이 없다"는 말이 있듯이 동서고금을 막론하고 이례적인 사랑도 있게 마련이다. 대개 귀족 청년이 평민

여자를 사랑해서 결혼하는 경우가 있었는데 평민 집안 입장에서는 집안의 위상을 높이는 기회였을 것이다. 이런 결혼이 법적으로 금지된 것이다.

부채 노예제 인정은 더욱 심각했다. 서양 고대 사회는 자유인과 비자유인의 구분이 엄격했다. 돈을 빌렸다가 갚지 못하면 노예가 되는 것이 관행이었다. 이러한 관행이 12표법에 성문화됨으로써 노예를 만드는 것을 정당화할 수 있게 된 것이다. 따라서 법률의 성문화가 반드시 평민에게 유리했던 것은 아니다. 기원전 445년에 금혼법은 폐지되었지만 부채 노예제 금지까지는 시간이 더 필요했다.

그럼에도 법률의 성문화 자체는 신분 투쟁의 중요한 성취였다. 리비우스가 12표법을 '모든 사법과 공법의 원천'이라고 찬사했듯 이 법은 이후 로마법 발전의 토대가 되었다. 로마의 어린이들은 12표법을 외우며 시민 교육을 받았다.

리키니우스-섹스티우스 법

신분 투쟁에서 그다음 단계는 리키니우스-섹스티우스 법의 제정이었다. 로마 공화정 초기에 북부 이탈리아를 차지하고 있던 에트루리아 세력이 약화되었는데, 알프스를 넘어 남하하는 갈리아인의 침입을 막아 주던 방어막이 무너졌다는 점에서 로마인에게는 불행이었다. 최악의 상황이 기원전 390년에 일어났다. 북이탈리아 포강 유역에 있던 갈리아인이 남하해서 로마를 점령하고 약탈한 것이다. 7개월 동안 저항하며 카피톨리움을 마지막 거점으로 버티고 있던 로마인을 구한 것은 이탈리아 북동쪽에 있던 베네티인이었다. 그들이 비어 있던 갈리아인들의 본거지인 포강 유역에 쳐들어간 것이다. 결국 갈리아인들은 1,000파운드의 금을 받아 챙기고 자기들의 본거지로 급히 돌아갔다.

갈리아인은 물러갔지만 로마의 상황은 호전되지 않았다. 라티움의 맹주였던 로마가 휘청거리자 주변의 라틴 도시들이 독립을 선언하고 적대감마저 나타내기 시작했을 뿐만 아니라 일부 에트루리아 도시들도 로마를 공격해 오기 시작했다. 이러한 적들의 압박 속에서 평민들의 생활고는 가중되고, 불만이 증폭되었다. 그 내용은 정치경제적인 세 가지 문제로 요약된다. 콘술을 포함한 고위 관직의 귀족 독점 문제, 부채 문제, 그리고 귀족들의 과도한 공유지 독점 문제. 기원전 376년에 두 호민관 리키니우스와 섹스티우스는 평민회에 이 문제들에 대한 해법을 담은 개혁안을 제시했고, 이는 기원전 367년에 리키니우스-섹스티우스 법으로 확정되었다.

먼저 콘술직 독점에 관한 문제를 알아보자. 공화정기 콘술직을 귀족들이 독점할 수밖에 없는 시대 상황에 대한 이해가 필요하다. 오늘날은 국회의원이든 군인이든 모든 공무원에게는 공직에 대한 봉사의 대가로 국가가 월급을 준다. 그러나 로마 시대 정무관직은 국가에 봉사하는 자리이지 돈을 받고 일하는 자리가 아니었다. 그러다 보니 가난한 사람들은 원천적으로 공직을 맡을 수 없었다. 생계에 부담이 되었기 때문이다.

그러나 이제 평민 중에서 유산자들이 있어서 국가를 위해 일할 능력과 재산이 있는 사람들이 나타났는데도 공직 진출이 신분적으로 차단되어 있으니 불만이 쌓이기 시작한 것이다. 평민들이 콘술 2명 중 1명은 평민에게 할당해 달라고 하는 등 여러 정무관직에 나갈 길을 열어 달라고 요구했다. 이후 다른 정무관직도 평민에게 순차적으로 개방되었다.

두 번째는 부채 문제다. 어느 시대나 개인이나 가계 부채가 사회문제의 큰 요인인데, 부채 자체뿐만 아니라 고

액의 이자 부담이 더 큰 문제였다. 특히 이 시대에는 부채를 제때 갚지 못하면 최악의 경우 채권자의 노예가 되는 상황에 빠질 수도 있었다. 리키니우스-섹스티우스 법에 의해 그동안 지불한 이자는 원금에서 감액하고 남은 부채는 3년 안에 분할 상환하도록 정했다. 기원전 326년에는 포이틸리우스 법이 제정되어 시민의 부채 노예화를 금지했다.

세 번째가 귀족의 공유지 보유 문제다. 로마 사람들은 사적 소유를 철저히 보호했다. 국가든 개인이든 사적 소유에 대해서는 함부로 손대지 못하게 했다. 그러나 공유지의 경우는 달랐다. 로마가 계속 팽창하다 보니 정복한 나라의 일부에는 지역의 자치를 인정해 주기도 한 반면, 일부는 토지를 빼앗아 로마의 공유지로 삼고 그것을 로마 시민이 이용할 수 있게 해주었다. 문제는 공유지를 소수의 귀족이 너무 많이 점유하고 힘없는 평민은 아예 이용할 수 없는 불균형이 생긴 것이다. 그래서 공유지 보유 상한선을 정해 시민 한 사람당 500유게라 이상 점유하지 못하게 하고, 방목지에 방목할 수 있는 가축 수도 제한했다. 결국 개혁적인 리키니우스-섹스티우스 법으로 신분 투쟁의 많은 성과가 달성되어 귀족과 평민 사이를 가르던 정치경제적 불평등을 해소한 것이다.

신분 투쟁의 마지막 단계는 평민회의 법적 지위를 한 단계 높인 것이다. 기원전 287년 호르텐시우스 법에 의해 평민회의 결의(plebiscitum)를 법(lex)은 아니지만 법적 효력을 가진 것으로 인정한 것이다. 호민관이 소집하고 사회를 보는, 트리부스 단위의 모임인 평민회는 귀족이 참가할 수 없는 평민만의 모임이었는데, 거기서 제정한 평민회의 결의가 원로원이나 켄투리아 민회를 통하지 않고도 귀족에게까지 법적 권위를 갖게 되었으니 대단히 혁명적인 조치라 할 수 있다. 이후 로마의 법 제정은 켄투리아 민회보다는 평민회에서 하는 방식으로 바뀐다. 평민회가 평민의 이익만 대변하는 기구가 아니라 로마 시민 공동체의 하나로서 공공성을 추구한다는 믿음이 있었던 것이다. 호르텐시우스 법을 마지막으로 200년간 이어져 온 신분 투쟁은 마무리되었고, 로마 공화정은 더욱더 발전할 수 있었다.

 ## 로마 공화정의 정치 구조

신분 투쟁을 통해서 완성된 로마 공화정의 정치 구조는 왕정 시대의 유산 위에서 발전한 것이다. 왕정 시대에는 임페리움을 가진 왕이 국가의 중심이었다. 공화정 시대에는 왕의 임페리움이 두 사람의 콘술에게 동등하게 주어졌다.

원로원은 왕정 시대에 씨족장들의 모임으로 시작되었지만, 공화정기에는 콘술이나 프라이토르 등 고위관직을 역임한 통치 엘리트들의 모임으로서 콘술을 돕는 자문기구였다. 그러나 자문기구에서 나온 의견은 일종의 '조언'이지 강제력이 있는 것은 아니다. 그 점에서 원로원은 심의 의결 기구는 아니었다.

그러나 원로원은 아욱토리타스(auctoritas), 즉 권위(authority)가 있었다. 원로원 의원은 인민의 선거를 통해 선발되어 공직을 역임한 자들이었기 때문이다. 어떤 문제에 대한 원로원 의원들의 의견이 반드시 일치된 것은 아니었다. 그래도 갑론을박하던 의원들은 "이 사안에 대해 원로원은 이렇게 하는 것이 좋다고 생각한다"라는 형식으로 '원로원의 의결'(senatus consultum)을 발표함으로써 국정의 방향을 제시하곤 했다. 콘술이나 프라이토르 등 고위 정무관에게 원로원 의결은 오늘날 대통령 자문위원회의 의견처럼 반드시 따라야 하는 것은 아니다. 그러나 왕들이 원로원을 존중했는데 1년 임기의 콘술이 원로원의 의견을 존중하는 것은 당연했을 것이다. 원로원의 권위가 막강했기 때문이다.

다음으로 의결기구다. 로마인들은 공식적인 의사 결정의 경우 자문기구인 원로원의 의견을 수렴하되 의결은 반드시 로마 인민의 모임인 민회를 통해 하도록 제도화했다. 요즘 말로 입법, 선거, 재판을 다 민회에서 처리했다. 왕정 시대에는 민회가 2개였는데 공화정기로 오면서 2개가 더 추가되었다.

제일 먼저 나온 것은 쿠리아 단위의 모임인 쿠리아 민회였다. 초기 로마는 3개의 부족(트리부스) 밑에 각각 10개의 쿠리아가, 그래서 총 30개의 쿠리아가 있었다. 세르비우스 왕 때 생긴 켄투리아 민회는 켄투리아 단위의 모임이었다. 그런데 켄투리아의 구성이 재산에 따라 시민들을 등급화한 결과이기 때문에 귀족이나 유산시민에게 유리한 구조를 가지고 있다. 공화정기에 콘술이나 프라이토르 선거, 법 제정, 재판 등이 켄투리아 민회에서 행해졌다.

로마에는 부족(트리부스)을 단위로 하는 좀더 민주적인 민회가 있었다. 왕정 초기에 로마는 혈연을 토대로 하는 3개의 부족(트리부스)의 연합으로 출발했지만 시간이 가면서 지역행정구 성격의 트리부스들이 증가했다. 도시 트리부스가 4개, 농촌 트리부스가 15개였다가 나중에는 도시 트리부스 4개, 농촌 트리부스 31개 총 35개 트리부스가 생겨났다. 35개의 트리부스를 단위로 하는 트리부스 민회는 귀족과 평민이 함께 참석하는 트리부스 인민회와 평민만이 참석하는 트리부스 평민회로 나뉘었다. 그중에 신분투

로마 공화정의 구조

제도	창설 연도 (기원전)	자격	임기	권한
원로원 (senatus, senator senatus consultum)		전직 정무관, 선한 통치력	종신	자문, 재정, 외교
콘술 2	509	전직 프라이토르	1년	총사령관, 국가 수장, 민회 소집 및 법률 제안권
프라이토르 16	367	전직 콰이스토르	1년	군대 명령권, 사법권, 민회 소집 및 법률 제안권
콰이스토르 40	509		1년	국가 재정, 상급 정무관 보좌, 민회 소집 및 법률 제안권, 기소권
호민관 10	494	평민	1년	민회 소집 및 법률 제안권, 간섭권
평민 아이딜리스 2	494	평민	1년	공공시설 관리, 축제 행사 관리
귀족 아이딜리스 2	367	귀족	1년	공공시설 관리, 축제 행사 관리
캔소르 2	443	귀족	1.5년	센서스, 원로원 의원 재임용권, 국고 관리
독재관 1	501		6개월	비상대권
쿠리아 민회 (comitia curiata)	왕정기	30개 쿠리아, 시민		입양, 신분 변동 처리
켄투리아 민회 (comitia centuriata)	왕정기	193개 켄투리아, 시민		입법, 대정무관(콘술, 프라이토르, 캔소르) 선거, 중형재판
트리부스인 민회 (comitia populi tributa)	449	35개 트리부스, 시민		소정무관(아이딜리스, 콰이스토르) 선거, 재판
트리부스 평민회 (comitia plebis tributa)	471	35개 트리부스, 평민		평민회 의결, 재판

위 표에서 "정무관(magistratus)"은 콘술부터 독재관까지를, "민회(comitia)"는 쿠리아 민회부터 트리부스 평민회까지를 묶는다.

쟁 과정에서 발전한 평민회는 평민의 이익을 대변하는 기구였지만 호르텐시우스 법에 의해 입법권이 인정되면서 가장 민주적인 민회로 인정되었다. 이처럼 각각의 기능을 가진 민회들이 의결기구로서 공존하면서 중요한 국가정책을 결정했다. 왕정 시대와 공화정 시대의 큰 차이가 있다면 왕 대신 1년 임기의 2명의 콘술을 선출한 것과 평민의 대표기관인 평민회의 등장이다. 그러나 원로원이나 쿠리아 민회, 켄투리아 민회 등 왕정기에 등장한 여러 기관은 공화정기에도 유지되었다.

　　로마 공화정은 그리스 민주정과 함께 근대 서양의 정치 발전에 크게 기여했다. 로마 공화정치에 대한 당대 그리스 역사가 폴리비우스(기원전 200년경~기원전 118년경)의 평가가 공화정의 실상에 대한 정확한 진단이라 보인다. 기원전 2세기는 로마가 동서 지중해로 팽창해 나가던 때였다. 그리스인들은 약화되고 있던 마케도니아의 지배에서 벗어나 독립하려 했다. 아카이아 연맹의 기병대장이었던 폴리비우스는 기원전 167년에 로마에 인질로 끌려와 17년 동안 억류되어 있었다. 하지만 탁월한 역사가였기에 폴리비우스는 3차 마케도니아를 승리로 이끈 아이밀리우스 파울루스 마케도니쿠스의 수하에서 그의 아들 파비우스와 스키피오 아이밀리아누스의 교육을 맡게 되었다. 후자는 2차 포에니전쟁의 승자 스키피오 아프리카누스의 양자가 된 인물로 소(小) 스키피오라고 부른다. 폴리비우스는 그리스 문화의 애호가였던 소 스키피오 장군과 우정을 나누며 이른바 '스키피오 서클'의 멤버가 되어 로마에서 활동했다. 기원전 150년에 석방되어 아카이아로 돌아갔다가 1년 만에 다시 로마로 와서 소 스키피오의 카르타고 원정에 참전했고, 카르타고가 패망한 뒤 북부 아프리카와 히스파니아를 여

로마 공화정의 요람인 로마 광장(Forum Romanum). 광장 중앙에는 개선문, 오른쪽에는 원로원 회의장 그리고 개선문 왼쪽 뒤로 평민들이 모였던 회의장터와 연단이 있었다.

행했다. 로마는 기원전 146년에 서쪽으로는 카르타고를, 동쪽으로는 코린토스와 마케도니아를 정복하면서 동서 지중해의 강자임을 입증했다. 중요한 역사적 현장을 목도한 폴리비우스는 그리스보다 늦게 발전했고 그리스 문화를 배우려 하는 로마가 어떻게 그리스보다 강성한 나라가 되었는지 그 원동력을 탐구했다. 그 결과를 정리한 것이 《역사》다. 그는 "우리가 이제 모든 정치사를 이해하지 않으면 안 될 것은 만사에 실패냐 성공이냐 하는 주된 원인이 국가의 정부 형태에 있다는 사실이다"라고 말했는데, 즉 어떤 정부 형태, 어떤 정치 형태를 갖느냐가 그 나라의 운명을 결정한다고 판단한 것이다. 그가 보기에 로마의 정치 제도는 너무나 독특했다. 그리스인들은 왕정 시대에는 왕이 통치했고, 귀족정 시대에는 귀족이 권력을 독점했고, 민주정 시대에는 민회 중심으로 정치를 했는데 로마인들은 서로 다른 정치적 요소를 다 가지고 있으면서 균형과 조화를 이루며 정치를 한다는 것이다.

콘술 제도를 보면 왕정의 장점이 있다. 왕정은 장점도 있고 단점도 있다. 왕이 종신제이기 때문에 왕 한 사람의 생각이 잘못되면 그가 살아 있는 것 자체가 엄청난 재앙이 된다. 잘못된 왕의 통치를 막을 길이 없기 때문이다. 따라서 왕권을 행사하게 하되 임기를 주고, 또 한 사람이 아니라 두 사람이 통치하게 되면 한 사람이 죽을 때까지 통치하는 것의 문제를 해결할 수 있게 된다. 그 좋은 예가 바로 1년 임기의 콘술 제도였다.

원로원은 귀족정적인 요소다. 귀족들은 세습으로 이어졌는데 로마의 귀족은 세습이 아니었다. 로마는 원래 초기에는 세습귀족이 원로원 의원을 했으나 공화정이 시작되면서 관직을 역임한 귀족만이 원로원 의원이 될 수 있었다.

즉 선거를 통해서 정무관직에 당선되어야 하지, 아버지가
원로원 의원이라고 아들이 원로원 의원이 되는 것은 아니
었다.

　　원로원은 의결권이 없었다. 원로원은 결의를 낼 수 있
고 그 의견에 권위가 있었지만 법적 효력이 있는 것은 아니
었다. 그것이 법적 권위를 가지려면 민회에서 법으로 통과
시켜야 했다. 귀족정적 요소의 장단점이 원로원이라는 기
관에 들어 있다.

　　민회는 모든 문제의 최종 결정기구였다. 귀족과 평민,
즉 인민이 모여 국가의 중대사를 표결로 결정했다. 아테네
에는 오직 하나의 민회(에클레시아)가 있었고, 거기서 시민은
귀족 평민 할 것 없이 1인 1표로 투표하고 다수결로 결정이
났다. 그러나 로마 민회는 투표 단위가 1표를 가졌고, 투표
단위 안에서는 1인 1표에 의해 다수결로 판결이 나지만 투
표 단위 자체는, 특히 켄투리아 민회의 경우 민주적이지 않
고 귀족이나 유산 시민 위주였다. 따라서 다수의 평민이 숫
자가 많다는 이유로 민회에서 힘을 행사하지 못했다. 다수
의 평민이 결정 절차에 참여는 하되 실제 결정 자체를 머릿
수로 할 수는 없었던 것이다.

　　따라서 폴리비우스는 로마 공화정이 콘술, 원로원, 민
회가 서로 세력 균형을 이루는 혼합정체라고 평가했고 이
것이 로마가 지중해 제국으로 성장한 비결이라고 보았다.

 ## 포에니전쟁

신분 투쟁을 하면서 로마는 이탈리아 반도를 하나씩 차지
해 나갔고, 기원전 272년에는 이탈리아 남부의 항구도시

타렌툼이 마지막으로 점령되었다. 얼마 지나지 않아 시킬리아가 코앞에 보이는 지점까지 뻗어 나갔고 결국 기원전 264년을 시작으로 세 차례에 걸친 카르타고와의 세계대전인 포에니전쟁을 치르게 되었다.

제1차 포에니전쟁은 시킬리아 쟁탈전이었다. 이 전쟁의 승리로 로마는 기원전 241년에 시킬리아를 장악했다. 그러자 시킬리아를 빼앗긴 카르타고인들은 히스파니아 쪽으로 세력을 확장했다. 히스파니아 남단의 항구도시 카르타고 노바('새로운 카르타고'라는 뜻, 오늘날의 카르타헤나)를 거점으로 카르타고 세력은 북쪽으로 팽창했다. 기원전 218년 히스파니아 주둔군 사령관 한니발은 10만여 명의 군대를 이끌고 히스파니아를 출발해서 피레네 산맥과 알프스 산맥을 넘었다. 한니발 군대는 보병 4만 명에 기병 6,000명으로 줄었지만 티키누스 전투, 트레비아 전투, 트라시메누스 전투 등에서 로마군을 물리쳤다. 특히 칸나이 전투는 로마 역사상 최악의 대패였다. 그뒤 10여 년 동안 한니발은 이탈리아 반도를 완전히 휘젓고 다녔다. 로마마저 완전히 파괴될 뻔했다. 그러나 이러한 위기를 겪고 기원전 204년 약관 31세였던 스키피오 장군의 활약으로 히스파니아를 공략한 로마 군대는 카르타고 본토의 자마 전투에서 한니발을 무찌르고 제2차 포에니전쟁도 승리했으며 히스파니아는 로마의 속주가 되었다.

제3차 포에니전쟁은 기원전 146년에 로마가 카르타고를 완전히 파괴하고 서지중해의 강자로 부상하는 결정적인 계기가 되었다. 또한 같은 해에 마케도니아와 코린토스도 파괴되고 로마 공화정의 전성기가 열리게 되었다. 티베리스 강 유역의 작은 산동네였던 로마가 이탈리아 반도를 넘어 지중해로 팽창한 것을 목도한 폴리비우스는 로마인들

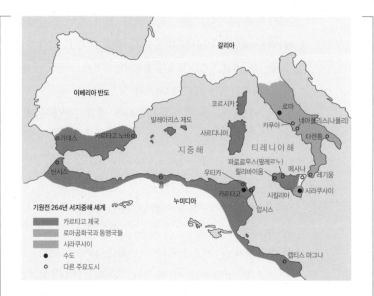

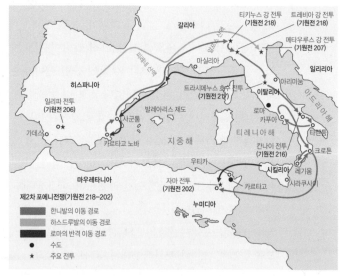

위: 제1차 포에니전쟁 당시의 로마와 카르타고.
아래: 제2차 포에니전쟁 진행 경로.

의 정치적 지혜, 군사적 능력을 가까이서 눈으로 보고 증언할 수 있었다. 그것은 공화정의 역동성, 공화정 안에서 로마인들이 가진 정치적 지혜의 결과였다.

앞에서 공화정은 중국에서는 왕이 없어 혼란스러운 체제라고 했다. 그래서 중국은 14년만 유지하고 그만두었다. 동양에서 공화정은 안 된다, 왕이 없으면 나라를 운영할 수 없다고 생각한 것이다. 반면, '공화국', '공화정'으로 번역되는 라틴어 '레스 푸블리카'(Res Publica)의 사전적 의미는 '공적인 것'(Public Thing), '공공의 재산'(Common Wealth)이고, '국가'(State)라는 의미로도 쓰인다. 따라서 '국가는 공공의 재산'이라는 관념이 로마인이 생각했던 '레스 푸블리카'(공화국)의 핵심 개념이다.

정무관이나 공직자는 결국 국가, 곧 공공의 재산을 관리하는 사람이다. 그래서 공권력이나 공적자금을 개인의 것처럼 사용하면 안 된다. 그런데 우리 주위에서는 공직자들이 공공의 것을 공돈이라고 생각해서 편하게 쓰고 나라를 어렵게 하는 경우를 자주 본다. 로마 사람들은 공과 사를 엄격하게 구별하고 공익을 해치는 행위를 용납하지 않았다. 그러나 공공의 재산은 인민의 것이다. 그러니 콘술이 임페리움을 가졌다 해도 1년 동안만 관리를 하라는 것이지 콘술의 것이 아니다. 내려오면 반드시 책임을 져야 한다. 콘술직을 잘못 수행하면 책임을 물었다. 그 대신 사적인 재산에는 절대 손을 대지 않았다. 사적인 재산은 신성불가침이었다.

맺음말

로마 공화정은 단순히 왕이 없는 체제가 아니다. 원로원과 로마 인민이 주도하는 로마 공화정은 왕정기의 장점을 계승했다. 왕을 쫓아냈지만 왕정의 유산을 다 거부하지 않고 장점은 흡수했다. 그리고 인민의 자유를 확대하는 쪽으로, 특히 평민의 자유를 확장하는 쪽으로 공화정을 운영했다. 그러다 보니 어느 정도 신분 갈등은 있었지만은 귀족과 평민이 "우리는 하나다"라는 생각으로 나라를 확장할 수 있었다. 그래서 이탈리아 반도를 넘어 아프리카, 아시아까지 나라가 커질 수 있었다. 내부적인 갈등이 조정되지 않았다면 나라를 건전하게 운영할 수 없었을 것이다. 공화정을 미화하는 방향으로 결론을 내리고 말았는데 사실이 그렇다고 봐야 할 것이다.

공화정의 정착이 끝날 때쯤인 기원전 2세기가 되면 로마의 규모는 지중해 세계로 확장되어 있었다. 로마 군대의 힘이 막강했다고 말할 수도 있지만 군대가 막강하더라도 나라 내부에서 귀족과 평민이 계속 싸우면 나라를 제대로 운영할 수 없었을 것이다. 로마 공화정은 단순히 왕이 없는 체제가 아니라 국가를 어떻게 경영할 것인지, 원로원과 로마 인민이 서로의 이해관계를 어떻게 조정할 것인지 등 국가의 발전을 위해 만든 체제였다고 정리할 수 있다. 요컨대 왕정의 좋은 점을 계승하면서 원로원과 로마 인민이 하나가 된 로마 공화정은 이탈리아 통일과 지중해로의 팽창의 원동력이 되었다.

로마 공화정의 위기와
그라쿠스 형제의 개혁

_____

3

들어가는 말

신분 투쟁을 통해 완성된 로마 공화정은 폴리비우스가 말했듯 왕정과 귀족정, 민주정의 단점을 보완하고 그것들의 장점을 최대한 살린 혼합정체였다. 귀족과 평민의 대립과 갈등을 조정하고 내적 통합을 이룬 로마인들은 이탈리아 반도를 넘어 지중해 세계로 팽창할 수 있었다. 지중해 세계의 주인공이 된 로마인들은 자신들의 우월성을 내세우며 피지배 민족에 로마 문화를 전파했다. 그러나 동서고금을 막론하고 국제사회는 힘의 논리가 작용하게 마련이고, 20세기까지만 해도 서양 열강이 아시아나 아프리카의 나라들을 정복하여 다스리는 일이 비일비재했다. 제국주의의 광풍에 20세기 전반기 우리나라도 일본의 식민 지배를 받으며 많은 고통을 당한 바 있다. 외세의 지배가 장기화되면 피지배국가에 외세의 문화가 영향을 주게 마련이다. 이렇게 로마의 팽창과 함께 지중해 세계 곳곳에도 로마 문화가 침투하게 되었다.

로마의 팽창과 정복으로 로마인들은 국가 소유의 땅, 즉 로마 공유지의 확대가 가져다주는 이익을 누릴 수 있었다. 나아가 많은 자본과 노동력이 도시 로마로 집중되었다. 고대 사회에서 피정복민은 살해당하거나 노예가 되어 상품처럼 매매되었고, 주인을 위해 노동을 하며 힘들게 살아갔다. 로마 사회에도 처음에는 채무를 갚지 못해 노예가 되는 경우도 있었지만 신분 투쟁 과정에서 로마 사회 내부 구성원 사이의 부채 노예화는 금지되었다. 따라서 노예는 외부에서 충원되어야 했는데 가장 손쉬운 방법이 전쟁 포로 노예였다. 로마인들이 수많은 전쟁에서 승리했기 때문에 이탈리아 반도에는 많은 외국인 노예들이 모여들기 시작했다.

영토가 넓어지면서 광대한 시장이 형성되고, 상업 활동이나 교역 활동이 활발히 전개되는 것 또한 자연스러운 현상이었다. 결국 로마의 팽창은 개인적으로나 국가적으로나 경제적 번영의 계기가 되었다. 그러나 로마의 팽창은 로마 내부에 새로운 위기를 초래하기도 했다. 이번 장에서는 로마 공화정의 위기와 그에 대한 그리쿠스 형제의 개혁을 알아본다.

로마의 팽창과 라티푼디움 경영의 확대

이러한 시대적 상황에서 라티푼디움(latifundium) 경영이 확대되었다. 라티푼디움은 '큰 토지, 큰 농장'이란 뜻이다. 노예들을 생산 활동에 대거 투입하는 큰 농장이 많이 등장하게 된 것이다. 공화정 초기만 해도 곡물의 자급자족을 위해 농사를 짓는 중소자영농이 로마 시민의 주축이었다. 그러나 라티푼디움 경영이 일반화되면서 이탈리아 반도의 농촌에는 노예들이 떼를 지어 일하는 모습이 많아졌는데, 이러한 변화는 로마의 팽창기가 헬레니즘 시기[1]와 맞물리면서 동부 지중해에서 시작된 헬레니즘식 농경문화가 이탈리아 반도로 들어온 결과이기도 했다.

알렉산드로스 대왕의 동방원정 이후 동지중해 세계에서는 과수 재배 농장들이 많이 생겨났다. 지금도 이탈리아나 그리스 같은 지중해 국가들에서는 올리브밭이나 포도밭 또는 양 떼나 소 떼가 풀을 뜯는 목장을 흔히 볼 수 있다. 원래 중소 자영농 중심의 농업 경영에서는 주곡인 밀 경작이 주축이었다. 그러나 대농장 경영으로 전환되면서 포도나 올리브 재배, 방목 또는 이목(移牧, 계절을 따라 이동하는 목축)이 대세가 된 것이다. 그러다 보니 농촌에서 부익부 빈익빈의 심화와 중소 자영농의 몰락이 사회적으로 큰 문제가 되었다. 몰락한 중소 자영농들이 도시 로마로 몰려

1——— 헬레니즘 시대는 그리스에서 폴리스들 중심의 고전기가 끝나고 알렉산드로스 대왕의 동방 원정 이후 성립된 시기로 300여 년 동안 전개되다가 기원전 30년 로마가 이집트를 정복하면서 마무리되었다.

들었고, 빈부격차가 심화되면서 이들이 사회문제의 원인이
되었다. 일차적인 문제는 '빵' 문제, 즉 식량 공급 문제였다.

　　그러면 로마는 그동안 어떻게 식량을 확보했는가? 다
행히도 티베리스 강이 로마를 휘감고 흘러가면서 남쪽으
로 라티움 평야를 비옥하게 적셔 주었으며, 그 아래 남부
해안가로 캄파니아 평야지대가 펼쳐졌다. 북쪽으로 오늘날
피렌체로 가면 아르노 강이 흘러가고 에트루리아 지역 역
시 곡창지대였다. 지금도 북부와 중부 이탈리아를 여행하
다 보면 도로 양편을 따라 넓게 펼쳐진 푸른 초지가 눈에
들어온다. 도시 로마에 필요한 곡물은 에트루리아, 라티움,
캄파니아에서 공급해 문제가 없었다.

　　앞에서 보았듯이, 한니발 전쟁 이전에는 로마 반경
70킬로미터에서 생산된 곡물이 도시 로마로 흘러 들어왔
다. 그러나 한니발이 10여 년 이상 이탈리아를 장악하다 보
니 밀 생산이 쉽지 않아 곡물 공급에 차질이 생겼다. 그래
서 로마의 우방이자 그리스인들의 식민시인 시킬리아 동남
쪽의 시라쿠사이 왕국이 곡물을 공급했다. 그러나 히에로
2세가 죽은 뒤 손자 히에로니무스가 왕위를 계승했는데,
그는 로마를 배반하고 강한 한니발 편으로 돌아섰다. 사르
디니아도 전쟁 중에 로마의 지배권을 벗어나기 시작했다.

헬레니즘식 농법의 도입

　　한니발이 남부 이탈리아를 장악하고 전쟁이 장기화
되면서 많은 농업지대가 파괴되어 곡물을 원활하게 수급
하기가 어려워졌다. 기원전 210년경에 원로원은 도시 로마
가 필요한 모든 식량을 해외에서 공급하기로 결정했다. 오
스티아 항구를 통해 해외에서 값싼 곡물을 수입하기로 결
정한 것이다.

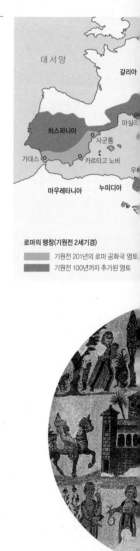

로마의 팽창(기원전 2세기경)

　기원전 201년의 로마 공화국 영토
　기원전 100년까지 추가된 영토

위: 로마제국의 팽창.
아래: 라티푼디움 묘사도.

한편 기원전 218년에는 호민관 클라우디우스의 주도로 클라우디우스 법(lex Claudia)이 제정되어 원로원 의원들과 그 아들들이 300암포라이(약 7톤) 이상 선적할 수 있는 대형 선박의 소유를 금지하는 조치를 내렸다. 해외에 많은 공유지와 이권이 생겼는데, 큰 배를 갖지 못하게 함으로써 해외 무역 활동에 원로원 의원들이 끼어들지 못하게 한 것이다. 대지주였던 원로원 의원들이 해외 무역까지 장악하면 과도한 부의 집중 현상이 가속될 것을 우려했기 때문이다. 따라서 원로원 귀족들이 부를 더 확장하는 방법은 이탈리아에서 자기들의 토지를 확장하는 것뿐이었다. 그런데 곡물 생산은 이익이 안 남으니 상품 작물을 생산해 팔아 수익을 챙기는 쪽으로 바뀌었다.

중소 자영농의 몰락

여기에 공유지의 독점적 보유 문제가 더해졌다. 앞에서 보았듯이 로마의 팽창은 공유지의 확대를 가져왔다. 문제는 공유지를 귀족이나 부유한 평민이 과도하게 보유하는 문제가 발생한 것이다. 이를 제도적으로 해결하기 위해 호민관들은 공유지 보유 한도를 정해서 특정인들이 가축 사육이나 포도, 올리브 등 상품 작물 재배를 확대하는 것을 막으려 했고, 잘 지키는지 감시하기 위해 자유인 노동력을 고용할 것을 법률로 제정했다. 기원전 2세기 초반에는 '농지 규모에 관한 법'이라 해서 공유지 겸병을 억제하려고 했으나 이 역시 잘 지켜지지 않았다. 오히려 노예 노동력을 대량 투입해서 포도나 올리브 재배, 가축 사육 등 대농장 경영 방식이 만연했다. 결국 중소 자영농 중심의 전통적인 농업 환경이 붕괴된 것이다.

중소 자영농의 붕괴는 농업 환경의 변화 때문만은 아

니었다. 로마에서 농민은 곧 군인이었다. 로마는 전쟁이 나면 무기를 스스로 장만할 수 있는 유산 시민만 징집되어 나가 싸웠다. 문제는 중소 자영농들이 전쟁터에 나가 있는 동안 경작을 제대로 못해 관리가 안 된 농토를 원로원 귀족들이 장악하여 자신들의 영토로 삼은 것이다. 이에 로마 시민의 주축인 다수의 농민이 무너졌다. 중소 자영농의 몰락 속에 군사력의 위기마저 초래됐다.

기사 신분의 등장

이러한 사회적 위기 속에서 귀족과 평민 사이에서 기사 신분(equites)이라 부르는 중간 계층이 생겨났다. 기사 신분, 즉 에퀴테스는 기병을 뜻하는 라틴어 '에쿠에스'(eques)에서 유래했다.[2] 원로원 귀족들은 기병으로 출정해서 싸웠다. 원래 원로원 귀족 가문의 아들들은 아버지를 뒤이어 정치 활동을 통해 원로원 의원이 되는 경우가 많았지만, 어떤 자식은 정치에 뜻이 없고 돈 버는 데 관심이 있어 경제 활동으로 빠지는 경우가 있었다. 이들은 도로나 터널, 수도교, 신전과 같은 각종 토목, 공공 건축 사업이나 군수품 공급 같은 군납 활동 등에 종사했다.

로마인들은 해외 영토를 '프로빈키아'(provincia)라 불리는 속주 단위로 편제했고, 총독을 파견해서 통치했다. 속주에는 군대가 주둔하면서 치안 활동뿐만 아니라 영토 수호의 업무를 관장했는데 속주에서 중요한 일 중의 하나가 소출의 10분의 1 정도를 거두어들이는 세금 징수 업무였다. 특이하게도 로마인들은 세금 징수를 국가가 직접 하지 않고, 기사 신분의 회사들이 5년치를 선납하고 징수권

로마 기병.
기사 신분, 즉 에퀴테스는
기병을 뜻하는 '에쿠에스'에서
유래했다.

2—— 에쿠에스는 '말'(馬)을 뜻하는 '에쿠우스'(equus)에서 파생된 단어이다.

을 국가로부터 매입하는 방식으로 세금 징수 업무를 처리
했다. 기사 신분 조세 징수 청부업자들이 세금 징수라는 일
종의 공무를 처리하다 보니 '푸블리카니'(publicani)라고 불
렸다. 국가는 5년치 세금을 한 번에 미리 받을 수 있었고,
푸블리카니들은 5년 동안은 세금 징수권을 보장받은 셈이
니 조세 징수 업무는 굉장한 부를 쌓는 기회가 되었다. 이
들과 이들의 후손들은 평민과 귀족 사이에서 경제활동을
통해 부를 축적하면서 기사 신분이라는 새로운 사회 세력
으로 성장했다.

 티베리우스 그라쿠스의 개혁 운동

이처럼 로마의 팽창 과정에서 역설적이게도 평민의 주축을
이루던 중소 자영농이 몰락하면서 개혁의 필요성이 고조
되었다. 개혁의 깃발을 먼저 든 이는 티베리우스 셈푸로니
우스 그라쿠스(Tiberius Sempronius Gracchus)였다. 그는 리키
니우스-섹스티우스 법에 명시된 공유지 보유 상한선이 잘
지켜지지 않는 것에 주목했다. 어떤 이들은 친인척의 이름
을 빌려 편법으로 보유했고, 아예 상한선을 무시하는 경우
도 있었다. 기원전 133년 호민관에 선출되자 티베리우스는
농지법(lex agraria)이라는 개혁 법안을 평민회에 제출하여
개혁 운동을 시작했다.

농지법의 제안

농지법의 핵심 내용은 세 가지다. 첫째, 로마 시민 누
구나 공유지를 500유게라 이상 보유할 수 없다. 그러나 성년
아들이 있을 경우 한 사람당 250유게라, 두 사람은 500유

게라를 보유할 수 있었다. 그래서 로마 시민 가정이 최대 1,000유게라 이상은 소유하지 못하게 했다. 아들이 없으면 그냥 500유게라만 소유할 수 있었다. 둘째, 공유지 보유 상한선을 초과한 부분은 몰수하여 토지 없는 로마 시민에게 추첨으로 배분한다. 단, 무료로 주는 것은 아니고 약간의 임대료를 냈다. 셋째, 농지 분배 3인 위원회를 구성한다.

이러한 농지 법안을 평민회의에 제출함으로써 평민회의는 입법기관으로서 위상을 확고히 했다. 이미 호르텐시우스 법에 따라 평민회의 결정도 법으로 인정되면서 켄투리아 민회를 거치지 않아도 되었기 때문이다. 이전에는 평민회 의장인 호민관이 법안의 내용을 미리 원로원에 알려서 사전 협의를 거치도록 했는데, 이번에는 그대로 평민회에 상정함으로써 원로원 의원들의 불만을 샀다. 이 개혁 입법이 원로원 의원들의 기득권을 침해했기 때문이다. 그러나 티베리우스 그라쿠스는 연설의 명수였기에 그의 연설을 들은 평민들은 티베리우스 그라쿠스를 전폭적으로 지지했다. 티베리우스 그라쿠스는 "이탈리아에 사는 짐승들도 다 쉴 수 있는 굴이나 집이 있습니다. 그러나 이탈리아를 위해 싸우거나 죽은 자들은 누구나 누리는 공기와 햇빛 외에 아무것도 가지고 있지 못합니다. … 그들은 세계의 정복자가 되었지만 자기 것이라고는 한 뼘의 땅도 없습니다"(플루타르코스, 《티베리우스 그라쿠스》, 9, 5)라고 말하며 평민들의 마음을 사로잡았다.

평민들에게 연설하는 티베리우스 그라쿠스. 그는 연설의 명수였다.

호민관 옥타비우스의 반대

원로원 의원들은 10명의 호민관 중에서 자신들의 의견을 들어줄 수 있는 호민관 옥타비우스에게 거부권을 행사하게 했다. 동료 호민관 옥타비우스는 티베리우스의 가까운 친구이기도 했다. 티베리우스는 옥타비우스에게 거부권을 철회하도록 종용하다가 그가 끝까지 거부권을 행사하자 호민관이 평민의 이익을 변호를 못할망정 방해한다며 그의 호민관직을 박탈하는 법을 제안했다. 결국 옥타비우스는 호민관직에서 쫓겨나고 개혁을 지지하는 사람이 대신 선임되었다. 이로써 호민관의 신성불가침성이 동료 호민관에 의해 훼손되는 특수한 상황이 전개되었다. 개혁 운동의 입장에서 개혁 반대세력을 물리친 것이지만 원로원 귀족들 입장에서 보면 티베리우스의 조치는 공화정 체제를 뒤흔든 무리한 조치였다. 평민의 이익을 추구한다는 명분을 들어 기존 관행들을 과감히 무시했던 것이다. 싸움은 여기서 끝나지 않았다.

페르가뭄 왕국을 로마에 유증한 아탈루스 3세

개혁 입법에 따라 500유게라 규정을 어겼는지 확인하기 위해 공유지 점유 실태를 일일이 측량하고 상한선을 위반한 자들에게 그것을 빼앗아 30유게라씩 배분하는 작업이 필요했다. 이를 위해 막대한 재정이 필요했다. 그러나 재정권을 장악하고 있던 원로원은 개혁 운동에 필요한 예산을 제공하지 않음으로써 개혁 운동을 막으려 했다. 이때 소아시아에 있던 페르가뭄 왕국의 아탈루스 3세가 죽으면서 자기 나라를 로마에 유증한 사건이 발생했다. 자신이 죽고 자식들 간에 분쟁이 일어나면 계속 팽창 중이던 로마가 어차피 페르가뭄을 장악할 것이기 때문이었다. 나라를 로마에 바치면서 모든 국가 재정도 로마 인민에게 주었다. 티베리우스는 원로원의 승인 없이 이것을 받아서 개혁 운동에 필요한 자금으로 썼다. 나름대로 논리를 가지고 썼지만 원로원은 또 한 번 분개했다. 티베리우스는 자신의 호민관

직 임기가 끝나가자 개혁 운동을 지속하기 위해 다음 해 호
민관직 재선을 위해 입후보했는데 이때 이를 더 이상 좌시
할 수 없었던 원로원 내 보수세력이 들고 일어났다.

티베리우스의 몰락

스키피오 가문과 그라쿠스 가문은 혼인 관계로 이리
저리 얽혀 있었다. 스키피오 나시카가 개혁 반대의 선봉이
었다. 그는 티베리우스가 참주가 되려 한다며 나무 몽둥이
로 무장하고 티베리우스 등 개혁 세력에 폭력을 행사했다.
그 결과 티베리우스와 개혁파 300여 명을 사실상 학살하
고 시체를 티베리스 강에 던졌다. 티베리우스의 개혁 운동
은 이 정치폭력과 함께 좌절되었다. 과도한 공유지 점유를
막고 빈부격차를 해소하려던 취지는 좋았으나 보수적인 원
로원 의원들에 방해로 계속 추진할 수 없었던 것이다.

가이우스 그라쿠스의 개혁 운동

가이우스 그라쿠스의 개혁법들

티베리우스 그라쿠스가 개혁 운동을 하다 좌절되어
죽은 지 10년 뒤에 동생 가이우스 셈프로니우스 그라쿠스
(Gaius Sempronius Gracchus)가 호민관이 되어 개혁 운동을
계승했다. 그는 형 티베리우스와 함께 농지 분배 3인 위원
으로도 활동했다. 그러나 형의 실패를 교훈 삼은 가이우스
그라쿠스는 다양한 계층의 사람들에게 호의적인 법을 제
정하여 지지 세력을 확대하려 했다. 우선 그는 곡물법(lex
frumentaria)을 제정하여 도시 로마 시민에게 시장 가격의
반값으로 곡물을 공급하려 했다. 이는 도시 로마 평민의 지

지를 염두에 둔 것이었다. 또한 곡물 비축을 위해 로마 인근에 물류 창고를 확보하기 위해 창고법을 제정했고, 이탈리아에 있는 농촌 평민들이 로마에 오기 편하게 할 뿐만 아니라 물류 수송을 원활히 하기 위해 도로법을 제정했다. 또한 기사 신분을 개혁 운동에 끌어들이기 위해 기원전 129년 속주 아시아로 편재된 옛 페르가뭄 땅의 징세권을 기사 신분에 5년 단위로 팔도록 했다.

호민관직 재선에 성공한 가이우스 그라쿠스

이처럼 가이우스 그라쿠스는 여러 세력의 지지를 얻기 위한 개혁 운동을 전개했고, 여러 구성원들에게 지지를 받으면서 기원전 122년 호민관에 재선되었다. 두 번째 호민관직에 있으면서 가이우스는 더 급진적인 정책을 추진했다. 가이우스 자신이 과거 카르타고 땅(아프리카 속주)을 재건하고 그곳 125에이커의 땅에 '유노니아'라는 이름의 식민시를 건설해 6,000명의 식민자를 정착시키려 했던 것이다. 식민시는 로마 시민이나 동맹국 시민들에게 똑같은 기회를 주는 조건이었다. 국가가 해외에 식민시 건설을 하는 것은 도시 로마의 무산시민들의 일자리 문제나 동맹국 시민들의 불만을 동시에 처리할 수 있는 일석이조 효과가 있었다. 또한 가이우스는 라틴 시민권을 가진 자들에게는 로마 시민권을, 이탈리아 동맹국 시민들에게는 라틴 시민권을 부여하면서 그들의 정치적 지위를 한 단계씩 상향 조정할 계획도 가지고 있었다.

도시 로마 평민들이나 기사 신분이 가이우스 그라쿠스를 지지했기 때문에 개혁 1차년도에는 많은 성과가 있었다. 그러나 호민관 재선 뒤에 나온 식민시 건설법이나 시민권 확대법 등 개혁법들은 로마 시민권이 가진 이익을 더 많

은 사람과 나누어야 하는 것 때문에 가이우스의 기존 지지
층마저 분열시키고 말았다. 이런 틈새를 이용해서 개혁 반
대파는 가이우스가 식민시 건설을 위해 70일간 아프리카
에 나가 있는 동안 리비우스 드루수스라는 호민관을 내세
워 가이우스의 개혁 운동을 막으려 했다.

동맹국 시민권 문제와 식민시 건설안

드루수스는 더 많은 사람에게 로마 시민권을 주면 기
존 시민들은 시민권이 보장하는 혜택을 덜 누릴 수밖에 없
다는 점을 강조하면서 그라쿠스의 시민권 확대 법안에 거
부권을 행사하겠다고 위협했다. 시민권 확대 법안은 투표에
회부되지도 못한 채 폐기되었다. 이어서 드루수스는 해외가
아니라 이탈리아 반도 내에 12개의 식민시를 건설하고 개
혁 운동 세력이 제시한 것과 똑같은 조건으로 오직 가난한
로마 시민 중 3,000명에게만 특혜를 준다는 식으로 발표했
다. 로마 시민 입장에서 보면 드루수스의 식민시 법안이 비
록 현실성은 없어도 당장은 사람들을 더 끌어들이는 효과
가 있었다.[3] 결국 가이우스 그라쿠스는 개혁 운동의 정점에
서 동력을 상실해 버렸다. 반대 세력이 로마 평민에게 더 유
리한 조건을 내걸고 가이우스 그라쿠스의 개혁 운동을 잠
재우려 한 것이기 때문이다. 이런 와중에 가이우스 그라쿠
스는 세 번째로 호민관직에 입후보했다가 낙선하고 말았다.

가이우스 그라쿠스의 몰락

원로원은 이를 기회로 삼아 국가비상사태를 선포하

그라쿠스 형제 조각상.
외젠 기욤 작,
오르세 박물관 소장.

3—— 사실 이탈리아에는 12개의 식민시를 건설할 정도의 공유지가 남아 있지
도 않았다. 드루수스의 식민시 건설법은 가이우스가 파멸된 후 시행되지도 않고
폐지되었다.

고 개혁 운동의 모든 것을 폐기하고 집정관 오피미우스를
독재관으로 임명해 개혁 운동에 가담했던 개혁파에게 또
다시 정치폭력을 행사했다. 아벤티누스 언덕에 피신해 있
던 250여 명이 살해되었고 도주하던 가이우스 그라쿠스도
자살로 생을 마감했다.

개혁 운동의 실패와 후유증

로마가 지중해 세력으로 성장하면서 공유지도 확대
되고 모든 것이 잘되는 것처럼 보였지만 내부의 빈익빈 부
익부 문제가 심화되었다. 그래서 불만이 쌓여 있던 평민들
은 그라쿠스 형제의 개혁 운동에 기대를 걸었다. 그러나 원
로원 내 보수적인 귀족들의 저항에 부딪혀 오히려 정치폭
력과 유혈 사태를 낳았다. 결국 위기를 해결하고자 시도한
개혁이 위기를 증폭하는 결과가 되었다. 100년 뒤 키케로
는 이런 말을 했다.

> 티베리우스 그라쿠스의 죽음은, 아니 죽기 이전부터 호민
> 관의 생각은 하나의 인민을 둘로 갈라놓았다.(키케로, 《국가
> 론》, 1, 19, 31)

키케로는 티베리우스가 개혁한다고 하면서 오히려 인
민을 양분시켜 로마 공화정의 분열과 갈등을 증폭했으며,
왕위를 노골적으로 차지하려고 했고, 실제로 수개월간 왕
으로 통치했으며, 개혁 운동을 빌미로 왕으로 군림하려 했
다고 비판했다. 키케로는 내전의 책임을 개혁파에 돌린 것
이다. 티베리우스 그라쿠스가 농지법을 만들고 동료 호민

관을 쫓아내고 호민관직의 재선을 노렸다. 로마 인민은 하나였는데 왜 관례와 전통을 무시해서 인민을 분열시킨 것인가? 심지어 왕이 되려고 한 것이 아닌가? 만일 그렇다면 '그를 죽인 것은 정말 잘한 것이다'라고 판단했던 것이다.

맺음말

그라쿠스 형제의 개혁이 좌절된 뒤 로마 사회는 내분에 휩싸였다. 한편에는 원로원을 기반으로 그동안 자기들이 누리던 기득권을 하나도 포기하지 않으려는 귀족파, 즉 옵티마테스(Optimates)가 있었다. 다른 한편에는 시민의 대다수를 차지하는 평민들의 모임, 즉 평민회를 중심으로 나라를 재건하려던 평민파인 포폴라레스(Populares)가 있었다. 지배층의 내부 분열과 권력 투쟁이 시작되었다. 마리우스와 술라의 대결, 폼페이우스, 카이사르, 크라수스가 연합한 3두 정치, 폼페이우스와 카이사르의 내전, 카이사르의 독재, 카이사르의 모살 등 일련의 사건이 계속 일어났다. 최상의 체제라던 공화정이 시대적 변화에 부응하지 못하고 동요하기 시작했다. 원로원 귀족들은 자기들이 가진 기득권을 포기하려 하지 않았고 포폴라레스는 개혁을 통해 로마 시민사회를 재건하려 했다. 그것은 곧 공화정 붕괴 과정이자 로마 혁명(Roman Revolution)이었고 그 결과는 제정의 등장이었다. 공화정의 전반기는 신분투쟁을 통해 귀족과 평민이 갈등을 타협하고 나라를 키운 과정이었다면, 공화정 후반기는 내부 분열로 인해 군인정치가들이 자기 군단을 등에 업고 정치권력을 잡으려는 사이 많은 로마인이 희생되는 100여 년의 내전 시대가 전개된 과정이었다.

로마 공화정의 붕괴 과정
로마 혁명

4

들어가는 말

3장에서 '로마 공화정의 위기와 그라쿠스 형제의 개혁'을 살펴보았다. 로마가 지중해 세계로 팽창해 가는 과정은 성공 드라마였지만 로마인 모두에게 좋은 것만은 아니었다. 빈부격차 같은 다양한 사회문제가 드러났고, 이를 해결하려 개혁 운동을 주도했던 그라쿠스 형제는 목숨을 잃었다. 그러나 그라쿠스 형제는 오히려 죽어서 더 인기를 누리게 되었다. 그들이 죽은 장소가 평민들에 의해 성지가 되었고, 공공장소에 조각상이 세워졌다. 이후 로마 사회의 지배층은 개혁을 지지하는 평민파 포풀라레스와 이를 반대하는 귀족파 옵티마테스로 양분되었고, 갈등과 대립은 한 세기 이상 계속되었다.

그라쿠스 형제 몰락 이후 개혁법들

물론 그라쿠스 형제 개혁이 전혀 의미가 없었던 것은 아니다. 티베리우스는 살해당하고 가이우스는 자살해서 개혁파가 치명타를 입은 것은 사실이지만 개혁 활동의 성과가 사라진 것은 아니었다. 개혁 운동이 민회에서 입법 활동을 통해 전개되었기 때문이다. 개혁 이후에도 농지법, 곡물법 등은 폐기되기보다는 여러 집단의 이해관계에 따라 수정을 거쳐 사회 발전에 기여했다.

농지법

공유지 보유 상한선을 정한 농지법은 이해 당사자들을 위해 여러 차례 개정되었다. 우선 공유지였기에 보유해서 이용만 할 수 있었고 매매할 권리는 없었지만 점차 보유하던 공유지의 소유권을 인정해 주어서 대토지 보유자들의 이익을 보장했다. 즉 500유게라를 넘는 초과 보유 농지는 빼앗겼지만 보유가 허용되었던 500유게라의 공유지에 대해서는 소유권을 인정받았기 때문에 개혁에 반발했던 세력도 많이 수그러들었던 것이다. 그리고 30유게라씩 공유지를 할당받은 무산시민도 본래 지대를 내야 했지만, 시간이 지나면서 소유권을 인정해 주자 불만을 잠재울 수 있었다.

식민시 건설 문제

가이우스 그라쿠스는 두 번째 호민관 재직 시절 옛 카르타고 자리에 여신 유노의 이름을 딴 식민시 '유노니아'를 건설해서 로마 무산시민들의 '빵' 문제를 제도적으로 해결하려 했다. 그러나 그곳에 직접 건너가 식민시 건설 작업을 하던 중 가이우스가 몰락하는 바람에 식민시 건설 활동이 주춤해졌지만 수천 명의 로마인 식민자들은 그곳에 남아 식민 활동을 계속했다. 과거 카르타고의 세력권이었던 히스파니아 동남부 해안도 정복 사업이 계속되면서 히스파니아 키테리오르('더 가까운 히스파니아'라는 뜻) 속주가 확장되었고, 곳곳에 퇴역 병사들을 위한 정착지가 건설되었다.

갈리아 남부 프로방스 정복

기원전 122년에는 갈리아 남부 마르세이유 근처 아쿠아이 섹스티아이(엑스)[1]에 로마인 퇴역병들을 위한 식민시가 건설되었는데 이곳은 오늘날 엑상프로방스의 기원이 되었다. 로마는 그 뒤 지금의 남부 프랑스인 프로방스 지역을 대대적으로 정복해서 기원전 121년에 갈리아 트란스알피나('알프스 너머 갈리아'라는 뜻) 속주를 설치했는데, 이곳을 '프로빈키아 노스트라' 또는 '프로빈키아'로 부르게 되었고, 지금의 '프로방스'라는 말이 여기서 나왔다. 기원전 118년에는 식민시 나르본(Narbonne)이 건설되면서 갈리아 나르보넨시스라고도 부르게 되었다.

비아 도미티아 건설

기원전 118년에 갈리아 남부 지역에 파견된 총독 도미티우스 아헤노바르부스(Gnaeus Domitius Ahenobarbus)는

나르본 방향의 비아 도미티아 유적.

---

1 ── 아쿠아이 섹스티아이(Aquae Sextiae)는 '섹스티우스의 온천'이라는 뜻으로, 기원전 123년에 로마 콘술 섹스티우스 칼비니우스가 근처 갈리아인의 성채를 파괴한 뒤 세운 군사도시다. 기원전 102년에 그 근처에서 마리우스가 이끄는 로마 군대가 킴브리인과 테우토네스인을 물리친 아쿠아이 섹스티아이 전투(Battle of Aquae Sextiae)가 있었다.

로마의 지배권을 공고히 하기 위해 알프스 산맥에서 피레
네 산맥까지 연결하는 비아 도미티아(Via Domitia, '도미티우
스의 도로'라는 뜻)를 건설했다. 오늘날도 프로방스 지역에 비
아 도미티아의 흔적이 남아 있다. 그 도로를 따라서 아를르
(Arles), 님(Nimes), 나르본과 같은 도시들이 세워졌다. 그곳
들에 원형경기장이나 로마 극장, 곡물 창고, 목욕장 등의
유적지가 남아 있다. 가이우스 그라쿠스는 개혁 운동의 성
과를 보지 못하고 죽었지만 해외 식민시 건설이라는 개혁
안은 그 뒤 하나씩 실현되었다. 무산시민의 이주뿐만 아니
라 로마 문화의 확산과 속주 통치의 중심지 기능을 했다는
점에서 그 역사적 의의가 있다.

　　이처럼 개혁자들은 역사의 무대에서 사라졌지만 그들
의 개혁 정신은 시차를 두고 로마 정치사에서 열매를 거두게
되었다. 그러나 그 과정은 험난했고, 정치적 대립 속에서 많
은 희생을 치러야 했다. 외침이나 반란 등으로 군사적 위기가
해외 속주들에서 빈번했고, 이를 수습하는 과정에서 군대의
역할이 중요하게 부각되었다. 개혁 운동을 둘러싸고 로마 중
앙정치에서 정치 엘리트들이 분열과 대립을 거듭하고, 해외
속주들에서 반란 등이 얽히면서 군사적 위기를 해결하는 데
공을 세운 장군들, 마리우스를 시작으로 술라, 폼페이우스,
크라수스, 카이사르 등의 군인 정치가들이 군대를 배경으로
한 새로운 정치 세력으로 등장한 것이다. 그들은 자신의 군
단병을 내전에 동원했고, 한 세력이 권력을 잡으면 '줄을 잘
못 섰던' 로마의 지배층이 피의 보복을 당했다. 그 와중에 일
어난 동맹국 전쟁, 스파르타쿠스 노예 반란 등의 내부 혼란
도 군인 정치가들이 활개 칠 수 있는 조건이 되었다.

가이우스 마리우스의 등장

가이우스 마리우스(Gaius Marius, 기원전 157-기원전 86)는 로마 동남쪽으로 약 100킬로미터 떨어진 소도시 아르피눔(Arpinum)에서 태어났다. 그의 집안은 유복했지만 로마 정치 무대에서는 전혀 알려지지 않은 기사 신분 출신이었다. 그와 같은 지방 유지들은 로마 중앙 정치 무대에서 자신의 실력을 인정받고, 최고정무관직인 콘술이 되어 가문의 영광을 빛내는 것이 꿈이었다. 기원전 2세기 말에는 로마 중앙에서 개혁을 둘러싼 분열과 대립이 많이 일어나자 그를 틈타 해외 곳곳에서 반란이 일어나 전쟁이 자주 발생했다. 북아프리카에서는 누미디아 왕이었던 유구르타가 로마에 반기를 들어 일어난 유구르타 전쟁(기원전 111-기원전 104)이 장기화되었는데, 반란 진압을 위해 파견된 로마 명문가 출신 메텔루스는 현지의 어려움 때문에 전쟁을 끝내지 못하고 있었다. 이때 부관으로 참석한 마리우스는 자신에게 유리한 여론을 이용해 로마로 와서 기원전 107년 콘술에 당선되었다. 이로써 그는 50세나 되는 늦은 나이였지만 로마 정치사에서 드물게 등장하는 '호모 노부스'가 되었다.[2] 콘술 마리우스에게는 지지부진하던 유구르타 전쟁 총사령관직도 맡겨졌다. 그의 군사적 능력이 기대되는 상황이었다.

마리우스의 지원병 모집

아프리카에 나가 있던 메텔루스의 군대는 전력이 많

마리우스 초상,
글립토테크 소장.

---

2 —— 호모 노부스(Homo Novus)는 '신인'이라는 뜻으로, 가문에서 처음으로 콘술에 당선된 사람을 뜻한다.

이 약화되어 있었지만 지방도시 출신인 마리우스를 무시하던 메텔루스가 군대를 순순히 넘겨줄지 의문시되는 상황이었다. 마리우스는 전쟁에 나가는 콘술의 군단 편성권을 활용해서 다른 방법을 모색했다. 바로 병사들을 모집해 새로운 군단을 편성한 것이다. 그전까지만 해도 로마 시민 중에서 재산이 있는 시민들만이 징집 대상이었다. 그러나 이미 재산 자격 조건을 충족시킬 유산시민이 절대적으로 감소한 상황에서 마리우스는 유산시민 중심의 징집을 포기하고 무산시민을 포함해서 누구든지 신체조건만 맞는다면 병사로 받아들여 군단을 편성했다.

그동안 징집 대상에서 제외되었던 무산시민들, 몰락한 자영농이거나 도시의 실업자들, 또는 농업이나 상업이 마음에 들지 않아 직업군인이 되고자 했던 청년들이 지원했다. 새로이 선발된 마리우스의 병사들은 무기를 지급받고 고된 훈련을 거쳐서 강력한 군단병으로 태어났다. 그들은 복무 중에는 급료를 받고, 퇴직할 때에는 토지를 받아 정착할 수 있게 되었다. 따라서 마리우스에 대한 충성도가 이전의 유산자들로 이루어졌던 로마 군단보다 훨씬 강했다. 기원전 107년 6월, 마리우스가 유구르타 전쟁의 지휘권을 받고 아프리카로 오자 메텔루스는 어쩔 수 없이 로마로 돌아왔고, 한때 자신이 '키워준' 부하에게 배신당했다고 분해하며 귀족파의 지도자로서 마리우스에 반대하다가 추방당하는 비운을 맞이했다. 반면에 마리우스는 새로 징집한 군대와 메텔루스가 남긴 군대를 접수해 강력한 군사력으로 유구르타의 전력을 약화시키고, 유구르타의 최대의 후원자였던 보쿠스 왕과 외교적 협상을 통해 기원전 105년 11월에 유구르타를 체포하고 유구르타 전쟁의 종지부를 찍었다. 유구르타가 생포되었다는 소식이 로마로 전해지자 마리우스는 군사적 영웅이 되었다. 그러나 군사적 위기는 거기서 끝나지 않았고 새로운 역할이 기다리고 있었다. 알 프스 너머의 '새로운 적들'이 그를 부르고 있었기 때문이다. 따라서 로마 인민은 마리우스가 아프리카에서 돌아오지도 않았고, 이듬해 콘술 선거에 직접 입후보도 하지 않았는데, 그를 기원전 104년에 콘술로 선출했다.

게르만족들의 침입

로마가 갈리아 남부에 속주(갈리아 트란스알피나)를 설 치한 지 10여 년이 지난 기원전 109년경 게르만족의 일부 가 바다 범람과 인구 과잉 등의 문제로 고향인 유틀란트와 슐레스비히를 떠나 남하하기 시작했다. 그중 갈리아 남부로 내려온 킴브리인과 테우토네스인은 정착할 토지를 요구했 지만 로마 원로원에게 거부당했다. 그들의 남하를 막기 위 해 콘술들이 이끄는 로마 군단이 여러 차례 파견되었다. 하 지만 이동 규모도 엄청났고, 군사력도 막강해서 로마 군단 은 패배를 거듭했다. 특히 기원전 105년 10월에 치러진 아 라우시오 전투에서는 8만 명의 로마군이 대패하자 로마의 지배권에 순응하던 갈리아인들조차 동요하기 시작했다. 게 르만족은 알프스를 넘어올 기세였고 이탈리아 반도로의 남 하는 시간문제인 것처럼 보였다. 한니발의 침공을 경험했던 로마인들에게 알프스를 넘어오는 적에 대한 끔찍한 악몽 이 되살아났다. 아프리카 전선에 나가 있던 마리우스가 로 마에 와서 정식으로 콘술로 입후보했던 것도 아닌데, 그를 콘술로 선출할 수밖에 없을 만큼 상황이 긴박했던 것이다.

기원전 104년 초 마리우스는 갈리아 전투에 투입할 목적으로 4개 군단을 새로이 편성했는데, 이 과정에서 몇 가지 개혁을 했다. 비상시에 콘술이 직접 장군들의 임명, 로

● 원거주지
☆ 게르만족 패배
★ 게르만족 승리

게르만족의 침입 경로.

마 시민과 동맹국 시민 사이의 신분 및 지급하는 무기와 장비 차이 철폐, 재산에 따른 켄투리아 깃발을 폐지하고 은빛 독수리 깃발로 통일, 기병 켄투리아를 귀족층 청년이 아닌 누미디아·히스파니아·갈리아·그리스 출신 기병으로 대체 등이 그것이다. 이제 로마 군대는 재산이나 출신의 차별 없이 총사령관을 중심으로 일사불란하게 움직이는 조직 체계를 갖게 되었다. 이처럼 새로운 정신과 조직으로 재편된 4개 군단을 이끌고 마리우스가 갈리아에 모습을 드러낸 것은 기원전 104년 6월이었다.

노레이아

갈리아 중서부에서 게르만족들이 남하를 멈추고 전선이 교착상태에 있을 때 마리우스는 병사들을 놀리기보다는 운하 건설 등 토목 공사에 투입해서 그 지역에 로마의 생활방식과 문화를 정착시키는 기회로 삼았다. 로마인들은 기원전 104년 말에도, 그리고 기원전 103년 말에도 갈리아에 나가 있는 마리우스를 계속해서 콘술로 선출했다. 성년 남자만 30만 명에 이르는 대규모 인원으로 갈리아 중서부에 머물고 있는 게르만족이 여전히 두려움을 증폭시켰기 때문이다. 드디어 게르만족이 세 방향으로 남하를 시작했고, 기원전 102년 아쿠아이 섹스티아이 전투에서 해안가로 남하하는 암브로네스인과 테우토네스인을 대파했다. 기원전 101년 대승을 거두고 로마로 돌아왔다. 갈리아에 게르만족이 버티고 있는 동안 로마인들은 마리우스를 계속해서 콘술로 선출했다. 개선식을 마친 마리우스는 기원전 100년 다시 콘술(6선)로 선출되었다.

남하하는 게르만족을 막아내고 로마의 평화를 가능케 한 점에서 마리우스는 로마 인민의 희망이었지만, 군사적 위기가 사라지자 병사들에게 토지를 주어 전역시키는 문제가 남아 있었다. 기원전 100년의 6선 콘술직 선임은 그와 같은 평민의 기대가 담긴 것이었다. 그러나 게르만족의 남하를 물리친 갈리아 땅을 퇴역 군인들에게 분배하는 문제는 전쟁만큼이나 '고된' 작업이었다. 포폴라레스적 전통을 고수하는 호민관 사투르니누스(Lucius Appuleius Saturninus, 기원전 ?-기원전 100)가 갈리아 농지분배 법안을 강력하게 추진하고 원로원 의원들에게 이에 대한 서명을 요구했을 때 마리우스는 어중간한 자세를 취함으로써 자기와 함께 싸운 병사들을 실망시켰다. 이에 병사들은 마리우스에게 불만을 갖게 되었다. 이런 상황에서 사투르니누스의 급진적인 정책도 티베리우스 그라쿠스나 가이우스 그라쿠스처럼 결국 반대세력에 의해 좌초되고 만다. 그는 기원전 99년 콘술 선거에 나가는 것을 포기하고 지친 마음으로 그리스와 소아시아로 여행을 떠났다. 그렇게 마리우스의 시대는 저물고 있었다. 10년 뒤 마리우스는 동맹국 전쟁 때 다시 등장하지만 '떠오르는 별'이었던 술라의 위세와 경합할 정도는 아니었다. 술라가 기원전 87년 동방원정에 나설 때 마리우스가 킨나와 함께 일시적으로 권력을 잡아 기원전 86년 콘술(7선)로 선출되었지만, 기원전 86년 1월 13일 새 임기를 시작한 지 13일 만에 71세의 나이로 세상을 떠났다.

신인으로 로마 정치무대에 올랐던 이탈리아 출신 가이우스 마리우스는 병제 개혁을 통해 장군에게 충성하는 군단병을 거느리며 아프리카와 갈리아에서의 군사적 위기를 해결한 구국의 영웅이었고, 7선 콘술이라는 가장 화려한 경력을 자랑할 수 있었다. 그러나 그는 군대의 사병화를 통해 자신의 지지기반을 다졌고 내전을 불사하고 권력 투쟁에 나서 기원전 1세기 로마 정치판을 새롭게 만드는 계기를 마련했다. 마리우스는 그 위세를 근거로 정치권력을 장악하고 반대파를 숙청하는 피의 보복을 일삼은 잔인한 정치가였다. 이후 로마의 정치 무대에는 제2의 마리우스들이 계속 등장했다.

동맹국 전쟁

동맹국 전쟁은 또 다른 측면에서 기원전 1세기 초 로마가 해결해야 할 난제 중의 하나였다. 로마가 군사적으로 팽창하고 정복 사업에 참여할 때 이탈리아 반도에 있던 동맹국들의 협조와 그 시민들의 공로는 대단히 중요했다. 그러나 그들은 법적으로 로마 시민이 아니었기 때문에 팽창의 '열매'를 나눠 받을 수 없었다. 함께 전쟁에 참가했지만 전리품이나 공유지 분배 시 정당한 대우를 받지 못하니 동맹국 시민들이 로마 시민권을 요구하게 된 것은 당연한 일인지도 모른다.

그러나 가이우스 그라쿠스 개혁에서도 보았듯이 로마 시민들 입장에서 시민권을 확대하는 것은 권리도 나누어 주어야 하는 것이었기 때문에, 이는 기존 시민들의 기득권을 침해하는 셈이 되었다. 여기서 개혁 운동 지도자들 사이에 고민이 생겼다. 동맹국 시민의 협력 없이는 로마의 팽창과 정복 전쟁이 불가능했는데, 그들의 협조를 얻으려면 그들의 요구도 수용해야 했다. 반면에 로마 시민들 입장에서 보면 동맹국 시민들에게 로마 시민권을 개방하는 문제는 자신의 몫을 나누는 희생을 요구할 수밖에 없었던 것이다. 가이우스 그라쿠스의 개혁 운동의 실패는 바로 이런 시민들의 여론을 등에 업고 로마 시민권의 개방에 반대한 리비우스 드루수스의 방해공작 때문이었다.

리비우스 드루수스의 개혁 운동

그런데 흥미롭게도 드루수스의 아들 리비우스 드루수스(Marcus Livius Drusus)가 아버지의 잘못된 생각을 보상이라도 하듯 동맹국 시민들에게 시민권을 줘야만 로마가 산다는 개혁파로 돌아섰다. 그는 호민관이 된 후 몇 가지 개혁안을 제시했다. 우선 이탈리아 동맹국에 있는 유력자는 대부분 기사 신분일 수밖에 없었는데, 이탈리아 동맹국 출신 기사 신분 300명을 원로원에 입회시켜 로마 원로원 정원을 600명으로 늘리자는 것이었다. 그다음에는 동맹국 시민들에게 로마 시민권을 개방해 로마와 동맹국의 구분을 없애자고 했다.

그러나 가이우스 그라쿠스 개혁에서도 보았듯이 로마 기사들이 이 주장에 반대했다. 기사들은 주로 해외 속주에서 여러 경제 활동이나 교역 활동, 예를 들어 조세 징수 같은 활동으로 경제적 이익을 얻고 있었는데, 동맹국의 기사들이 끼어들면 자신들과 같이 경쟁하게 될 것이고 그러다 보면 자신들의 이익이 침해된다고 해서 반대한 것이다. 또한 도시 로마 평민도 개혁안에 반대했다. 동맹국 시민들에게 로마 시민권을 주면 혜택이 줄어들 것이 뻔했기 때문이다. 이런 반대 분위기를 무시하고 개혁정책을 밀어붙이다가 아들 리비우스 드루수스도 정치 폭력에 희생되었다.

동맹국 전쟁의 발발

동맹국 시민들 입장에서 보면 가이우스 그라쿠스가 자신들을 위해 개혁하다가 결국 자살로 생을 마감했는데 이로부터 30여 년이 흐른 뒤에도 개혁의 희망이 보이지 않자 결국 자신들의 방식을 추구한 것이다. 동맹 체제를 해체하고, 즉 로마와의 동맹에서 탈퇴하고 자기들끼리 연합국

동맹국 전쟁기에 마르시 연합군이 발행한 은화. 이 주화에는 이탈리아를 상징하는 황소가 로마를 상징하는 늑대를 짓밟고 있는 모습이 새겨져 있다.

가를 세웠다. 신분 투쟁에서 평민들이 분리운동(Secessio), 즉 철수운동을 했듯이 동맹국들도 로마와의 제휴를 끊겠다는 것이다. 그런데 이번 경우에는 더 심각한 것이, 동맹국 시민들이 그냥 철수하는 것이 아니라 일종의 독립 전쟁을 선언한 것이다. 결국 '동맹국 전쟁'이라 부르는 로마와 동맹국 간의 전쟁이 일어나게 되었다. 물론 이 사건은 로마 입장에서는 로마에 대한 반란이다. 로마에 잘 협조하다가 자신들의 뜻을 들어주지 않는다 해서 군사적인 운동을 한 것이기 때문이다.

로마 북동쪽의 아브루치(Abruzzi)의 코르피니움(Corfinium)이 동맹국들의 수도였다. 로마를 중심으로 중부와 북부, 남부 이탈리아인들이 모두 로마를 향해서 무기를 들고 자신들의 나라를 이탈리카(Italica)라 선언했다. 즉 이탈리아라는 나라를 만들어 무장 반란을 일으켰다. 로마 정치체제를 본떠, 원래 로마는 300명인데 이들은 500명 정원의 원로원을 만들고 두 사람의 콘술도 뽑고, 12명의 프라이토르를 세우고, 주화도 발행했다.

옆의 은화에는 소가 늑대를 짓밟는 모습이 새겨져 있다. 로물루스와 레무스 형제가 늑대의 젖을 먹고 자랐다는 신화로 인해 늑대는 로마를 상징한다. 반면 소는 이탈리아를 상징한다. 이 주화에서 동맹국 시민들의 분노를 확인할 수 있다. 로마를 중앙에 두고 북쪽과 남쪽에서 전쟁을 일으킨 셈이니 로마는 2차 포에니전쟁(한니발 전쟁) 이후 최대 위기에 직면한 셈이다. 한니발이 10년 동안 남부 이탈리아를 휘젓고 다닐 때도 많은 동맹국이 끝까지 로마를 지지하고 신의를 지켰기에 대역전극을 펼칠 수 있었는데, 이제는 이탈리아 반도 안에서 동맹국들이 로마를 상대로 협공한 것이다.

117

로마의 회유책: 시민권 부여

그러나 로마는 위기에 처했을 때 더 강한 모습을 보여 주었다. 군사적 전술과 외교적 전략을 구사하면서 3년 만에 전쟁에서 승리했기 때문이다. 이번에도 연합한 상대를 분열시켜 격파하는 방식, 즉 '분리해서 통치'하는 방식을 그대로 썼는데 다음과 같은 법들을 제정해 동맹국을 분열시켰다.

> ① 플라우티우스 파피리우스 법(Lex Plautia Papiria): "60일 이내에 로마 프라이토르에게 가서 등록한 자에게는 로마 시민권을 준다."
> ② 폼페이우스 법(Lex Pompeia): "모든 피해방민에게도 로마 시민권보다 한 등급 아래인 라틴 시민권을 준다."

로마에 가서 프라이토르에게 신고한 자에게 로마 시민권을, 그리고 노예에서 해방된 피해방민에게 라틴 시민권을 약속한 것이다. 시민권을 요구하다 전쟁이 일어난 것인데, 전쟁에서 밀리고 있는 상황에서 무기를 버리면 시민권을 주겠다고 하니 더 이상 피를 흘릴 이유가 있겠는가? 결국 전선은 분열되고 10여 년 더 저항한 세력도 있었지만 대부분의 동맹국이 로마와 평화조약을 맺고 무기를 내려놓았다.

동맹국 전쟁의 결과

이제 로마는 이탈리아 반도 안에서는 적어도 동맹국과 로마의 이원체제를 법적으로 해소하고, 북쪽의 포강부터 남쪽의 시킬리아, 메사나 해협에 이르기까지의 모든 자유인이 로마 시민이 되었으며 약 50만 명의 새로운 시민이 등록되었다. 라틴어는 원래 라티움 지방에 살던 로마인들의 언어였고 동맹국을 구성했던 이탈리아인들은 각 지역마다 언어가 조금씩 달랐다. 그러나 이제 동맹국 전쟁이 끝나면서 포강 이남의 모든 지역이 로마라는 하나의 공동체로 외연이 확장되었다. 라틴어가 이탈리아 반도의 공용어로 확장되어서 로마 공화국의 정체성을 강화하는 데 도움이 되었다. 다만 시킬리아나 사르디니아 지역은 아프리카나 히스파니아, 나르본(갈리아 나르보넨시스)처럼 속주였기에 로마에서 파견된 총독의 통치 아래 있었다.

 ## 스파르타쿠스 노예반란

공화정 마지막 세기에 로마가 직면했던 또 다른 문제가 기원전 73년부터 71년까지 진행된 스파르타쿠스 노예반란이었다. 스파르타쿠스 노예반란은 1960년에 나온 커크 더글러스 주연의 영화 〈스파르타쿠스〉로 우리에게 잘 알려져 있다. 이 작품은 스파르타쿠스를 노예 해방을 꿈꾼 자유의 투사로 묘사했다. 2010년에 시작된 동명의 미국 드라마도 우리나라에서 큰 인기를 누렸는데, 이 드라마에는 검투사들의 비인간적인 싸움을 즐기는 로마인들의 타락한 생활이 적나라하게 폭로되어 있다.

로마는 노예제 사회

서양 고대 사회는 신분제적 질서가 엄격했다. 인간을 자유인과 비자유인으로 구별하고 자유인 중에서도 소수의 성인 남자만이 시민으로의 특권을 누렸다. 시민 안에서도 귀족과 평민의 신분 질서가 있었고, 재산에 따라서는 1등

급부터 5등급까지 나뉘었다.

서양 고대인들은 노동을 천시하는 경향이 있었다. 주인의 재산이었던 노예들은 자유가 없이 시민을 위해서 육체노동이나 서비스 활동을 했다.[3] 서비스업은 고대 노예들이 주로 하던 일인 셈이다. 생산 활동과 관련하여 로마 사람들은 노예를 생산 수단의 하나이며 도구라고 인식했다. 그들이 생각하는 세 가지 도구가 있었는데, 첫째는 말 못하는 도구(instrumentum mutum)인 일반 도구, 둘째는 소리 내는 도구(instrumentum semi vocale)인 가축, 마지막으로 말하는 도구(instrumentum vocale)인 노예였다.

노예의 기원은 전쟁 포로 노예였다. 전쟁에 진 쪽은 죽임을 당하든지, 승자가 살려 주면 끌려와서 노예가 되었다. 전쟁 포로 노예는 주로 외국인이었고 그다음에는 부채 노예가 있다. 같은 공동체 내에서 시민의 자유를 빼앗길 정도로 빚을 많이 져서 갚을 수 없을 때 타인의 재산, 즉 노예가 되는 것이다. 노예는 개인 재산일 수도 있고 국가 소유일 수도 있다. 노예는 재산이니 시장에서 매매할 수도 있었다. 가장 쉬운 노예 조달 방식은 노예 사이의 출산이다. 원래 노예는 개인의 권리가 없기 때문에 혼인권이 없어서 결혼이 인정되지 않는다. 그러나 주인이 남녀 노예를 동거시키고 애가 태어나면 노예로 삼을 수 있었다. 마치 동물을 기르듯 노예의 자식 역시 주인의 노예가 되는 것이다. 그러나 가장 불쌍한 노예는 검투사 노예였다.

트라키아 출신 노예 스파르타쿠스

스파르타쿠스는 그리스 북쪽, 흑해 서쪽에 있던 트

불가리아의 산단스키에 있는 스파르타쿠스의 동상.

3──── '서비스'(service)는 노예를 뜻하는 'servus'에서 파생된 단어다.

라키아(Thracia) 출신으로 알려져 있다. 전승에 따르면 그는 오늘날 불가리아의 산단스키에서 태어났다고 하는데 그곳에 그를 기념하는 동상이 있다. 스파르타쿠스는 로마군과 싸우다가 포로가 된 장군이라는 설도 있다. 반란군을 지휘한 것을 보면 평범한 노예는 아니었던 것이 분명하다. 그는 이탈리아 남부 도시 카푸아의 검투사 훈련소에 들어갔다가 검투사 노예들의 비참한 모습을 보고 70여 명과 함께 탈출해 반란 지도자가 되었다. 그들은 폼페이 근처에 있던 베수비우스(Vesuvius) 화산지대 산기슭으로 피신했는데, 주변에 있던 노예들이나 몰락한 소농 등 사회에 불만을 가진 세력이 모여들어서 7만 명이나 되는 큰 세력이 형성되었다.

그중에는 갈리아, 게르마니아, 트라키아 등 외국 출신도 있었고, 이탈리아 내 몰락한 소농들도 있었다. 반란 소식이 로마로 전해지자 원로원은 여러 차례 군대를 보내 반란군을 진압하게 했다. 그러나 초반에 반란의 규모나 세력을 과소평가했다가 여러 차례 패전을 거듭하는 바람에 스파르타쿠스 세력이 12만 명까지 불어났으며 전선이 남쪽으로 확대되기 시작했다. 사실 반란 노예들의 목표가 무엇이었는지 분명하지 않다. 고향으로 돌아가는 것이 최종 목표였을 수도 있다. 노예들의 출신지가 서로 다르다 보니 반란군이 나가야 할 방향에 대해서 이견이 있었던 것 같다. 초기에는 시킬리아로 가려다 주춤했고, 다음에는 북상하는가 싶더니 방향을 바꾸어 남하하는 등 방황했기 때문이다. 한니발과 마찬가지로 스파르타쿠스 역시 로마를 직접 공격하지는 않았다. 결국 남쪽으로 나아가서 마지막은 시킬리아로 건너가려는 작전을 썼는데, 비밀이 탄로 나고, 또 배를 준비해 주기로 했던 해적들이 약속을 어기는 바람에 반란군은 이탈리아 남쪽에 포위되고 말았다. 크라수스

121

군대와 히스파니아에서 막 돌아온 폼페이우스 군대가 가세하면서 마지막까지 결사 항전하던 스파르타쿠스와 추종자들은 대패하고 말았다. 포로가 된 6,000여 명의 노예들을 못 박은 십자가가 아피우스 가도를 따라 세워져 있었다고 하니 당시 로마 당국의 반응이 얼마나 강경했는지를 알 수 있다.

스파르타쿠스 반란의 의의

동맹국 문제와 함께 노예 문제는 로마 공화정 후기에 당면했던 주요 난제 중의 하나였다. 노예 반란은 이미 기원전 130년대에 시킬리아에서도 일어난 적이 있었다. 그러나 스파르타쿠스의 반란은 고대 노예 전쟁 가운데 가장 규모가 컸고, 또 파장도 컸다. 계몽주의 시대 볼테르는 스파르타쿠스 전쟁을 가리켜 "인류 역사상 유일하게 정의로운 전쟁"이라고 평가했다. 칼 마르크스는 스파르타쿠스를 "프롤레타리아의 진정한 대표자"라 부르며 극찬했고, 이후 공산주의자들은 스파르타쿠스를 시대를 앞서간 영웅으로 떠받들었다. 20세기 초 마르크스주의 정당이었던 독일 사회민주당이 제1차 세계대전에 참전하면서 분열했을 때 로자 룩셈부르크와 칼 리프크네히트는 '스파르타쿠스 동맹'을 만들어 마지막까지 마르크스주의 이념을 수호하려 했다. 20세기 후반에 와서는 자유주의 진영에서도 그가 자유를 위해 싸운 영웅으로 재해석되면서 영화나 드라마 등에서 높이 평가되고 있다.

스파르타쿠스 노예 반란이 실패로 돌아간 후 대규모 노예 반란은 일어나지 않았다. 이는 로마 사회가 조금씩이나마 노예의 인권이나 처우를 개선해서 반란 소지를 주지 않았다고도 볼 수 있다. 노예 주인이 부당하게 노예를 학대하는 것을 법으로 금하기도 했다. 그렇다고 해도 노예에게 자유인의 지위가 주어지지 않았고, 노예 제도는 유지되었다. 노예 제도가 폐지되는 것은 근대에 와서의 일이니 그리 놀랄 만한 일은 아니다.

카이사르 시대

기원전 100년경에 태어난 카이사르는 로마 사회가 대립과 갈등으로 치닫고 있던 공화정 마지막 세기에 로마 정치 무대를 뒤흔든 로마 장군의 한 사람이다. 그는 살아 있을 때보다 죽어서 더 유명해진 로마인이었다. '왔노라, 보았노라, 이겼노라(Veni, Vidi, Vici)'라는 그의 명언은 기원전 47년 소아시아의 폰투스 왕 파르나케스의 반란을 진압하고 원로원에 보낸 승전소식을 압축적으로 표현한 것이다. '주사위는 던져졌다(Alea iacta est)'는 말도 유명하다. 기원전 49년 루비콘강을 건너며 병사들에게 결단을 촉구할 때 한 말이다. '주사위는 던져졌다. 나를 따르는 자는 나와 운명을 같이하는 것이니 죽으나 사나 같이 간다'는 뜻으로 한 말이다. '브루투스, 너마저도(Et tu, Brute?)'란 말도 유명하다. 공화주의자였던 브루투스는 정치적 견해는 달랐지만 카이사르가 총애한 사람이었는데, 카이사르가 원로원에서 모살당할 때 브루투스가 마지막으로 칼을 겨누고 달려들었다. 그러자 '다른 사람들은 나한테 늘 반대했지만 브루투스 너는 내가 그렇게 사랑했는데 어떻게 이럴 수 있느냐'는, 일종의 정치적 배신감을 토로하는 카이사르의 마지막 말이다. 이처럼 그는 장군으로도 탁월했지만 뛰어난 문장가여서 간단명료한 명언을 통해 우리에게 친숙한 인물이다. 그가 기원전 50년대에 갈리아 전쟁을 수행하면서 기록으로 남긴 《갈리아 원정기》는 문투가 아주 간결해서 라틴어를 배울 때 초급 라틴어 교재로도 많이 쓰인다.

카이사르의 가문

카이사르의 본명은 가이우스 율리우스 카이사르 (Gaius Julius Caesar)이고, 영어로는 '줄리어스 시저'로 발음한다. 귀족 출신 로마인의 이름은 세 부분으로 되어 있는데 맨 앞이 개인 이름, 두 번째는 씨족 이름, 세 번째가 가문 이름이다. 이름을 풀어 보자면 율리우스 씨족, 카이사르 가문의 가이우스인 것이다. 씨족 이름이 아주 중요한데, '율리우스'라는 씨족 이름에서 알 수 있듯 트로이 신화에 등장하는 아이네아스의 아들 율루스(Julus)에서 기원한 씨족이다. 즉 율루스의 후손이라는 뜻이다. 율루스가 아이네아스의 아들이고, 아이네아스는 미의 여신 아프로디테, 즉 베누스의 아들이니 결국 율리우스 씨족은 베누스의 후손인 셈이다. 게다가 아이네아스의 17대손이자 율루스의 16대손이 바로 로물루스와 레무스이니 율리우스 씨족은 족보상으로는 대단한 명망가인 셈이었다. 왕족이면서 신과도 연결되기 때문이다. 가문 이름인 카이사르는 카르타고 말로 코끼리라는 뜻의 'Caesai'에서 유래했다. 가문의 시조가 카르타고 전쟁에서 승리한 것을 기념해 코끼리를 가문의 문장으로 만들었다. 옆의 은화에는 코끼리가 뱀을 짓밟는 모습이 보이는데 코끼리는 카이사르를, 그리고 뱀은 폼페이우스를 우두머리로 내세운 공화파를 상징한다.

카이사르는 기원전 100년에 태어났다. 유서 깊은 율리우스 씨족 출신이었지만 카이사르 가문은 당시까지만 해도 잘나가는 집안은 아니었다. 다만 고모 율리아가 당대

기원전 49-48년 율리우스 카이사르가 발행한 은화. 카이사르 가문을 상징하는 코끼리가 정적인 폼페이우스파를 상징하는 뱀을 발로 밟고 있다.

에 돌풍을 일으킨 마리우스와 혼인하면서 씨족의 기원에 걸맞은 명성을 얻고 포풀라레스의 전통을 계승할 가문으로 운명(?)지어져 있었던 것은 확실하다. 그런데 카이사르가 청년기에 활동하려 할 때 마리우스는 로마 정치에서 완전히 밀려났고, 반대파였던 술라가 득세하고 있어서 오히려 자신이 마리우스와 같은 계열에 있는 것이 불리하게 작용했다. 술라가 득세할 때 카이사르는 많은 핍박을 당했다. 그리고 술라가 죽고 그 뒤를 이어 폼페이우스가 옵티마테스 계통을 이어갔다. 마리우스가 죽은 다음에 포풀라레스 쪽 계보를 사실상 이어가야 할 카이사르는 한동안 숨을 죽이고 때를 기다려야 했다.

삼두정 결성

기원전 60년 말 히스파니아 총독직을 마치고 로마로 돌아온 카이사르는 개선식을 포기한 채 기원전 59년 콘술 선거에 나가 당선되어 로마 정치 무대에 자신의 존재를 알리기 시작했다. 당시 카이사르의 나이가 40세였는데, 로마 정치는 46세의 폼페이우스, 55세의 크라수스 같은 선배들이 장악하고 있었다. 크라수스가 막대한 재산을 통해 로마 정치에 영향력을 행사했다면 폼페이우스는 동방에서의 화려한 군사적 명성과 정치적 영향력으로 술라의 뒤를 이어 옵티마테스의 대부 역할을 하고 있었다. 그런데 폼페이우스가 너무 인기가 많다 보니 경쟁관계에 있던 크라수스의 시기심을 불러일으켰다. 원로원 내부에도 폼페이우스에게 과도하게 힘이 쏠리는 것을 반대하는 세력이 생겨나면서 폼페이우스와 원로원의 관계도 악화되었다. 이러한 내부 상황을 이용해서 정치적 입지가 제일 약했지만 '떠오르는 별'이었던 카이사르는 폼페이우스와 크라수스를 화해시키면서 3인의 제휴를 제안해서, 이른바 삼두정치를 결성하는 데 성공한다.

삼두정의 효과는 기원전 59년 카이사르의 콘술 임기 동안 잘 드러났다. 자신의 퇴역군인들에게 줄 토지가 필요했던 폼페이우스, 기사 신분 친구들의 세금 삭감을 원했던 크라수스, 그리고 콘술 임기 후 속주와 군대 지휘권을 원했던 카이사르 등 3인의 바람이 자연스럽게 관철되었기 때문이다. 카이사르는 임기가 끝난 후에는 갈리아로 향했다. 갈리아 남쪽 프로방스 지역은 이미 기원전 120년대 일찌감치 로마가 장악했지만, 지금의 프랑스 중북부 쪽은 갈리아인들이 서로 패권을 다투고 있었다. 그는 그쪽에 가서 7년 동안 오늘날 프랑스 땅을 로마 영토로 만드는 데 많은 공을 들였다. 물론 갈리아 부족들의 저항이 매우 커서 이 과정이 쉽지 않았다. 그래도 틈새는 있었다. 갈리아 부족들 내부의 주도권 다툼과 분열 때문이었다. 그 틈새를 로마가 비집고 들어가 7년간 전쟁을 하면서 갈리아 온 땅을 장악한 것이다. 카이사르는 바다 건너에 있는 브리타니아(오늘날의 영국)와 북동쪽으로 라인강 건너에 있는 게르마니아(오늘날의 독일) 지역으로도 원정했다. 브리타니아 섬은 기후도 안 맞고 원주민인 켈트족의 저항이 갈리아인들보다 더 거셌다. 또한 게르마니아의 게르만족은 일단 어느 지역을 장악해도 게릴라 전법으로 갑자기 숲에서 튀어나와 로마군을 혼란에 빠뜨렸다. 결국 두 지역은 제외하고 갈리아만 로마화하기로 했다.

카이사르의 갈리아 전쟁 과정.

삼두정의 위기

삼두정을 맺을 때 세 사람이 사적으로 연합한 상태였으므로 셋을 뭔가 단단히 이어 줄 끈이 필요했다. 늘 그

러하듯이 가장 간단하고 쉬운 방법은 정략결혼이었고, 카이사르도 그 방법을 썼다. 자기 딸을 폼페이우스에게 시집보낸 것이다. 딸을 주었으니 폼페이우스의 장인이 되었는데, 사위가 장인보다 나이가 6세 더 많은 특이한 상황이 벌어졌다. 그나마 폼페이우스와 율리아는 30세의 나이 차이가 있었지만 잘 살았는데, 기원전 54년에 율리아가 아이를 낳다가 죽는 바람에 끈이 끊어지고 말았다.

기원전 53년에는 삼두의 한 축이었던 크라수스가 파르티아 원정에 나갔다가 전사하는 사건이 일어났다. 크라수스가 보기에 폼페이우스는 군사적 영웅이고, 카이사르는 갈리아에서 인기를 모으고 있는데 자신은 한때 스파르타쿠스 반란을 진압한 것 말고는 이렇다 할 공적이 없었다. 삼두의 균형을 맞추기 위해 자신의 진가를 보여 주고 싶어 했다. 그에게는 자신의 군사적 재능을 보여 줄 유일한 곳이 바로 동쪽 국경 너머 파르티아였다. 이 파르티아는 로마로 보자면 오늘날의 터키 땅 너머에 있던 광대한 나라인데, 당시 이곳은 로마 장군들이 정복하고 싶어서 안달하던 곳이다. 알렉산드로스 대왕이 인도까지 진출하면서 이 지역을 완벽히 장악한 적이 있었기 때문에 상징적인 의미도 큰 곳이었다. 그래서 크라수스도 업적을 만들고 싶어서 파르티아 원정을 떠난 것이다. 그런데 4만 군대 중 거의 반수 이상이 죽고 자신도 거기서 죽는 등 아주 치욕적인 패배를 당하고 만다. 이렇게 기원전 53년에 삼두정치의 한 축이 무너지고, 딸의 죽음으로 폼페이우스와도 관계가 소원해지면서 카이사르에게 정치적 위기가 찾아왔다.

기원전 52년 가을에 갈리아 전쟁에서 마지막 고비가 된 알레시아 전투가 있었다. 갈리아 아르베르니족의 부족장인 베르킨게토릭스가 여러 갈리아 부족을 모아 알레시아에서 마지막 항전을 펼쳤으나 결국 카이사르에게 패하면서 갈리아 전쟁은 종지부를 찍게 되었다. 카이사르가 정복한 갈리아는 '갈리아 코마타'로 명명되었고, 로마 문화가 빠른 속도로 전파되었다.

카이사르 소환령

갈리아 정복 이후 로마에서는 카이사르가 갈리아를 거점으로 로마를 공격할지도 모른다는 불안이 커져 갔다. 기원전 50년 폼페이우스파가 장악했던 원로원이 '선제공격'했다. 카이사르에게 총독 임기가 만료되었다며 군대를 해산하고 로마로 돌아오라고 소환령을 내린 것이다. 카이사르는 자신의 신변 보장 없이 로마로 돌아오라는 것이 무엇을 뜻하는지 잘 알았기에 명령에 따르지 않았다. 기원전 49년 1월 초 원로원은 카이사르의 불복종을 대역죄로 기소하면서 소환을 촉구했다. 결국 1월 12일 카이사르는 소환에 응했지만 혼자 오지 않았다. 1개 군단을 거느리고 갈리아 키살피나와 본토의 경계선이던 루비콘강을 건넌 것이다. 여기서 그는 아테네의 극작가 메난드로스의 작품에 나오는 구절을 이용해서 '주사위는 던져졌다'고 외쳤다. 카이사르 군대는 이후 파죽지세로 로마를 장악했고, 폼페이우스와 그를 추종했던 원로원 의원들은 아피우스 가도를 따라 브룬디시움으로 갔다가 그리스로 도망쳤다. 카이사르는 우선 히스파니아에 있던 폼페이우스 지지 세력을 제압한 뒤 이듬해 그리스로 가서 폼페이우스 군대를 물리쳤다. 이집트로 망명한 폼페이우스는 프톨레마이오스 13세에게 속아 58세에 비참하게 살해되었다.

군대와 함께 루비콘강을
건너는 카이사르.

카이사르의 업적: 태양력 율리우스력 도입

이제 카이사르의 시대가 도래했다. 카이사르는 독재 정치를 했지만 로마인뿐만 아니라 후세를 위해 한 일이 많다. 그중 하나를 든다면 기원전 45년 1월에 도입한 태양력이다. 율리우스 카이사르가 로마에 도입했다고 해서 율리우스력(Julian calendar)이라고 부른다. 그전까지 로마인들은 1년이 354일밖에 되지 않는 태음력을 쓰고 있었다. 그런데 1년은 지구가 태양을 한 바퀴 도는 데 걸리는 기간, 즉 지구의 공전주기다. 율리우스력은 지구가 태양을 한 바퀴 도는 데 걸리는 시간을 365일 6시간으로 계산했다. 그래서 1년을 365일로 정하고 남은 6시간을 해결하기 위해 4년마다 하루를 삽입해 공전 주기와 달력의 오차를 조정했다. 당시에는 가장 합리적인 달력이었다.

그레고리우스력의 도입

그러나 이후 시간이 흘러 16세기에 와서 천문학이 발전하자 1년은 365일 6시간이 아니라 365일 5시간 48분 46초, 즉 그보다 11분 14초가 더 적다는 사실이 확인되었다. 그로 인해 카이사르 시대부터 당시까지 달력의 날짜가 10일이나 더 간 것이다. 그래서 교황 그레고리우스 13세는 1582년 10월 4일 다음 날을 10월 15일로 지정해서 열흘을 없애 버렸다. 이것이 오늘날 사용하는 그레고리우스력(Gregorian calendar)인데 그 기본적인 골격은 율리우스력에서 시작된 것이다. 우리나라에는 1895년 을미개혁으로 그레고리우스력 태양력이 처음 도입되었다. 우리 또한 카이사르 개혁의 '수혜자'인 셈이다.

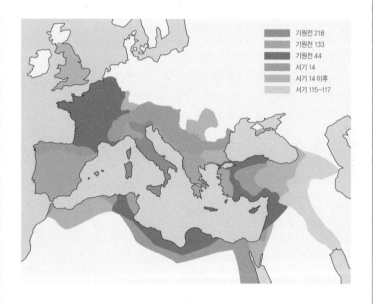

로마제국의 영토 확장.

독재관 카이사르

뒤쪽의 지도를 보면 갈리아와 아프리카의 밝은 고동색 부분이 카이사르 때 장악한 로마의 영토다. 사실상 유럽의 중심부를 로마의 영토로 확장시킨 셈이다. 군사적 영웅에다 내전의 최후 승자이다 보니 카이사르는 강력한 리더십으로 권력과 명예를 독점해 나갔다. 콘술직은 1년 임기로 끝나야 한다. 마리우스는 콘술을 7번이나 했는데 당시는 위기상황이었고 마리우스가 콘술을 맡지 않으면 군대를 지휘할 만한 장군이 없으니 어쩔 수 없는 일이었다. 카이사르도 기원전 59년, 48년에 이어 46년부터 44년까지 계속 콘술직을 장악했다. 그러나 그것으로 성이 차지 않았다. 그는 다른 방법을 썼다. 독재관 제도를 최대한 활용한 것이다. 원래 독재관의 임기는 6개월 이상은 안 되는데, 카이사르는 기원전 46년에 10년 임기의 독재관이 되더니 기원전 44년 그가 죽던 해에는 종신 독재관이 되었다. 그리고 과거 크라수스가 엄청난 군사적 손실을 입었던 파르티아에 다시 원정을 떠나겠다고 선언했다. 군기는 일종의 승리의 상징이었는데 크라수스가 패하면서 빼앗긴 로마 군기를 찾아오겠다고 한 것이다. 기원전 44년 2월 원로원 회의에서 종신 독재관으로서의 지위를 법적으로 얻어 놓고, 파르티아 원정에 가서 빼앗겼던 군기도 회수하고, 로마의 힘을 동부 지중해 세계로 확장할 것이라고 약속했다. 카이사르는 '제2의 알렉산드로스'라는 명성을 얻기를 원했다. 그러나 카이사르의 원대한 꿈은 꿈이 되고 말았다. 그가 얼마 지나지 않아 모살되었기 때문이다.

카이사르의 최후

카이사르는 시대를 앞서간 영웅이었다. 그가 이루지

못한 꿈은 그의 후계자 아우구스투스의 과업이 되었고 상당 부분은 이루어졌다. 카이사르는 권력을 잡자 화폐에다가 자기 얼굴을 넣어 정치 선전을 했다. 원래 로마의 화폐에는 신들 외에는 형상을 새기지 않는 것이 관례였다. 인간이 아무리 위대한 업적을 이루어도 주화에 인간의 얼굴을 새기는 것은 불경스러운 행위였다. 그런데 카이사르는 화폐 앞면에 자기 얼굴을, 그것도 신처럼 월계관을 쓴 모습으로 새겼고, 뒷면에는 여신 베누스가 승리를 상징하는 빅토리아 여신을 들고 있는 형상을 넣었다. 카이사르가 베누스 여신을 새긴 이유는 '베누스가 나의 조상이며, 결국 내가 베누스의 후손이다. 나의 명예는 나 혼자 이룬 것이 아니라 베누스 여신의 도움으로 얻은 것이다'라는 식으로 선전하기 위함이었다. 결국 권력과 명예를 과도하게 추구하고 자신의 형상을 주화에 새겨 선전하다가 카이사르는 기원전 44년 3월 15일 원로원 회의장에서 공화파 귀족들에게 모살된 것이다. 사건 당일 원로원 회의는 폼페이우스 극장에서 열렸는데 카이사르는 아이러니하게도 한때 자신의 사위였다가 정적이 된 폼페이우스의 동상 앞에서 23군데 칼에 찔려 죽었다고 전해지고 있다.

　　이후 주화에 자기 얼굴을 새기는 것은 하나의 유행이 되었다. 카이사르 모살의 주동자 브루투스 또한 카이사르를 암살한 다음에 이를 기념하는 주화를 발행했는데, 앞면에는 자신의 얼굴 모습을, 뒷면에는 투구와 칼의 형상을 새겨 넣었다. 칼로 폭군을 처단했다는 뜻이다. 투구는 '노예가 해방되어 자유민이 되었다'는 의미를 지닌 상징물이다. 즉, 로마인이 종신 독재관의 압제에서 벗어나 자유를 찾았다는 뜻으로 투구를 새긴 것이다. 이런 식으로 브루투스는 독재관을 타도하고 자유를 회복한 것을 자랑스럽게 선

위: 카이사르의 두상이 들어간 화폐. 카이사르는 화폐에 자기 얼굴을 넣어 정치 선전을 했다
아래: 카이사르 모살 기념 화폐.

전했다.

그러나 카이사르 모살의 주역이었던 브루투스와 카시우스는 승리의 영광을 오래 누리지는 못했다. 기원전 42년 10월 카이사르의 양자 옥타비아누스와 카이사르를 추종했던 안토니우스가 이끄는 군대에 의해 필리피 전투(Battle of Philippi)에서 최후를 맞았기 때문이다. 공화정의 자유를 회복시키려 했던 그들의 노력은 결국 실패로 돌아갔고, 로마인들은 2차 삼두정치와 이어 벌어진 안토니우스와 옥타비아누스 사이에 벌어진 내전으로 또 한 차례 고통을 당하게 된다.

맺음말

카이사르는 56세의 나이에 파르티아 원정을 앞두고 모살되었다. 그러나 그는 죽어서도 많은 것을 남겼다. 먼저 카이사르라는 이름 자체가 황제의 칭호로 남았다. 원래 카이사르는 가문 이름이었는데, 옥타비아누스가 카이사르 가문에 입양되어 카이사르라 불렸고, 이후 그의 가문 출신이 황제가 되면서 카이사르라는 이름이 황제의 대명사가 된 것이다. 이후 카이사르는 황제라는 뜻으로 굳어져 독일어로 황제를 뜻하는 카이저(Kaiser)나 러시아어로 황제를 뜻하는 짜르(Tsar) 등의 어원이 되었다.

예수도 카이사르를 황제라는 뜻으로 말씀하신 바가 있다. 바리새인들이 정치적으로 고소하기 위해 예수에게 "로마에 세금을 바치는 것이 옳은 일인가?"라고 질문하니, 예수는 세금 낼 돈을 가져오라고 해서 은화에 있는 형상과 글을 가리키며 이게 누구의 것이냐 물으셨고, 그들이 "가이사의 것이니이다" 하니, 예수는 "가이사의 것은 가이사에게 주고, 하나님의 것은 하나님께 바쳐라"고 지혜롭게 말씀하셨다. 여기서 '가이사'가 바로 카이사르다.

카이사르는 우리가 사용하는 달력에서도 한자리를 차지하고 있다. 7월은 영어로 'July'인데, 이 단어는 카이사르가 속한 율리우스(Julius) 씨족 이름에서 나온 말이다. 옥타비아누스는 율리우스 카이사르의 양자가 된 후 기원전 42년에 카이사르가 태어난 달의 이름인 '퀸틸리스'(Quintilis)를 '율리우스'로 바꾸었다. 옥타비아누스도 나중에 황제가 되고 나서 자신이 받은 '아우구스투스'(Augustus)라는 칭호를 8월(영어 August)의 이름으로 지정한다.[4] 결국 율리우스 카이사르와 아우구스투스 부자가 12개월 중 두 달의 이름을 차지한 셈이다. 이런 식으로 원로원과 민회와 정무관 세 개의 기관이 세력 균형을 유지하던 공화정은 일인자 또는 한 가문이 부상하면서 붕괴되어 가고 있었다. 이처럼 기원전 1세기는 내부적으로 로마가 공화정에서 황제정으로 이행되는 격변의 시기였으나 대외적으로는 지중해 제국으로 부상하는 계가가 되었다.

4 —— 퀸틸리스는 라틴어로 '다섯 번째', 섹스틸리스는 '여섯 번째'라는 뜻을 지닌 서수다. 초기 로마에서는 1년을 10개의 달로 나누었고 다섯 번째 달부터 열 번째 달은 서수 자체를 달의 이름으로 사용했다. 그러나 나중에 1월과 2월을 앞에 추가해서 12개월 체제가 되다 보니 다섯 번째 달인 퀸틸리스는 7월이, 여섯 번째 달인 섹스틸리스는 8월을 지칭하게 되었다.

아우구스투스의 제정과
팍스 로마나

5

들어가는 말

독재관 카이사르가 원로원에서 모살되었지만 공화정은 회복되지 않았고, 로마인들은 또다시 삼두정치와 내전의 고통을 경험해야 했다. 이번 장에서는 카이사르 사후 등장한 옥타비아누스가 어떻게 공화파를 물리치고 2차 삼두정치를 거쳐 아우구스투스가 되어 로마 제정(원수정)을 확립했는지, 그리고 로마 제정이 지중해 세계에 끼친 영향은 무엇인지 알아본다.

카이사르 사후 로마 정치

기원전 44년 3월 15일, 카이사르의 죽음은 로마 공화정 역사의 대사건이었다. 브루투스와 카시우스 등 공화파 원로원 귀족들이 원로원 회의장에서 카이사르를 모살하면서 목표했던 공화정적 자유의 회복은 오히려 로마에서 더 멀어져 갔다. 그 역사적인 날을 라틴어로 'Idus Martiae'라 부르는데 'Martiae'는 '3월', 'Idus'는 '15일'을 뜻한다. 이후 이말은 불길한 조짐을 나타내는 숙어로 쓰인다. 카이사르는 원로원 회의를 마치고 파르티아 원정에 나갈 예정이었다. 파르티아는 지금 이라크와 이란에 걸쳐 있던 고대 왕국인데, 로마 장군들이 이곳을 정복해서 자신의 군사적 재능을 보여 주고 싶어 하는 곳이었다. 그러나 어떤 장군도 그 목표를 달성하지는 못했다.

로마 장군들의 '무덤', 파르티아 원정: 크라수스와 카이사르

첫 번째 시도는 바로 기원전 1차 삼두의 한 사람이었던 크라수스가 했다. 기원전 53년 로마 군대 4만 명을 이끌고 파르티아 원정을 갔다가 대패했다. 자신과 함께 2만 명의 병력이 전사했고, 1만 명은 포로가 되었으며, 나머지 1만 명 정도만 겨우 살아 돌아왔다. 파르티아 원정은 로마 군대에 치욕을 안긴 셈이다. 이는 또한 1차 삼두정치가 와해되는 데 결정적인 역할을 하기도 했다. 이러한 상황에서 종신 독재관인 카이사르가 파르티아 원정을 계획한 것은 로마인의 자존심을 회복시켜 주고 나아가 종신 독재관에 대한 로마인의 거부감을 상쇄하려는 의도도 컸다. 정적들을 물리치고 종신 독재관이 된 카이사르에게는 공화정 전통에 위배되는 종신 독재관직을 정당화해 줄 영웅적 업적이 필요했던 것이다. 파르티아 군을 무찌르고 크라수스가 빼앗긴 군기와 포로를 되찾아 오 겠다는 카이사르의 야심찬 포부도 물거품이 되고 말았다. 마 지막 원로원 회의를 하고 출발하려 했는데, 그게 그의 파란만 장한 일생의 종지부를 찍고 말았다.

카이사르의 유언장

카이사르가 죽고 나서 갑자기 권력의 공백 상태가 생 겼다. 독재자가 죽으면 그다음에 누가 권력을 장악하는지 가 초미의 관심사인데, 당시 카이사르와 가장 가까웠던 최 측근, 소위 2인자라고 할 수 있는 사람은 안토니우스(Marcus Antonius, 기원전 83-기원전 30)였다. 안토니우스는 카이사 르 암살 사건을 수습하고 권력을 계승하겠다는 기대가 매 우 컸을 것이다. 그러나 그것은 안토니우스의 바람일 뿐이 었다. 죽은 카이사르의 유언장이 개봉되면서 이후 로마 역 사의 큰 방향을 결정했기 때문이다.

카이사르의 양자 가이우스 옥타비우스

독재관 카이사르는 죽어서도 영웅이었다. 그러나 자 식 복은 없었다. 아들은 한 명도 없었고, 폼페이우스에게 시집보냈던 외동딸도 기원전 54년에 출산 중 죽었으니 모 든 사람의 눈이 유언장에 쏠릴 수밖에 없었다. 그런데 공개 된 유언장의 내용은 로마 정치판을 주도하려 한 안토니우 스의 기대와 전혀 달랐다. 먼저, 재산은 가이우스 옥타비우 스(Gaius Octavius)에게 4분의 3을 주고, 나머지 4분의 1은 옥타비우스의 이종사촌에게 주라는 내용이 적혀 있었다. 이어 가이우스 옥타비우스를 카이사르 집안에 입양시키라 고 적혀 있었다. 즉, 재산과 자신의 모든 후광을 가이우스 옥타비우스에게 넘긴다는 뜻이다. 안토니우스에 대해서는 한마디 언급도 없었다. 안토니우스가 그 내용을 보고 얼마나 실망했을지도 이해할 만하다. 여기서부터 사태가 심각해진다.

가이우스 옥타비우스의 가문

독재관 카이사르에게는 두 명의 누이가 있었는데, 그중 둘째 누나는 마르쿠스 아티우스 발부스(Marcus Atius Balbus)라고 하는 귀족과 결혼했다. 누나의 남편이 아티우스 발부스이니 그 집에서 태어난 딸의 이름은 아티아(Atia)가 된다. 바로 그 아티아가 가이우스 옥타비우스라는 남자와 결혼해서 낳은 아들이 가이우스 옥타비우스였다. 19세의 옥타비우스가 군대나 정치 경험을 쌓으려 할 때 갑자기 카이사르가 죽은 것이다. 유서가 개봉돼서 내용이 확인된 것이지만, 사람들은 카이사르가 그렇게 빨리 죽으리라고 예상하지 못했다. 옥타비우스를 양자로 삼을 것이라고도 전혀 예상하지 못했다. 그저 카이사르가 자식이 없으니 친척 중에 젊은 아이 한 명 정도 돌봐 주고 있는 것 정도로 여기고 있었던 것이다. 그런데 의외의 상황으로 유언장이 빨리 공개된 것이었다. 사람들은 깜짝 놀랐다. 모두들 '아, 가이우스 옥타비우스가 도대체 누군가?', '카이사르가 어떻게 그를 양자로 삼으려 했을까?' 하고 궁금해했다. 요즘 이 시기를 다룬 드라마나 영화를 보면 그가 살아 있을 때부터 옥타비우스를 친아들처럼 대했다고 묘사하고 있으나 드라마를 재미있게 만드느라 그렇게 묘사한 것이지, 실제로 그 당시에는 전혀 예상치 못한 일이었다.

가이우스 옥타비우스의 초기 생애

기원전 63년생인 가이우스 옥타비우스는 로마 남동쪽 40킬로미터 지점에 있는 벨리트라이(Velitrae) 출신이었다. 같은 이름의 아버지, 가이우스 옥타비우스는 콘술 아래 직급인 프라이토르까지 지냈다. 옥타비우스 집안은 지방 소도시의 유지였고, 그나마 아버지 가이우스 옥타비우스가 출세해서 마케도니아 총독직을 잘 수행했는데, 그는 콘술 선거에 나가려고 로마로 오나 비명횡사하고 말았다. 로마 전통 귀족들의 눈에 옥타비우스는 별로 대단한 집안 출신이 아니었던 것이다. 이러한 가문 출신인 19세의 옥타비우스가 어느 날 갑자기 당대 영웅 카이사르의 유언장에서 양자이자 후계자로 거명되면서 로마 정치판에 혜성과 같이 등장한 것이다.

한편 기원전 44년, 39세의 나이로 카이사르와 동료 콘술이자 '오른팔'이었던 안토니우스는 카이사르의 갑작스러운 죽음으로 인해 명실상부하게 일인자나 다름없었다. 그는 폼페이우스와의 내전 때 카이사르의 부하 장군으로 충성을 다했다. 그럼에도 불구하고 카이사르의 유언장에는 안토니우스에 대해서 한마디의 언급도 없었다. 카이사르의 모살이라고 하는 예기치 않은 상황을 수습해야 하는 콘술 안토니우스는 카이사르에 대한 실망감이나 배신감이 적지 않았을 것이다. 안토니우스는 "카이사르를 헌신적으로 섬겼는데 어떻게 나에 대해서는 한마디 언급이 없을까? 재산의 일부라도 주라는 언급이 있어야 하는 것 아닌가? 그래서 사람들이 '안토니우스는 카이사르의 측근이라고 배려를 했구나'라고 생각하도록 했어야 하는 것 아닌가?"라고 생각했을 것이다. 그러나 카이사르는 안토니우스를 무시하기라도 한 듯 '노코멘트'였다. 이것이 한동안 '카이사르 진

영', 특히 옥타비우스와 안토니우스의 분열과 대립의 씨앗
이 되었다.

아폴로니아에서 로마로 온 옥타비아누스

　　당시 옥타비우스는 로마에 있지도 않았다. 카이사르
의 파르티아 원정을 이미 알고 있던 옥타비우스는 아드리
아해의 항구도시 아폴로니아(Apolonia)에 먼저 가 있었다.
카이사르가 '파르티아 원정을 떠날 때 너도 데려갈 테니
아폴로니아에서 대기하고 있으라'라고 미리 언질을 주었던
것이다. 그런데 얼마 지나 카이사르가 죽었다는 소식을 듣
게 된 옥타비우스는 큰 충격을 받았다. 카이사르가 그동
안 로마인들에게 보여 준 강력한 리더십과 그를 향한 로마
인들의 지지를 생각하면 그가 암살당했다는 것은 상상조
차 하기 힘든 일이었다. 그러나 결국 현실을 인정할 수밖에
없었다. 아드리아해를 건너 브룬디시움(Brundisium)에 도착
한 옥타비우스는 아피우스 가도를 따라 올라오다가 캄파
니아에서 자신의 의붓아버지 필리푸스와 카이사르가 신임
했던 발부스 등과 접촉하며 로마의 정세에 대한 정보와 조
언을 들었다. 더 중요한 것은 공화파의 상징적인 지도자이
면서 저명한 원로원 의원이자 '공화정의 대부'였던 키케로
(Marcus Tullius Cicero, 기원전 106-기원전 43)를 방문한 것이다.
예상되는 안토니우스와의 대립에서 우위를 점하기 위해 공
화정파와도 일시적으로 손잡을 만큼, 19세의 옥타비우스
는 정치적 감각이 있었다.

　　그뿐만이 아니었다. 5월에 로마로 올라왔을 때 옥타비
우스는 혼자가 아니었다. 몇몇 친구들이 그와 함께였기 때문
이다. 그중에 마르쿠스 아그리파(Marcus Vipsanius Agrippa, 기원
전 63-기원전 12)는 위기 때마다 옥타비우스의 분신처럼 아주

중요한 역할을 했고, 특히 그는 아우구스투스가 권력을 장악하는 과정과 이후 체제 안정기에 절대적인 지지자였다.

옥타비우스와 안토니우스의 불화

옥타비우스가 로마에 도착했을 때 콘술로서 카이사르의 모든 공문서나 재산을 관리하고 있던 안토니우스는 그를 반기지 않았다. 옥타비우스가 카이사르의 유산을 돌려 달라고 했을 때, 그리고 카이사르 가문으로의 입양 절차를 밟는 것을 도와 달라고 했을 때 그는 냉담하게 반응했다. 옥타비우스는 카이사르를 지지했던 친구들이나 평민들의 지지를 받으며 카이사르의 양자 자리를 실질적으로 차지했다. 이름도 가이우스 옥타비우스에서 가이우스 율리우스 카이사르 옥타비아누스(Gauis Iulius Caesar Octavianus)로 개명했다. 그해 여름 옥타비아누스는 카이사르가 유증한 재산을 로마 시민에게 나누어 주고 카이사르 추모회를 열어 양자로서 자신의 효심을 로마인들에게 유감없이 보여 주었다. 옥타비아누스의 이러한 정치적 행보는 안토니우스의 인기를 더욱더 떨어뜨렸다. 카이사르를 죽일 때 안토니우스도 죽이지 못한 것을 아쉬워했던 공화파의 대부 키케로는 19세 청년 옥타비아누스를 최대한 활용해 안토니우스를 제거함으로써 공화정의 자유를 완성하려 했다. 옥타비아누스와 원로원이 한편이 되고 안토니우스파가 대립하는 상황이 기원전 43년 가을까지 계속되었다. 카이사르 진영의 내분이 장기화되고 원로원 중심의 공화정이 회복될 것 같았다.

기원전 41년에 발행된 금화.
안토니우스의 두상이 새겨진 왼쪽 동전에는
'마르쿠스 안토니우스 임페라토르 아우구르티
(M ANT IMP AVG III VIR R P C M BARBAT Q P)
옥타비아누스 두상이 새겨진 오른쪽, 동전○
'카이사르 임페라토르 폰티펙스 삼두'
(CAESAR IMP PONT III VIR R P C)라고
쓰여 있다.

2차 삼두정 결성

그러나 기원전 43년 가을부터 옥타비아누스의 '적과의 동침'은 더 이상 지속되지 않았다. 1년여의 현실정치 속에서 옥타비아누스에게 진짜 적과 동지가 누구인지를 정확히 분별하는 능력이 생겼기 때문이다. 카이사르파의 재건이 가시화되었다. 카이사르파의 두 주역 안토니우스와 대사제 레피두스(Marcus Aemilius Lepidus, 기원전 89?-13)가 기원전 43년 11월에 북이탈리아 보노니아(현재의 볼로냐)에서 만나 '2차 삼두정치'를 하기로 힘을 모았다.

　삼두정 결성에 적극적이었던 사람은 옥타비아누스였다. 카이사르의 양자이긴 했지만, 아직 스무 살에 불과한 자신이 로마 정치판을 주도하기에는 역부족이라는 것을 지난 1년 반 동안 느꼈기 때문이다. 마치 기원전 60년 카이사르의 주선으로 1차 삼두정치가 맺어진 것과 비슷한 상황이 재현되었다. 당시에도 카이사르가 중심이 되어서 폼페이우스와 크라수스가 손을 잡았다. 이때 40세의 카이사르를 기준으로 폼페이우스는 6세 더 많았고, 크라수스는 15세나 더 많았다.

　삼두의 공식적인 명칭은 '국가 재건 3인'(Triumviri rei publicae constituenae)이었고, 명분은 "공화국이 혼란 속에 빠져 있으며 이를 수습해야 한다"는 것이었다. 20세의 옥타비아누스가 주도했고, 여기에 거의 20세나 많은 카이사르의 오른팔 안토니우스, 그리고 26세 연상의 대사제 레피두스가 힘을 합쳤다. 2차 삼두정은 티티우스 법을 근거로 기원전 42년 1월 1일부터 시작되었다.

카이사르의 신격화와 공화파 제거

삼두가 가장 먼저 한 일은 카이사르의 모든 명예를 회복시키는 것이었다. 그 출발은 죽은 카이사르가 하늘에 올라가서 로마를 돌보는 신이 되었다(Divus Iulius)고 선전한 것이었다. 이와 같은 카이사르 신격화의 최대 수혜자는 옥타비아누스였다. 가이우스 율리우스 카이사르 옥타비아누스라는 이름에 '신의 아들'(Divus Filius)이라는 수식어를 하나 더 달게 되었기 때문이다. 결국 양부 카이사르의 신격화는 양자 옥타비아누스의 현재적 지위를 강화시켜 주는 셈이었다. 두 번째로는 카이사르가 태어난 달인 퀸틸리스 달의 이름을 카이사르의 씨족 이름인 '율리우스'로 바꾸었다. 이어서 삼두는 카이사르를 모살한 자들의 블랙리스트를 작성해서 하나씩 제거하는 작업에 들어갔다. 첫 번째 희생자가 옥타비아누스를 돕는 척하며 정치적으로 이용하려던 키케로였다. 다음 표적은 자유와 해방을 외치며 카이사르를 모살한 두 주역인 브루투스, 카시우스였는데, 이들은 카이사르파와 공화파의 타협안으로 그리스와 아시아 속주 총독으로 나가 있었고 추종하는 군대도 거느리고 있었다. 이 공화파 군대는 기원전 42년 여름 8-9월에 그리스 북부 필리피(Philippi)에서 삼두가 이끄는 카이사르 군대와 전쟁을 했다.[1] 필리피 전쟁에서 공화정을 명분으로 삼은 브루투스와 카시우스가 이끄는 군대가 대패하고 공화파도 대거 몰락했다.

기원전 39년 브룬디시움 협약

삼두정이 순탄하게 흘러갔던 것만은 아니다. 시간이 흘러 안토니우스와 옥타비아누스가 대립하게 되자 기원전 39년에 삼두가 남부 이탈리아의 항구도시 브룬디시움에서

기원전 32년에 안토니우스가 발행한 은화. 안토니우스와 클레오파트라의 모습이 새겨져 있다. 은화의 앞면에는 "왕들의 여왕, 그리고 왕들인 아들들의 여왕 클레오파트라를 기념해서"(CLEOPATRA [E REGINAE REGVM]FILIORVM REGVM)라는 문구와 왕관을 쓰고 옷을 입은 클레오파트라의 모습이 새겨져 있고, 뒷면에는 "아르메니아 정복자 안토니우스"(ANTONI ARMENIA DEVICTA)라는 문구와 안토니우스의 두상과 그 뒤로 아르메니아의 작은 왕관이 놓여 있다.

만나 서로 타협했다. 안토니우스는 주로 그리스나 이집트 쪽을 자신의 세력권으로 하고, 옥타비아누스는 이탈리아와 갈리아를, 레피두스는 옛 카르타고 땅 아프리카를 차지하기로 했다. 또한 안토니우스는 옥타비아누스의 누나인 옥타비아와 혼인함으로써 유대관계를 더 공고히 했다. 안토니우스는 아내 풀비아와 사별했고, 옥타비아도 남편이 죽어서 문제될 것이 없었다. 두 사람의 결혼으로 옥타비아누스와 안토니우스는 처남, 매부 사이가 되어 관계가 돈독해졌다. 카이사르와 폼페이우스가 장인과 사위 관계가 된 것처럼 친밀한 관계가 형성된 것이다. 이런 식으로 두 사람의 갈등이 일시적으로 봉합되었다.

안토니우스와 클레오파트라의 제휴

그러나 정략결혼을 통한 두 사람의 제휴는 오히려 더 큰 갈등의 씨앗이 되었다. 안토니우스가 이집트 여왕 클레오파트라와 정치적으로 결탁했을 뿐만 아니라 연인 관계가 되었고, 기원전 40년 말에는 쌍둥이 남매 알렉산드로스 헬리오스(Alexandros Helios)와 클레오파트라 셀레네(Cleopatra Selene II)를 얻었기 때문이다. 클레오파트라는 이전에 카이사르와 결탁해, 기원전 47년에는 카이사리온(Caesarion, 작

1—— 그리스 북부에 있는 필리피는 기원전 356년에 필리포스 2세가 이곳에 있던 도시 크레니데스를 정복하고 그것을 기념해 개명한 도시로, 네아폴리스에서 북서쪽 13킬로미터 지점에 있다. 필리피는 금광이 개발되고, 에게해로 나가는 거점이었기에 중요한 곳이었다. 기원전 42년 가을 필리피 서쪽 평원에서 치러진 필리피 전투에서 승리한 카이사르파(안토니우스와 옥타비아누스)는 전역병들을 이곳에 정착시키며 로마 식민지로 삼았다. 신약성경에 따르면 필리피(빌립보)는 사도 바울이 서기 49년경 유럽 대륙에 최초로 복음을 전한 곳으로, 옷감 장수 루디아의 가족이 세례를 받고 그리스도인이 된 도시이기도 하다.

은 카이사르)이라는 이름의 아들도 낳았었다. 카이사르 암살 당시 클레오파트라는 카이사르의 초청으로 아들과 함께 로마에 와 있었는데 갑자기 카이사르가 죽자 아들과 함께 급히 이집트로 돌아갔었다. 이렇게 카이사르의 연인이었던 클레오파트라와 안토니우스가 손을 잡은 것은 카이사르의 후계자로서의 지위를 굳혀 가고 있던 옥타비아누스에게는 간단한 문제가 아니었다.

지중해 동부 지역을 장악한 안토니우스

이집트나 아시아, 소아시아 지역이 브룬디시움 협약 이후 안토니우스의 세력권이 된 상황에서 안토니우스와 클레오파트라의 결탁은 동부 지중해 세계의 지배질서에 상징하는 바가 많았다. 안토니우스는, 그에 앞서 카이사르 또한, 클레오파트라의 미모에 사로잡힌 플레이보이만은 아니었다. 그들은 그리스는 말할 것도 없고 소아시아와 더 나아가 이집트를 포함한 동방 세계의 중요성을 누구보다 중요하게 생각했던 로마의 일인자들이었기 때문이다. 이집트는 당시 동부 지중해에서 여전히 강력한 나라였기에 로마가 장차 동부 지중해를 장악하려면 이집트의 지원이 절대적으로 필요했다. 안토니우스가 알렉산드리아를 자신의 거점으로 삼은 것은 지중해 세계에서 로마의 중심성을 부정하는 것이었다. 한편 헬레니즘 왕국들 중에서 마지막 남은 이집트 여왕 클레오파트라의 입장에서 보면 지중해 세계에 '떠오르는 태양' 로마를 어떤 식으로든 자기편으로 만들어 놓아야 이집트의 안전 보장이 가능하다고 판단했을 것이다.

이러한 시대 상황 속에서 안토니우스와 클레오파트라의 제휴는 로마와 이탈리아를 중심으로 지지기반을 쌓아 가던 옥타비아누스에게는 큰 부담이었다. 나아가 개인

기원전 38년에 옥타비아누스가 주조한 은화 앞면에는 "신 율리우스의 아들 카이사르"(CAESAR DIVI IVLI [F])라는 말과 함께 옥타비아누스의 두상이 새겨져 있고, 뒷면에는 "콘술 당선자 마르쿠스 아그리파"(M. AGRIPPA. COS/DESIG)가 새겨져 있다.

적으로 볼 때 안토니우스는 엄연한 옥타비아누스의 매형이
었다. 그런 그가 클레오파트라에게서 3명의 아이까지 낳았
고, 마침내 옥타비아누스와 완전 결별을 선언해 버린 것은
옥타비아누스의 자존심에도 큰 상처를 남겼다. 정략결혼이
두 사람의 대립을 격화시킨 셈이었다. 옥타비아누스와 안토
니우스의 내전은 시간문제였다.

옥타비아누스의 '오른팔' 아그리파의 활약

안토니우스와의 갈등은 옥타비아누스가 양자가 되
는 시점부터 드러났고 내전기에 격화되었다. 여러 차례의
위기 가운데 옥타비아누스가 승리할 수 있었던 것은 친구
마르쿠스 아그리파 덕분이었다. 아그리파는 출생 지역도 아
버지도 잘 알려지지 않은 미천한 신분 출신이었지만 옥타
비아누스와 어린 시절부터 함께해 둘의 우정이 돈독했다.
카이사르가 암살될 당시 둘은 아폴로니아에 함께 있었고,
그 후 죽을 때까지 친구로서, 부하 장군으로서, 정무관으
로서, 마지막으로는 그의 사위로서 신의와 충성을 끝까지
지켰다. 로마로 가서 카이사르의 후계자 자리를 공고히 하
고 국가 통치 체제를 구축할 때까지 옥타비아누스 옆에서
그를 잘 도왔다.

아그리파는 특히 군사적인 재능이 탁월한 장군이었
다. 그래서 공화파와 싸울 때 모든 전쟁은 옥타비아누스
가 최고 사령관이었으나 실제로는 아그리파가 이끌었다. 그
리고 옥타비아누스는 기원전 42년 필리피 전투를 시작으
로 여러 차례 참전했지만 전쟁다운 전쟁에서 승리해 본 적
이 별로 없다. 원래 전쟁을 지휘할 만한 재능이 전혀 없었
던 옥타비아누스는 몸도 아주 허약했다. 그래서 전장에 나
가서도 자기 몸 하나 주체하지 못할 정도로 골골댔는데, 그

의 친구인 아그리파가 모두 수습하고 승리로 이끌었던 것
이다.

기원전 31년 악티움 해전

기원전 36년에는 시킬리아를 무대로 해서 2차 삼두
들을 압박하던 섹스투스 폼페이우스와 삼두정 세력과의
시킬리아 전쟁이 있었다. 이때 제국 동부에 나가 있던 안토
니우스는 해전을 위한 선박을 지원했고, 북아프리카를 장
악했던 레피두스는 직접 군대를 이끌고 참전했다. 시킬리아
전쟁에서 승리하자 레피두스가 자신의 전공을 강조하면서
옥타비아누스에게 섬을 떠나라고 요구했다가 오히려 자기
군대로부터도 버림받고 삼두에서 정치적으로 제거되는 불
운을 맞이했다. 삼두 중 하나가 제거되면 어떤 상황이 벌어
질까? 우리는 기원전 53년 크라수스가 전사하면서 카이사
르와 폼페이우스가 맞닥뜨리고 내전으로 들어갔다는 사실
을 알고 있다. 바로 그런 상황이 그대로 재현됐다. 지중해
세계 동과 서를 양분한 안토니우스와 옥타비아누스는 노
골적으로 대립해서 최후 승자를 가리는 마지막 대결을 할
수밖에 없었기 때문이다. 기원전 31년 악티움 해전에서 옥
타비아누스와 아그리파 군대가 이끄는 로마 군대와 안토니
우스-클레오파트라 연합 군대가 대결을 펼쳤다. 그리스 서
해안에 있는 항구 악티움(Actium)은 악티움 해전으로 우리
에게 많이 알려져 있다. 악티움 해전은 공화정에서 제정으
로의 이행에 결정적 계기였다는 점에서 로마 역사의 대사
건이었다.

악티움 해전은 중요한 사건이었지만 실제로 전투 상
황은 치열하지는 않았던 것으로 알려져 있다. 클레오파트
라가 이끄는 이집트 해군이 먼저 도망쳤고, 안토니우스가

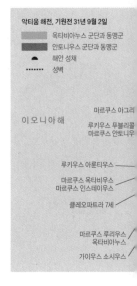

악티움 해전, 기원전 31년 9월 2일

- 옥타비아누스 군단과 동맹군
- 안토니우스 군단과 동맹군
- ☁ 해안 성채
- ⋯⋯ 성벽

이 오 니 아 해

마르쿠스 아그리

루키우스 푸블리콜
마르쿠스 안토니우

루키우스 아룬티우스

마르쿠스 옥타비우스
마르쿠스 인스테이우스

클레오파트라 7세

마르쿠스 루리우스
옥타비아누스

가이우스 소시우스

악티움 해전 당시 옥타비아누스파와
안토니우스파의 대진표.

그 뒤를 따랐기 때문이다. 그러고 나서 1년 뒤 알렉산드리아 전투에서 패한 안토니우스와 클레오파트라는 결국 자살로 생을 마감한다. 카이사르와 폼페이우스와의 싸움도 그러했다. 그리스의 파르살루스 전투에서 패한 폼페이우스는 알렉산드리아로 도망갔다가 그곳에서 암살당했다. 안토니우스도 악티움 해전에서 져서 이집트로 갔다가 그곳에서 죽었다. 어찌 보면 똑같은 운명을 밟은 것이다.

내전의 종결

그라쿠스 형제 개혁 이후로, 즉 기원전 121년에 가이우스 그라쿠스가 죽은 뒤로 기원전 30년까지 거의 100년 동안 진행된 내전이 막을 내리고 옥타비아누스/아우구스투스의 시대가 전개된 것이다. 뒤쪽의 조각상을 많이 봤을 것이다. 프리마 포르타의 아우구스투스(Augustus of Prima Porta)라는 입상으로, 1863년에 발굴된 후 바티칸 박물관에 보관되고 있다. 조각은 아우구스투스를 굉장히 경건한 모습으로 묘사하고 있는데, 입상을 보면 몸에는 갑옷을 입고 있지만 신발은 신지 않은 것을 볼 수 있다. 이것은 그를 신처럼 묘사한 것이다. 그래서 이 조각이 바로 아우구스투스의 상징이 되었다. 자, 그럼 아우구스투스는 어떻게 권력을 구축할 수 있었을까? 이것이 우리가 주목해야 할 일이다.

내전의 최후 승자
아우구스투스 시대

기원전 30년 옥타비아누스는 로마의 일인자가 되었다. 그는 서두르지 않았다. 카이사르의 전철을 밟지 않기 위해서

였을 것이다. 아주 강력한 지지기반을 구축해야 했는데, 문제는 카이사르의 경우 군대 또는 평민들의 엄청난 지지를 받고도 원로원을 무시하고 귀족들과 대립하다가 한순간에 모살되었다는 점이다.

원로원 끌어안기

그래서 옥타비아누스가 가장 먼저 한 일은 원로원을 완전히 자기 세력으로 만드는 일이었다. 기원전 30년에 알렉산드리아 전투가 끝나고 로마로 돌아온 옥타비아누스는 기원전 28년에 원로원 장악에 나섰다. 내전을 거치면서 원로원에는 도대체 원로원의 권위에 걸맞지 않은, 다양한 정치적인 성향에 따라 원로원에 들어온 자들로 넘쳐나게 되었다. 원로원은 원래 왕정기에 300명으로 출발했다가 이후 600명 정도가 되었는데, 내전기에는 1,000여 명으로 불어났다. 권력자들이 원로원에 자기 지지 세력을 심으면서 인원이 늘어난 것인데, 기원전 28년에 이 가운데 200여 명을 숙청했다. 숙청의 명분은 도덕적으로나 정치적으로 자질이 부족한 자들을 제거, 정화한다는 차원이었다. 그러니까 원로원 의원들 중 전통적인 귀족들에게는 옥타비아누스가 오히려 원로원을 다시 세워 주려 한다는, 일종의 좋은 이미지가 만들어지기 시작한 것이다.

공화정의 회복 선언

기원전 27년 1월, 첫 원로원 회의에서는 드라마틱한 선언이 나왔다. 옥타비아누스가 내전도 끝났고, 모든 국가의 무질서를 위협하는 세력도 없어졌으니 이제 공적인 일은 더 이상 맡지 않고 사인(私人)으로 돌아가겠다는, 이른바 '공화정 회복'을 선언했던 것이다. 그는 "국가를 원로원

프리마 포르타의 아우구스투스 입상, 바티칸 박물관 소장.

과 로마 인민에게 이양한다"고 말하며 뒤로 물러나려 했다.

아우구스투스 칭호를 받다

원로원에서 난리가 났다. 이제야 정치가 안정되려고 하는데, 옥타비아누스가 물러나면 그다음에 누가 나라를 잘 수습하겠느냐는 것이다. 그러면서 두 가지를 결정했다. 먼저, '옥타비아누스는 참 대단하다. 어떻게 이런 결정적인 순간에, 오히려 권력을 강화해서 독재관으로 자리를 굳힐 수도 있었는데 권력을 양보하다니'라는 생각에서 옥타비아누스에게 특별한 사람이라는 명예 칭호를 부여한 것이다. 그 유명한 '존엄한 자', '거룩한 자'라는 뜻의 '아우구스투스'(Augustus)라는 칭호다. 여기서 '존엄'은 정치적인 뉘앙스보다는 대단히 종교적인 어감을 주는 말이다.

군대 주둔 속주들 장악

그다음으로 대외적으로 볼 때 로마는 여전히 안정적이지 못하며, 그렇기에 강력한 리더십이 필요하다는 인식이 있었다. 그래서 당시 해외 속주 여러 곳에 로마 군대가 주둔하고 있었는데, 아직 치안이나 국방이 불안정한 속주를 옥타비아누스에게 10년 임기로 맡긴다고 결정했다. 여기에 해당하는 속주들로는 히스파니아 속주, 갈리아 속주, 이집트 속주, 시리아 속주가 있다. 이렇게 큰 속주들을 옥타비아누스가 10년 동안 잘 맡아 주길 요구한 것이다. 이곳들은 모두 큰 군단이 주둔하고 있는 곳이었다. 결국 로마의 군사력을 옥타비아누스에게 맡긴 것이다. 군대라는 것은 정치권력의 핵심이다. 현대사회에서는 정치적인 힘이 국민에게서 나오지만 과거에는, 특히 내전도 일어나고 외부적으로 긴장이 있을 때에는 다 군대에서 나왔다. 여차하면 군

155

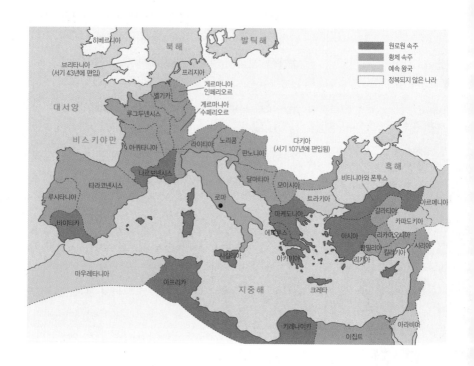

황제 속주와 원로원 속주로 양분된 로마제국.

대로 장악할 수밖에 없었다. 그런 것들이 정치의 냉엄함인데, 속주가 큰 속주와 작은 속주로 자연스럽게 양분되면서, 그 반을 옥타비아누스가 장악하는 상황이 된 것이다. 그것도 스스로 장악한 것이 아니라 원로원에서 자발적으로 나누어 준 것이었다. 그러면서 아우구스투스라는 명예 칭호를 주었다. 그리고 원래 총독은 속주에 가서 주둔해야 하는데, 아우구스투스는 흩어져 있는 여러 속주에 동시에 부임할 수 없으니 레가투스(legatus)라는 대리인들을 파견해서 통치하게 했다.

군단 규모 축소와 식민시 건설

로마에는 정규군단이 70개가 있었는데 25개로 줄이면서 노병들을 제대시키고 식민시를 건설해 그곳에 땅을 주고 정착시켰다. 그래서 곳곳에 식민시들이 생기게 된다. 기원전 42년 필리피 전투가 끝나고 이미 그곳에 로마 군인을 많이 정착시킨 바 있었다. 그래서 필리피, 즉 빌립보는 나중에 바울이 왔을 때는 군인 출신이 많은 로마 시민들의 식민시였다. 즉 로마의 영향을 많이 받은 곳이었다. 그곳에 교회가 세워지고 또 그리스도교화의 출발점이 될 수 있었던 것은 그만큼 로마 문명이 필리피 지역에 뿌리를 내리고 있었기 때문이다.

직업군인제도

원래 마리우스는 무산 시민들이 군대에 와서 장군의 휘하에서 복무할 수 있게 해주었는데, 옥타비아누스는 이것을 완전히 제도화해 직업군인제도를 만들어서 일정 기간의 복무가 끝나면 전역할 때 식민시에 정착시키는 정책을 정례화시켰다. 게다가 복무 기간과 연봉도 책정했다. 병사들은 연봉 225데나리우스 정도를 받으며 16년간 복무하고, 또 나중에는 20년까지 복무를 연장하는 것이다. 이렇게 해서 안정적으로 국방을 국가 차원에서 관리하게 되었다.

속주민에 대한 시민권 개방

한편 속주민들은 원래 로마 시민이 아니었지만, 로마 군단이 장기간 주둔하다 보니 속주의 젊은이들을 로미 군단에 복무시켰고, 약 25년을 복무하면 전역할 때는 당시로선 엄청난 특권인 로마 시민권을 주었다. 그래서 속주 각 지역의 엘리트들이 서서히 로마 시민권을 갖게 되었다. 신약성경의 사도 바울도 결정적인 순간에 자신이 '로마 시민'임을 밝히면서 위기를 벗어났는데, 이처럼 속주에서는 로마 시민이라는 것은 큰 특권이었다. 이런 특권의 확대가 로마의 지배권이 지중해 세계에 안정적으로 확장되는 데 굉장히 중요한 정책이 되었다. 이렇게 군대에 들어와 복무한 속주민들은 아우구스투스의 일인 지배 체제를 오히려 환영하기도 했다.

로마제국의 공고화 전략

이렇게 옥타비아누스는 자연스럽게 원로원을 자기 세력으로 단단히 한 뒤 군대를 장악한 것이다. 그래서 로마의 지배권이 지중해 세계에서 점차 공고해질 수 있었던 것이다. 다음으로 로마 병제를 개편했다. 일반적인 로마 군단 외에도 친위대를 만들고, 또 로마에는 목조 건물이 많아서 특히 화재가 많다 보니 소방대도 만들었다. 로마시를 경계하는 수도경비대도 만들었다. 군단을 장악하면서 속주뿐 아니라 자기가 주로 상주하는 로마에서, 자신의 안전이 곧 국가의 안전이 된 셈이었기에 자신의 안전을 지키는 특수부대도 창설했다.

국가 재정 확충

그다음은 국가 재정 문제인데, 그동안에는 원로원이 국가 재정을 장악하고 관장했다. 그러나 옥타비아누스는 자기가 관리하는 커다란 속주들에서 거둔 세금을 그 지역의 군단을 부양하고, 속주 정부의 경비를 충당하는 데 사용했다. 원로원이 더 이상 국가 재정을 전체적으로 통괄할 만한 능력이 없다 보니 자연스럽게 황제가 관리하게 된 것이다. 실질적으로 아우구스투스를 황제라고 지칭할 수밖에 없게 되었는데, 황제의 재산이 결국 국가 재산과 거의 일치되면서 그곳에 주둔하는 군대를 부양하고 또 속주의 재정을 사실상 관리하는 상황으로 넘어간 것이다. 아우구스투스에게는 카이사르에게 물려받은 재산도 많았고, 여러 속주도 다스렸지만 특히 그 많은 속주 중에서 이집트는 다른 속주와 달리 완전히 개인 재산으로 만들어 놓았다. 이집트 알렉산드리아 남쪽 나일강 삼각주 지역이 워낙 곡물이 많이 생산되는 곳이기 때문이었다. 여기서 거두어들인 밀들로 군대를 부양하고, 또 로마 시민들에게 필요할 때마다 돈도 나누어 주기 위해서였다.

조세 징수 실태

드디어 그리스도교가 어떻게 로마제국과 관련을 맺는지 이야기할 수 있게 되었다. 로마의 징세청부제도는 지난 장에서 언급했듯, 공화정 시기에는 속주에서 세금을 거둘 때 국가가 직접 걷지 않고 푸블리카니(publicani)라 불리는 징세청부인들에게 위탁했다. 주로 기사 신분인 징세청부인들은 5년치 세금을 미리 국가에 내고 5년간의 징세권을 확보했다. 그들이 미리 내는 5년어치의 세액은 엄청난 금액이었다. 이렇게 큰돈을 내고 얻은 징세권이니 5년 동안 얼마나 많은 세금을 거두어들였을까. 과도하게 거두어들여 많은 문제가 발생했을 것이다.

센서스와 조세징수제도 개선

이런 문제를 해결하기 위해 옥타비아누스는 이런 징세청부제도 대신 국가가 직접 조세를 징수하기로 하고 인구조사에 나선다. 즉 센서스 조사를 하는데, 흥미롭게도 신약성경 누가복음 2장 1-2절에 관련 내용이 나온다. 1절에는 "가이사 아구스도(카이사르 아우구스투스, 즉 옥타비아누스)가 영을 내려 천하로 다 호적하라"라고 쓰여 있다. '호적하라'는 센서스 조사에 응하라는 뜻이다. 이어지는 2절에는 "이 호적은 구레뇨(퀴리니우스)가 수리아(시리아) 총독이 되었을 때 처음 한 것이라"라고 쓰여 있다.[2] 바로 이 구절이 예수 그리스도의 탄생과 연결되었다.

권력의 독점: '직위와 권한의 분리'

옥타비아누스는 이렇게 원로원, 군대 그리고 재정을 장악해 갔다. 그러면서 권력과 명예를 독점했다. 옥타비아누스는 13번이나 콘술이 되었는데, 로마 역사상 유래가 없는 일이다. 마리우스가 7번, 카이사르가 5번 콘술직을 차지

---

2 ── 퀴리니우스가 시리아 총독으로 센서스를 한 시기는 서기 6년이다. 그러면 6년에 예수님이 태어난 것인데 도대체 어떻게 된 것인가? 성경의 연대, 즉 B.C.와 A.D.를 부여한 과정에서 오차가 생긴 것일 수 있다. 또는 예수의 탄생이나 예수의 십자가 사건과 같은 연대 문제의 오차가 약 6-7년 정도 있을 수도 있다. 아직도 예수 탄생의 정확한 연도는 역사적으로 논란거리다.

한 적은 있었지만 옥타비아누스만큼은 아니었다. 카이사르처럼 종신 독재관이 되어 달라는 요구를 옥타비아누스가 거절한 바는 있었다. 카이사르처럼 죽임을 당할 수도 있었기 때문이다. 그는 대신 여러 권력을 하나씩 하나씩 자신에게 집중시켰다. 종신 호민관의 권한과 종신 콘술의 임페리움 같은 것들이다.

종신 호민관과 종신 콘술의 권한 보유

어느 시대, 어느 나라나 모든 공적 권한은 공적 지위에서 나온다. 로마도 마찬가지였다. 직위와 권한이 같이 가는데, 흥미롭게도 옥타비아누스는 직위는 취하지 않지만 권한은 보유하고 행사하게 된 것이다. 평민의 보호자 역할을 하는 호민관은 매년 10명씩 평민회에서 선출했다. 그러나 옥타비아누스는 '평민들을 사랑해서 평민회의 호민관 선거에 입후보하지는 않지만 호민관이 해야 할 일은 한다'는 것이다. 이것이 무슨 의미인가? 호민관의 권한이 막강한데 해마다 10명씩 호민관을 선출하는 선거는 계속 진행하되 자신은 호민관이 해야 될 일, 평민들을 위한 봉사는 죽을 때까지 하겠다는 것이다. 그렇다면 평민들이 이를 좋아했을까? 최고 일인자가 평민들을 위해서 평생 일하겠다는데 싫어할 이유가 없다. 종신 콘술의 임페리움도 마찬가지다. 콘술 두 사람은 매년 선거로 뽑는데, 자신은 콘술이 아니지만 콘술이 해야 할 일은 계속 하겠다는 것이었다.

대사제직

그뿐만이 아니었다. 기원전 12년에는 대사제(Pontifex Maximus)직을 차지한다. 왕정 시대에 왕은 군대의 총사령관일 뿐만 아니라 국가 종교의 수장인 대사제였다. 그런데 공화정 시대로 오면서 제정(祭政)이 분리되었다. 그래서 콘술이 정치권력을 담당하고, 사제들의 우두머리인 대사제는 선출직으로 독자적인 전통을 이어갔다. 다만 대사제직은 공화정기 다른 관직과 달리 종신직이었다. 카이사르 역시 기원전 63년부터 모살된 기원전 44년까지 대사제직을 차지했다. 카이사르가 모살된 뒤에는 2차 삼두를 맺은 레피두스가 대사제직을 맡았다. 기원전 36년에 시킬리아 전쟁이 끝나고 레피두스를 제거하려 했는데, 그의 종교적 권위 때문에 죽이지는 못하고 현실 정치에서 물러나게 한 뒤 기원전 13년에 죽을 때까지 서해안 키르케이이에 일종의 가택 연금 상태로 내버려 두었다. 그가 죽자 아우구스투스가 대사제직에 선출되었다. 이를 통해 정치권력, 호민관의 권력, 콘술의 권력, 사제 권력이 한 개인에게로 집중된 것이다.[3] 이처럼 공화정기에 여러 사람에게 분산되어 있던 정치·종교 권력이 아우구스투스 때 통합되었고, 후임 황제에게 계승되었다. 권력과 명예를 독점한 셈이다.

황제 칭호들: 임페라토르, 카이사르, 아우구스투스, 프린켑스

로마제국의 초대 황제인 아우구스투스는 여러 칭호를 가지고 있었다. 우선 황제를 뜻하는 영어 'Emperor'의 어원인 '임페라토르'(Imperator)를 보자. 임페라토르는 '임페리움을 가진 자'라는 뜻이다. 로마에서 임페리움은 군대 명령권, 즉 통수권을 의미했다. 왕정 시대에는 왕이, 공화정

기원전 10년경 주조된 아우구스투스 카이사르 임페라토르 금화. 앞면에는 아우구스투스의 두상과 "아우구스투스 신의 아들"(AVGVSTVS DIVI F)이란 글귀가 새겨져 뒷면에는 기타를 들고 있는 아폴론의 모습과 "임페라토르 12회"(IMP XII)라는 글귀가 새겨져 있다.

3——— 대사제직은 이후 서기 383년 그라티아누스 황제까지 로마 황제들의 세습 관직이 되었다. 그러다가 5세기가 되면 그 직책을 교황이 가져간다. 지금도 교황의 여러 호칭(베드로의 후계자, 로마 교회 대주교 등) 중에 폰티펙스 막시무스(약어 PM)가 있다. 다신교의 우두머리였던 폰티펙스 막시무스 호칭을 교황이 취하는 것은 로마 가톨릭 교회가 얼마나 '로마적'인지 보여 주는 한 사례다.

시대에는 두 명의 콘술이 임페리움을 가졌다. 임페리움을 가진 자가 전쟁에 나가 대승을 거두면 병사들이 그 장군을 임페라토르라고 치켜세워 주었다. 로마 원로원은 전승의 규모와 내용을 검토한 뒤 그것이 기념할 만한 수준이라고 판단되면 그 장군에게 개선식과 함께 임페라토르 칭호를 부여했다. 예를 들면, 폼페이우스 임페라토르, 카이사르 임페라토르 식으로 이름 뒤에 임페라토르가 명예 칭호로 붙는다. 공화정기에는 임페라토르가 복수형으로 많이 쓰였다. 폼페이우스 임페라토르, 키케로 임페라토르처럼 '임페라토르들'이 있었던 것이다.

임페라토르의 표기 방식을 바꾼 아그리파

임페라토르의 표기 방식에 새로운 변화를 보여 준 것은 아그리파였다. 그는 기원전 38년에 갈리아 트란스알피나 총독으로 부임하여 아퀴타니아인들의 반란을 진압했고, 라인강을 건너 게르만족을 공격해서 큰 공을 세웠다. 반면에 옥타비아누스는 섹스투스 폼페이우스와의 해전에서 큰 패배를 당해 위축되어 있었다. 옥타비아누스는 아그리파를 로마로 오게 하여 기원전 37년 콘술에 임명해서 섹스투스 폼페이우스와의 다음 전쟁을 준비하게 했다. 로마에 온 아그리파는 자신의 주군 옥타비아누스가 패전의 아픔을 겪을 때 자신에게 주어진 임페라토르 칭호와 개선식의 영예를 거절하고 오히려 갈리아 전쟁에서 얻은 승리를 옥타비아누스에게 돌렸다. 아그리파는 화폐를 발행할 때 '카이사르 임페라토르'가 아니라 '임페라토르 카이사르'로 새김으로써 임페라토르 사용의 새로운 용례를 보여 주었다.[4]

4——— 옥타비아누스가 카이사르 가문에 입양된 후에는 그를 카이사르로 부르곤 했다.

전쟁에서 승리했다고 해서 옥타비아누스의 수하에 있는 사람이 개선식을 하면 주군은 뭐가 되겠냐는 것이었다. 그래서 '나는 주군 밑에서 일하는 부하일 뿐이다'라며 모두 거절하고, 이후 주화를 발행할 때 '임페라토르 카이사르'라고 쓰기 시작했다. 즉 '이제부터는 카이사르만이 임페라토르'라는 뜻이다. 이런 관행을 아그리파가 처음으로 시작했다. 다시 말해 이제부터 누군가 전공을 세워도 그 전공은 황제, 즉 일인자에게 돌아간다는 것이다. 어찌 보면 맞는 말일 수도 있다. 그 황제 밑에서 모든 일이 일어나기 때문이다. 이런 뜻에서 임페라토르 카이사르라는 표현이 나온 것이다. 이후로는 로마에서 누가 전공을 세워도 그의 이름 뒤에 임페라토르라는 명예 칭호를 붙이는 일은 없어졌다.

카이사르

황제를 뜻하는 보통명사 '카이사르'는 '가이우스 율리우스 카이사르'에서 나온 표현이다. 앞서 말한 것처럼 이 이름의 뜻은 '율리우스 씨족 카이사르 가문의 가이우스'다. 한편 옥타비우스의 원래 이름은 '가이우스 옥타비우스'였고, '옥타비우스 가문의 가이우스'라는 뜻인데 씨족 이름이 없다는 것은 그가 전통 귀족 가문 출신이 아니라는 것을 보여 준다. 그러다가 카이사르 가문에 입양된 후 이름 뒤에 옥타비우스 집안 출신임을 암시하기 위해 '가이우스 율리우스 카이사르 옥타비아누스'라고 개명했다. 그는 자신이 카이사르로 불리는 것을 가장 좋아했다. 반면 미천한 출신이 드러나는 것을 싫어해서 옥타비우스라는 이름은 공식적인 이름에서 점차 사라졌다. 그럼에도 불구하고 '옥타비우스'나 '옥타비아누스'라는 이름은 그가 일인자가 되기

로마의 캄푸스 마르티우스에 있는 아우구스투스 대능원.

전 삼두정기나 내전 중에 그의 출신 배경을 끄집어내어 조롱하고자 하는 정적이나 공화파가 주로 사용했다.

아우구스투스

다음으로 '아우구스투스'라는 표현은 원로원이 준 것이므로 그야말로 자랑스러운 칭호. 종신 독재관인 카이사르도 못 받은 칭호이니 아우구스투스라는 말이 얼마나 자랑스럽겠는가. 어찌되었던 임페라토르, 카이사르, 아우구스투스 등은 전부 황제를 지칭하는 말이 된 것이다. 그래서 어느 때는 아우구스투스로, 어느 때는 카이사르로, 어느 때는 임페라토르로 단독으로 부르거나, 또는 서로 섞어 가며 제국의 일인자 옥타비아누스를 호칭했다.

아우구스투스 대능원의 건설

아우구스투스가 공화정과 단절하고 황제 정치를 시작하려 했다는 것은 임기 초반부터 황실 무덤과 후계자 선정에 큰 관심을 기울였다는 것을 보면 알 수 있다. 그는 기원전 28년에 로마 성 밖 마르스 들판(Campus Martius)에 대규모의 황실무덤을 만들기 시작했는데 이는 훗날 아우구스투스 대능원(Mausoleum Augusti)으로 명명되었다. 고대인들은 무덤이 그 사람의 생존 시 위상과 지위에 비례해야 한다고 생각했다. 그런 점에서 아우구스투스는 치세 초반부터 무덤 건축에 큰 공을 들였다. 오늘날 남아 있는 아우구스투스 대능원은 외관이 많이 파괴되어 보잘것없지만 당시에는 웅장한 위용을 자랑하는 건축물이었다. 이 거대한 무덤은 나중에 밝혀지듯이 황제 자신만의 무덤이 아니었고 황실 구성원들이 함께 안장될 무덤이었다. 아우구스투스가 죽기 전 기원전 25년 사위 마르켈루스를 시작으로 해서 죽은 황실 가족들의 유해, 그리고 후임 황제들의 유해 (98년에 죽은 네르바 황제까지)가 화장되어 봉안되었다. 그는 카이사르처럼 갑자기 죽게 될 경우를 걱정했던 것 같다.[5] 다행히 카이사르가 유서에 후계자이자 양자로 옥타비우스를 지명했기에 일인자의 자리에 오를 수 있었지만 자신은 기원전 28년부터 거대한 무덤을 지음으로써 후대를 대비한 것이다.

마우솔레움

아우구스투스 대능원에서 능원(陵園)은 "왕이나 왕비의 무덤인 능(陵)과 왕세자나 왕세자빈 같은 왕족의 무덤인 원(園)을 통틀어 이르는 말"이다. 이 능원의 어원이 된 '마우솔레움'은 고대 세계 7대 불가사의의 하나로 소아시아 서남쪽의 항구도시 할리카르나소스(현재 터키의 보드룸)에 있던 마우솔로스의 무덤에서 나온 말이다. 마우솔로스는 소아시아 서부의 카리아 지역을 통치하던 페르시아 제국의 태수였다. 그가 기원전 353년에 죽자 그의 누이이자 아내였던 아르테미시아 2세가 남편을 위해 높이 45미터에 달하는 거대하고 아름다운 무덤을 만들어서 그를 기념하려 했다. 때문에 마우솔로스의 무덤, 즉 마우솔레움으로 불리게 되었다. 남편이 죽은 뒤 2년 만에 완공되었는데, 그즈음에 죽은 그녀도 함께 묻혔다. 마우솔레움은 피라미드를 제외하면 가장 거대한 규모의 무덤이었기 때문에 고대 세계 7대 불가사의에

마르켈루스 극장. 이 극장은 원래 카이사르가 살아 있을 때 만들기 시작했지만 갑작스러운 죽음으로 아우구스투스가 기원전 13년에 완공했다. 아우구스투스가 기원전 23년에 죽은 조카이자 사위였던 마르켈루스를 기념하는 마음으로 그에게 헌정했기 때문에 마르켈루스라는 이름이 붙게 되었다.

5—— 기원전 44년 폼페이우스 회랑에서 모살된 카이사르의 시신은 로마 광장에서 화장되어 사라졌다. 기원전 42년 2차 삼두정이 출범하면서 옥타비아누스는 로마 광장 베스타 신전 옆에 카이사르 신전과 제단을 세워 양부를 기념했다.

들어갈 수 있었고, 이후에 '마우솔레움'은 거대한 무덤을 지칭하는 보통명사로 쓰이게 되었다. 마우솔레움에 대해 영묘(靈廟)라는 일본식 번역 용어가 많이 쓰이고 있지만 무덤에 안치된 자들은 왕이나 황제뿐만 아니라 그 가족들, 또는 후계자들을 포함하기 때문에 '대능원' 또는 '대능'으로 번역하는 게 좋다.

외동딸 율리아와 조카 마르켈루스의 혼인

권력의 승계에 대한 철저한 준비는 기원전 25년에 조카를 외동딸과 혼인시킴으로써 노골적으로 드러났다. 카이사르처럼 아우구스투스도 아들 없이 딸만 한 명 있었다. 그래서 본인이 살아 있을 때 외동딸을 혼인시켜 사위 또는 외손자를 입양하는 방식으로 후계자를 준비시켰다. 첫 번째 사위 마르켈루스(Marcellus)는 누나 옥타비아의 아들, 즉 조카였다. 그런데 2년 만인 기원전 23년에 그가 병사했다. 아우구스투스가 조카였던 마르켈루스에게 얼마나 많은 기대를 했었는지는 기원전 13년에 티베리스 강변에 완공된 극장의 이름을 죽은 마르켈루스를 기념해서 마르켈루스 극장(Theatrum Marcelli)으로 명명한 것에서도 잘 알 수 있다.

율리아의 재혼, 아우구스투스 친구 아그리파와의 재혼

아우구스투스는 사위가 죽자 과부가 된 딸을 기원전 21년에 자신을 일인자의 자리에 앉게 한 최측근인 아그리파와 재혼시켰다. "아그리파가 없으면 악티움도 없다"는 말이 있을 정도로 아그리파의 군사적 공로는 절대적이었다. 그러면서도 철저히 몸을 낮추고 2인자의 자리를 지키던

42세의 아그리파를 사위로 삼기 위해 멀쩡한 가정을 해체하고 18세의 딸과 재혼하게 한 것이다. 그 사이에서 5명의 아이가 태어났고, 그들은 율리우스-클라우디우스 황가의 중요한 인적자원이 되었다. 아우구스투스는 외손자 가운데 가이우스와 루키우스를 양자로 삼아서 각각 가이우스 율리우스 카이사르, 루키우스 율리우스 카이사르로 명명하면서 후계 구도를 든든히 했다. 아그리파야 워낙 충성을 하고 있고, 그의 두 아들까지 입양했으니 완벽한 후계 체제를 구축한 것이다. 혹시 자기가 죽어도 아그리파가 두 양자를, 사실은 자신의 친자들을 보호할 것이니 말이다. 또한 아그리파는 비천한 가문 출신이었으므로 그가 아들을 밀어내고 스스로 권력을 잡지 않을 것도 확신했다. 그러나 이런 아우구스투스의 예상은 완전히 빗나갔다. 기원전 12년에 아그리파가 자기보다 먼저 죽고 만 것이다.

율리아의 세 번째 결혼, 의붓아들 티베리우스

아우구스투스는 마지막 카드를 쓸 수밖에 없었다. 기원전 11년에 티베리우스(Tiberius)와 자신의 딸 율리아를 세 번째로 결혼시킨 것이다. 후계구도를 확실히 하기 위해 그가 얼마나 집념이 강했는지를 알게 해준다. 아그리파는 두 번 결혼했는데, 첫 번째 결혼에서 낳은 딸인 빕사니아(Vipsania)의 남편이 티베리우스였다. 그는 빕사니아와 행복하게 잘 살고 있었는데 아그리파가 죽자 티베리우스와 빕사니아를 이혼시키고 티베리우스를 율리아와 강제로 혼인시킨 것이다. 티베리우스나 율리아 모두 원치 않는 결혼이었다. 실은 티베리우스는 아우구스투스의 의붓아들로서 자신의 측근이긴 했지만, 아우구스투스는 이상하게도 의붓아들에 대한 애정이 없었다. 그래서 율리아를 처음에 조카 마르켈루스와 결혼시켰고, 그가 죽자 자기 친구와 재혼시켰는데, 결국 아그리파마저 죽자 더 이상 대안이 없어 피하고자 했던 마지막 카드를 사용하게 된 것이다.

티베리우스가 더 불쾌했던 것은 아우구스투스가 자신을 아그리파의 두 아들, 즉 가이우스 카이사르와 루키우스 카이사르의 후계구도를 지켜 주는 일종의 보호막 정도로 이용하려 했기 때문이다. 그러나 이러한 아우구스투스의 처절한 바람에도 하늘은 돕지 않았다. 루키우스와 가이우스가 차례로 죽었기 때문이다. 결국 서기 4년에 아우구스투스는 티베리우스를 양자로 삼았고, 서기 14년, 아우구스투스가 죽었을 때 티베리우스가 제위를 계승하게 되었다. 그가 바로 신약성경(눅 3:1)에 나오는 티베리우스(디베료) 황제다.

아우구스투스의 원수정

아우구스투스가 권력을 장악하는 과정은 로마 제정의 출발이 되었다. 공화정이 몰락하고 제정이 시작된 것이다. 사실 아우구스투스가 자신을 사람들에게 각인시키고자 했던 것은 '제1시민'이란 뜻의 '프린켑스'(Princeps Civitatis)였다. 프린켑스는 '원수'(元首)로 번역되고, 아우구스투스의 정치체제인 '프린키파투스'를 '원수정치' 혹은 '원수정'이라 부른다. 원수정은 포괄적으로는 제정에 포함된다.[6] 황제 정치의 초반부를 원수정이라 부르는 이유는, 아우구스투스가 자신은 시민일 뿐이고, 단지 시민 중에 첫 번째 시

---

6 —— 제정 시대는 기원전 27년에 아우구스투스부터 시작되는 원수정(프린키파투스: 프린켑스의 체제)과 서기 284년 디오클레티아누스부터 시작되는 전제정(도미나투스: 도미누스의 체제)으로 나뉜다.

민이라는 개념으로 자신을 사람들에게 인식시키려고 했기 때문이다. 공화정은 왕을 몰아내고 등장한 정치 체제였기에 로마 사람들에게 왕은 가장 듣기 싫은 호칭이었다. 그래서 공화정을 연 브루투스가 '우리는 더 이상 왕을 두지 않는다'라고 한 것이다. 그라쿠스 형제, 특히 티베리우스가 개혁을 추진할 때 받은 가장 큰 비난이 바로 '티베리우스가 왕이 되려 한다'는 것이었다.

공화정의 회복?

아우구스투스는 '나는 프린켑스다. 그리고 나는 공화정을 회복한 사람이지, 왕이 아니다'고 주장했다. 실제로 그는 조상들이 맡은 직책 외에는 어떤 관직도 취하지 않았다. 콘술이나 호민관 같은 것들은 이미 조상들 때부터 있던 것이다. 다만 그가 혼자서 관직 없이 여러 권한을 동시에 가지고 있다는 점이 특이했다. 그래도 그가 새로 만든 것은 하나도 없었다. 그래서 당시에 그를 호의적으로 평가한 사람들은 공화정의 원래 모습이 되살아났다고 보았다. 즉 공화정이 회복되었다고 본 것이다.

양두체제

19세기 독일 역사가 몸젠(Theodor Mommsen)은 '공화정의 회복'은 잘못된 표현이며, '양두체제'(Dyarchie), 즉 '원로원과 프린켑스의 공동통치'로 보아야 한다고 주장했다. 기원전 27년에 속주를 둘이 나눠 갖지 않았는가. 그래서 편의상 원로원 속주와 황제 속주로 불렀는데, 황제 속주의 경우 10년 동안 아우구스투스에게 맡긴다고 했지만 실제로 그 뒤에 일부 작은 속주 정도를 제외하고는 다른 속주들을 돌려주었단 얘기가 없고 통치권도 계속 연장하면서

에페소스에서 기원전 20년에 주조된 은화. 앞면에는 "임페라토르 카이사르 디비 필리우스(신의 아들) 로마 인민의 자유의 옹호자"(IMP CAESAR DIVI F COS VI LIBERTATIS P R VINDEX)가, 뒷면에는 평화의 여신(Pax)이 새겨져 있다. 이처럼 아우구스투스는 '자유의 옹호자', '평화' 등의 단어를 상투적으로 사용했다.

죽을 때까지 가지고 있었다. 결국 로마제국을 원로원과 황제가 나눈 것이므로 공화정도 1인정도 아닌 양두체제라고 주장한 것이다.

군주정

그러나 로마 시대 역사가 타키투스(Tacitus)나 카시우스 디오(Cassius Dio) 그리고 계몽주의 시대의 에드워드 기번(Edward Gibbon) 같은 사람들은 모두 '공화정의 회복은 말도 되지 않는다, 그리고 무슨 양두체제인가, 이건 일인자가 통치하는 군주정이다'라며 공화정기의 자유는 끝났고 이때부터가 황제의 통치라고 주장했다. 그렇다면 황제 통치가 500여 년 동안 유지된 비결은 무엇일까?

 아우구스투스 체제와 팍스 로마나

팍스 로마나

우리는 앞에서 공화정에서 아우구스투스의 원수정으로의 이행 과정을 알아보았다. 로마는 그라쿠스 형제 개혁이 실패로 돌아간 뒤 1세기 이상 정치적 혼란을 거듭했다. 마리우스와 술라의 권력 투쟁, 폼페이우스와 카이사르의 내전, 카이사르의 독재와 몰락, 옥타비아누스와 안토니우스의 내전 등을 거치면서 공화정 체제, 즉 '원로원과 로마 인민' 체제는 많은 비효율성과 무능을 드러냈다. 따라서 내전의 최후 승자가 된 아우구스투스는 평화와 안정에 대한 로마 인민의 바람을 누구보다 잘 인식했고, 그 기대에 부응했다. 아우구스투스 체제의 성공 비결은 바로 지중해 세계에서 '로마 인민의 자유'를 회복하고 '팍스 로마나'(Pax

Romana), 즉 '로마의 평화'를 가져다주었다는 데에서 찾을 수 있다.[7]

　　이처럼 아우구스투스는 자신의 체제를 선전하면서 '국부', '자유의 옹호자', '평화' 등 몇몇 단어들을 상투적으로 활용했다. 아우구스투스의 후계자 티베리우스도 자신의 양부이자 전임 황제 아우구스투스의 권위를 전면에 내세워 자신의 권력을 정당화하는 데 활용했다. 옆의 금화 앞면을 보면 "카이사르 아우구스투스 디비 필리우스 파테르 파트리아이"(CAESAR AVGVSTVS DIVI F PATER PATRIAE)라고 새겨져 있다. '파테르 파트리아이'라는 말은 '국부'라는 뜻이다. 뒷면에는 '티베리우스 카이사르, 아우구스투스의 아들, 15차 호민관의 권한 보유자'(TI CAESAR AVG F TR POT XV)라고 되어 있다. 즉 티베리우스도 권력을 잡은 후에는 아우구스투스를 끌어들여 자신의 권력의 정통성을 선전했다.

팍스 로마나의 실상, '빵과 서커스'

　　그렇다면 '로마의 평화' 또는 '아우구스투스의 평화'의 실상은 무엇이었을까? 그것은 결국 빵 문제와 직결되었다. 우선은 먹고살아야 한다는 것이다. 바로 '빵과 서커스'라는 유명한 이야기인데, 이제 로마 인민은 자유 같은 것에는 별로 관심이 없고, 오직 빵과 서커스만 기다리게 되었다. 이것을 설명하는 '파니스 에트 키르켄세스'(panis et

서기 13-14년경 발행된 아우구스투스와 티베리우스의 조각상이 새겨진 금화. 월계관을 쓴 아우구스투스와 사두마차를 탄 티베리우스의 모습이 주화 앞뒤에 새겨져 있다.

---

7 ── '팍스 로마나'라는 개념은 서기 1-2세기 지중해 세계를 평정했던 로마 지배 하의 국제 질서를 말한다. 이후 13-14세기 팍스 몽골리카, 16세기 말-17세 초 팍스 히스파니카, 19세기부터 20세기 초까지 팍스 브리타니카, 20세기 중반 이후부터 오늘날까지 지속되는 팍스 아메리카나 등 강력한 제국 통치 하의 국제 질서를 뜻하는 용어들이 세계사 속에서 이어지고 있다.

circenses)라는 말이 있다. '키르켄세스'는 곡마단을 뜻하는 '서커스'가 아니라 '전차 경주'라는 뜻이고, '파니스'는 '빵'을 뜻하는 라틴어다. '빵과 서커스'만 기다린다는 것이다. 전차 경주는 당시 로마인들의 커다란 오락거리였다. 이는 영화 〈벤허〉에 잘 묘사되어 있다. 빵을 주고 전차 경주를 보여주면 로마 시민으로서는 더 부족할 게 없었다. 이제 대부분의 로마 시민은 자유와 같은 것은 크게 개의치 않았다. 결국 로마의 평화는 그들이 요구하는 빵과 서커스를 누가 채워주는가에 달려 있었다. 이를 원로원이 채워 줬다면 계속 공화정이 유지되었겠으나 그렇지 못했던 것이다.

내전의 최후 승자, 아우구스투스

그라쿠스 형제의 개혁이 실패로 돌아가고 내전이 발발해 로마 군대끼리 서로 싸웠다. 로마 군대가 서로 싸웠다는 것은 많은 로마인이 동족상잔의 비극으로 죽었다는 뜻이다. 안토니우스 편에 섰다든가, 혹은 폼페이우스 편에 섰다면 목숨을 부지하지 못했을 것이다. 그들은 왜 싸워야 했나. 누군가 권력을 잡기 위해서였다. 그리고 결국 옥타비아누스가 권력을 쟁취했다. 그렇게 더 이상 싸울 일이 없어지고 평화가 왔다. 그러나 거기서 끝나면 안 되었다. 그라쿠스 형제가 해결하려고 했던 먹는 문제를 해결해 줘야 했다. 그것을 옥타비아누스가 해결했다. 식민시도 건설하고, 군대를 해산해서 군인을 정착시켰다. 그리고 검투사 경기나 전차 경주 등으로 시민들을 즐겁게 해주었다. 더 이상 바랄 게 없어진 것이다. 아우구스투스의 제정은 그래서 500년의 역사 속에 다시 일어설 수 있었다. 이제 로마 시민들은 '왜 공화정의 자유가 훼손되었는가'라고 묻지 않았다. 이런 질문을 던질 수 있는 사람은 이미 모두 제거되었다. 아우구스투

스만 바라보면서, 로마의 평화를 향유하면서 살아갔던 것
이다.

맺음말

아우구스투스에 의해 로마는 공화정 시대를 마감하고 제정 시대를 맞게 되었다. 내전은 끝나고 로마의 평화가 지중해 전역으로 확산되었다. 평화와 함께 로마인들은 '빵과 서커스' 정책으로 즐거운 시간을 보낼 수 있었다. 속주민들도 더 이상 로마 군대끼리 싸우는 전쟁의 비극을 자기 땅에서 보지 않아도 되었다. 그러나 그 대가로 인민의 자유도, 원로원의 권위도 상실했다. 아우구스투스는 '공화정의 회복'을 외쳤지만 그것은 강력한 일인자의 지도력 앞에서 공허한 메아리일 뿐이었다. 공화정은 몰락했고 모든 눈이 황제만 바라보게 되었다.

로마 종교와
유대교·그리스도교

6

들어가는 말

로마인들은 지중해를 '우리 안에 있는 바다'(Mare Internum Nostrum)라고 불렀다. 오늘날 지중해는 유럽, 아시아, 아프리카에 걸쳐 있기에 어느 한 나라가 소유권을 주장할 수 없는 공공의 바다다. 하지만 로마는 지중해에 접한 세 대륙을 모두 차지했으니 지중해를 '우리 바다'라고 말해도 누가 감히 이의를 제기할 수 없었던 것이다. 그처럼 광대한 제국을 건설한 로마인들의 종교는, 유대교에서 갈라져 나와 로마제국에서 박해를 받다가 4세기에 와서야 공인받고 4세기 말에 로마 국교가 된 그리스도교와 어떤 차이가 있는가? 이번 장에서는 크게 대립되고 비교되는 두 문명의 종교관에 대해 알아보자.

너무나 인간적인 로마인의 종교

동서고금을 막론하고 인간은 태어나면 죽게 마련이다. 따라서 현세를 살아가는 인간은 이 땅에서의 삶이 영원하지 않다는 것을 알고, 늘 죽음과 사후세계에 대한 인식이 있었다. 그뿐만 아니라 현재 일어나는 일들 중 인간의 통제 밖에 있는 사건들이나 현상들과 관련된, 죽지 않으면서 자연현상이나 인간사에 관여하는 초인간적인 존재, 즉 신에 대한 인식도 있었다. 로마인들이 특히 그러했다. 인간이 '죽을 운명을 타고난'(mortalis) 존재라면 신은 '죽지 않는'(immortalis) 존재였다. 이성적이고 합리적인 사상 체계를 발전시킨 그리스인들도 개인적으로나 국가적으로 신들을 숭배했다. 그러나 로마인들은 그리스인들보다도 더 종교적인 사람들이었다.

인간사에 관여하는 신들

로마인들은 우선 인간보다 우월한 존재인 신들이 많다고 믿었다. 그리고 자연 세계나 인간의 사회적 활동, 그리고 다른 나라와의 관계 같은 인간의 모든 삶에 신들이 관여한다고 생각했다.

오늘날은 농업이 차지하는 비율이 높지 않지만 산업혁명 이전에는 동양과 서양을 막론하고 대부분이 농업사회였다. 한 해 농사의 성패는 씨를 뿌리고 가꾸는 농민의 노력뿐만 아니라 적절한 때에 적당한 비가 내리고 필요한 만큼 햇빛이 비추어야 풍년이 가능한데, 로마인들은 그 모든 농사의 단계마다 신들의 가호가 필요하다고 생각했다. 또한 상업·수공업 등 여러 직업 활동에도, 심지어 시인들이

시를 쓰고 작품 활동을 하는 데도 신들의 도움이 절대적이라고 생각했다. 서로 경쟁하는 운동을 할 때에도 내 능력으로 우승하는 것이 아니라 신이 도와주어야 우승할 수 있다고까지 생각했다.

물론 이런 종교적 태도는 로마인에게만 해당하는 것은 아니다. 현대인들도 어떤 면에서 큰 차이가 없다. 프로축구 선수들이 경기장에 나갈 때 저마다 자기가 믿는 종교에 따라 기도하는 모습을 종종 볼 수 있다. 어쨌든 로마인들은 가정에도 신이 있고 마을에도 신이 있고, 국가에도 다스리고 보호하는 신이 있다고 생각했다. 곳곳에 신들이 인간의 삶 속에서 공존하고 있다고 생각했던 것이다. 국가 간의 분쟁, 즉 전쟁도 신이 개입한다고 믿었다. 즉, 로마인들은 항상 신을 생각했던 것이다.

인간의 참된 행복은 '신들과의 평화'

그러다 보니 신들과의 갈등도 고려 대상이 될 수밖에 없었다. 인간의 행복과 불행에는 노력이나 능력도 필요하지만 신들과의 관계가 더 중요하다는 인식이 있었다. 나는 열심히 하는데 신들이 도와주지 않으면 아주 불행한 결과가 온다고 여긴 것이다.

이런 사고방식에서 로마인들의 아주 독특한 개념인 '팍스 데오룸'(pax deorum: 신들과의 평화)이 나왔다. 앞 장에서 우리는 '로마의 평화'에 대해 알아보았다. 로마는 처음에는 작은 나라였다. 옆 지방인 에트루리아의 지배도 받았지만 나중에 힘이 생겨서 팽창을 시작했다. 서로의 힘이 비슷할 때에는 전쟁을 해서 이겨야 했다. 그런데 차츰 적이 없어지면서 싸울 일도 없어졌다. 로마가 워낙 강하니 상대는 아예 싸울 생각을 하지 않았다. 그 질서가 평화였다. 그냥 로마 밑에서 로마의 질서에 따르는 것이다. 로마의 평화는 힘의 균형이 깨져서, 로마 앞에 감히 경쟁할 수 있는 대상이 없는 상태였다. 그러나 로마인들은 강력한 국가를 통한 평화에 멈추지 않고, 신들과의 관계를 잘 유지해야 참 평화가 온다고 생각했다.

인간의 불행, '신들의 분노'

진짜 문제는 '팍스 데오룸'이 아니었다. '신들과의 평화'를 추구해야 하지만, 진짜 로마인들이 걱정하는 것은 '이라 데오룸'(ira deorum)이었다. 즉 인간이 '신들의 분노'의 대상이 되는 것이다. 그렇다면 언제 인간이 신들의 분노의 대상이 되는가? 신화에서도 그렇고 실제 역사 속에서도 신들을 잘 예우하지 않을 때다. 예를 들어, 인간이 자신의 분수를 알아야 하는데, 인기가 있고 능력이 많다고 신들을 우습게 보고 주제넘은 짓을 하면서 신들에게 제사도 지내지 않고 신들을 무시하는 태도를 보일 때다. 로마인들은 신들이 그런 인간을 가만두지 않고 반드시 응징하고 벌을 준다고 생각했다. 그래서 로마인들은 '신들의 분노'를 가장 두려워했다. '신들과의 평화'까지는 못 가더라도, 신들을 분노하게 해서는 안 된다고 생각했던 것이다. 신들과의 관계를 잘 유지해야 개인도 행복할 뿐만 아니라 국가공동체, 나아가 그 시대가 평화로운 시대가 된다고까지 생각했다.

전통적인 로마의 토착신들

로마인들은 여러 종류의 신을 신봉했다. 우선 전통적인 토착신이 있었다. 토착신들은 로마 초기부터 가정이나 로마인들이 살고 있는 고향에서 계속 숭배되어 오던 신들이다. 로마 초기 사회에서 숭배하던 신들은 일종의 정령

(numen)으로 불렸다. 반면에 그리스인들은 신인동형론이라고 해서 신들도 인간의 형태를 가지고 있다고 생각했다. 그래서 인간의 모습을 한 신들의 형상을 만들어 숭배했다. 그리스 신화를 보면 신들이 얼마나 인간적이고, 인간 정서와 비슷한지 잘 드러나 있다. 그리스 문화의 영향을 많이 받았지만 초기 로마에서는 인간의 모습을 한 신들이 아니라 만물에 깃들어 있는 신령한 기운인 정령들을 숭배했다. 이 정령들이 인간의 가정과 마을, 도시 곳곳에 있다고 보았다.

트로이에서 물려받은 로마인들의 종교성

로마인들이 집안에서 중시했던 신은 페나테스와 케레스다. 페나테스는 가정에서 창고나 찬장을 돌보는 신이다. 찬장이나 창고는 인간의 가장 원초적인 문제인 식량을 보관하는 곳이기 때문에 중시했던 것 같다. 페나테스는 트로이전쟁 이후 로마의 기원을 설명하는 베르길리우스의 《아이네이스》 2권에 나온다. 트로이에서 탈출하는 긴박한 상황에서 아이네아스와 아버지 안키세스가 대화를 나눈다.

> 아버지께서는 성물들과 조상 대대로 모시던 페나테스 신들을 팔에 잘 안으세요. 저는 전쟁터에서 막 떠나온 터라. 흐르는 물에 목욕하기 전에는 그것을 만질 수가 없습니다.

이 대목을 르네상스 이후 서양 근대 예술가들은 조각이나 그림에 생생하게 담았다. 17세기에 나온 베르니니의 조각 작품 '아이네아스, 안키세스, 아스카니우스'를 보면 아이네아스는 아버지 안키세스를 어깨 위에 둘러 업고 성급히 나오고 있고, 아들 아스카니우스가 바로 뒤따르고

있다. 아들의 어깨 위에 있는 안키세스는 가정의 수호신인 페나테스를 들고 있다. 찬장의 신으로 출발한 페나테스는 가정의 수호신을 상징했다. 아들 율루스(아스카니우스의 다른 이름)는 집안의 신성한 불을 모시는 등잔을 가지고 있다. 긴박한 탈출의 순간에도 아버지와 아들과 손자 삼대가 수호신상을 소중하게 쥐고 있는 모습은 이후 로마 역사에서 수호신을 포함한 신들을 소중하게 모시는 전통으로 연결되었을 것이다. 즉 가정이 행복하려면 페나테스를 잘 섬겨야 한다는 의식이 있었던 것이다. 가정의 수호신은 이름도 여러 가지였다. 라레스라는 가정의 신도 있었다. 라레스는 특히 조상의 영혼이 후손들의 삶에 영향을 끼친다고 생각했다. 우리가 조상의 신줏단지를 소중하게 여긴 것과 비슷하다.

〈아이네아스,
안키세스,
아스카니우스〉,
베르니니 작.

농사 관련 신들

농작물 생산과 관련된 신도 많았다. 케레스 신은 곡물의 신이다. 밀이나 보리 농사를 관장한다. 우리로 치면 벼농사를 관장하는 신인 셈이다. 꽃을 관장하는 플로라[1] 신, 열매를 관장하는 폼모나 신 등 특정 시기, 특정 상태를 특별히 돌보는 신도 있다.

야누스 신

문의 신인 야누스는 양쪽을 보는 두 개의 얼굴로 형상화되어 있다. 문은 한 공간에서 다른 공간으로 이동하는 통로 가운데 있다. 이러한 문처럼 공간을 나누고 그 사이를 관장하는 일이 야누스의 역할이다. 도시에서 농촌으로 가는 것, 자기 집에서 거리로 나가는 것 등과 같이 물리적

1——— 영어로 꽃을 뜻하는 'flower'는 플로라(Flora) 신의 이름에서 나온 말이다.

인 공간을 넘어갈 때가 야누스의 영역이다. 또한 전쟁에서 평화로의 이동, 평화에서 전쟁으로의 변화를 관장하는 것도 야누스다. 전쟁을 하다가 평화가 임하는 것도 상태의 변화로 본 것이다. 전쟁 중에는 야누스 신전의 문이 항상 열려 있었고 전쟁이 끝나 평화가 임하면 야누스 신전의 문을 닫았다. 또한 시간의 변화도 야누스가 관장했다고 여겼다. 그래서 12월이 지나고 새해가 오는 것도 상태가 변하는 것으로 보고 1월을 '야누스의 달'이란 뜻의 'Ianuarius'(영어로 January)로 불렀다.

그리스도교 국교화 이후 페나테스, 라레스 숭배 금지 조치

이런 전통은 로마가 그리스도교를 공인해 그리스도교가 널리 퍼졌는데도 관행으로 계속 자리를 잡았다. 그래서 테오도시우스 황제는 391년에 그리스도교 국교 선언 후 라레스와 페나테스에 대한 가정 제례를 금지시켰다. 전통적으로 해오던 중요한 종교 의식을 금지시킨 것이다.

올림피아 제전 금지 조치

이 연장선에서 올림픽 경기도 금지시켰다. 고대 올림픽은 그리스인들이 모여 운동 경기를 통해 서로의 기량을 경쟁하던 장이지만 제우스에게 제사를 드리는 행위이기도 했다. 지금도 올림픽 개최 전에 올림피아에서 채화한 성화를 주최국으로 가져가서 올림픽 경기가 끝날 때까지 불을 밝힌다. 올림피아는 그리스 남쪽 펠로폰네소스 반도 서북쪽에 있는데, 그곳의 헤라 신전 앞에서 하얀 옷을 입은 헤라 여신의 여사제들이 채화한 불을 성화라고 한다. 앞서 본 것처럼 베르기니의 작품 《아이네아스》에도 아들 율루스가 꺼뜨리면 안 되는 등잔을 고이 들고 있었다. 중요한 성물이

올림피아 헤라 신전.
신전 앞에서 올림픽
성화가 채화된다.

었던 것이다.

그래서 우리나라의 보수적인 그리스도교 일각에서는 성화 봉송을 반대한 적도 있었다. 종교 행위의 연장선상이라고 보았기 때문이다. 물론 오늘날 올림픽에 나가는 선수들은 아무도 '제우스를 기념하러 간다'는 생각을 하지 않는다. 그러나 이 전통의 뿌리는 그리스의 종교 행위에 있는 것이다.

테오도시우스 황제의 페나테스에 대한 가정 제례 금지는 지금으로 말하면 우리나라가 그리스도교를 국교로 삼은 뒤 모든 제사를 금지한 것과 비슷하다. 황제가 금지한 것이라도 민간에서 오랫동안 행해지던 종교 의식이 하루아침에 사라지지 않는다. 그리스도교인들은 하지 않았겠지만, 로마의 전통 신앙에 익숙한 사람들은 의식적으로, 또 무의식적으로 그런 믿음과 의식을 가지고 살아갔을 것이다. 이런 갈등은 그리스도교가 등장하면서 예견된 것이었다.

로마 전통 신관을 비판한 아우구스티누스

로마인은 신들이 끊임없이 인간사에 관여하고 있다고 생각했다. 거기에 '신들과의 평화'나 '신들의 분노' 같은 개념 때문에 잘 살기 위해서는 신과 정령을 숭배하지 않을 수 없었던 것이다. 아우구스티누스는《신국론》에서 이런 로마인의 신관을 비판했다.

로마인들은 심지어 전답의 일거리도 어느 한 신에게만 맡길 수 없다고 생각했다. 그래서 농지는 루사나 여신에게, 산 등성이는 유가티누스 신에게, 구릉은 콜라티나 여신에게, 계곡은 발로리아 여신에게 주관하게 했다. 그들은 농작물을 놓고도 세게티아 여신에게만 모든 작물을 맡길 수가 없

었다. 밀을 심고서 아직 땅속에 있을 동안 세이아 여신이,
땅 위로 솟아나서 낟알을 맺을 때에는 세게티아 여신이, 밀
을 거두어서 곳간에 쌓은 다음에는 안전하게 간수하라는
뜻에서 투틸리나 여신이 주관하게 했다. 낟알이 새순부터
시작하여 이삭으로 여물 때까지 저 세게티아 여신만으로
넉넉하지 않겠는가.[2]

로마인들의 생각처럼 이 많은 신을 일일이 다 숭배하
고 만족시키는 것이 가능하겠는가? 아우구스티누스는 이
런 로마인의 다신주의를 어리석다고 비판한 것이다.

외래 신들의 수용

문제는 여기서 끝나지 않았다. 당시 지중해 세계의
민족들은 대부분 저마다 고유의 신을 믿는 다신교 전통을
가지고 있었는데, 로마가 이탈리아 반도를 넘어 지중해 세
계로 팽창하면서 다양한 외래 신이 로마로 들어오게 되었
다. 그리스 외에도 소아시아나 팔레스타인, 이집트, 페르시
아 등 동방 지역에서 많은 신이 로마로 들어왔다. 지금의 터
키 땅인 프리기아에서 키벨레, 이집트에서는 이시스와 세
라피스, 페르시아에서는 미트라 신이 들어왔다. 그리스도
교 역시 로마인 입장에서 보면 이들은 동방에서 유입된 여
러 종교 중 하나일 뿐이었다. 로마가 지중해 세계의 중심이
다 보니 이는 자연스러운 현상이었다. 로마가 농경사회 일
대를 넘어서는 규모로 커지고 생활도 확장되니 로마의 전
통적 신들과 외래 신들이 만나면서 더욱 복잡한 양상을 띠

2—— 아우구스티누스, 성염 역,《신국론 제1-10권》, 443쪽, 분도출판사, 2004.

게 된 것이다.

올림포스 12신의 로마화

로마인들은 유피테르 신을 하늘과 천둥의 신으로 숭배했는데, 제우스를 주신으로 하는 올림포스 12신 계보가 들어오자 유피테르와 제우스를 동일시하기 시작했다. 마르스는 농경의 신이었는데 로마에 들어오면서 전쟁의 신으로 자리매김했다. 왕정 말기 에트루리아의 지배를 받으면서 유노는 제우스의 아내 헤라와 동일시되었다. 이런 방식으로 그리스 신의 로마화가 진행되었다. 미네르바는 아테나 여신과 동일시되었다. 올림포스 12신의 그리스어 이름과 라틴어 이름을 같이 비교해 보면 다음 표와 같다.

그리스 올림포스 12신의 라틴어 이름

그리스어 이름	라틴어 이름
제우스	유피테르
헤라	유노
포세이돈	넵투누스
하데스	플루토
헤스티아	베스타
데메테르	케레스
아폴론	아폴로
헤파이스토스	불카누스
아르테미스	디아나
아테나	미네르바
아레스	마르스
헤르메스	메르쿠리우스

카피톨리움 언덕과 로마 광장

로마의 7언덕 중 팔라티움과 카피톨리움 언덕은 초기 로마의 중심이었다. 그중에 카피톨리움은 아테네의 아크로폴리스처럼 신성한 지역이었고, 초기에 가장 중요한 세 신을 모신 신전이 있었다. 신전 중앙에는 유피테르가 있고 양쪽으로 유노와 퀴리누스가 있었는데 후대에는 퀴리누스 대신 미네르바로 바뀌었다. 카피톨리움 아래쪽 로마 광장에는 신전들과 공공건물들이 자리를 잡으면서 정치·종교·문화 등 공공활동의 중심지가 되었다.

신전, 신들의 집

신들을 섬기는 가장 확실한 방법은 집을 지어 주는 것이다. 유피테르, 마르스, 아프로디테, 사투르누스 등 큰 신은 그들의 신전과 신상이 있었다. 그러나 다른 엄청난 수의 신 모두에게 신전을 지어 줄 수는 없었다. 그렇다고 신이 거처가 없으면 문제가 된다. 신들이 분노하면 안 되기 때문이다. 그래서 대단히 실용적이고 합리적인 로마인들은 판테온(만신전)을 지어서 소외된 신들이 없게 했다. 판테온은 로마에 남아 있는 가장 오래된 신전 중 하나인데, 명문에 아그리파가 세 번째 콘술 때(기원전 28년) 건축했다고 새겨져 있다. 판테온은 7세기부터 로마 가톨릭교회 성당으로 쓰였고, 르네상스 이후는 무덤으로 쓰였다. 성당은 사실상 무덤이라고 볼 수 있다. 유럽 여행을 하다 보면 큰 성당에는 대체로 교황과 주교 등의 석관 무덤이 즐비하다. 그럼 왜 교회당 안에 관을 보관했을까? 이것은 독특한 가톨릭의 전통으로, 이렇게 하면 성당의 권위나 명성이 커진다고 생각했기 때문이다. 판테온에 들어가면 화가인 라파엘로와 카라치, 작곡가 코렐리, 건축가 페루치, 그리고 이탈리

로마의 판테온.
로마인들은 '신들의 분노'를 피하기 위해
판테온을 지었다.

아 초대 왕 비토리오 엠마누엘레 2세와 움베르토 1세의 석
관을 볼 수 있다.

로마 종교는 국가 종교

　다신주의와 함께 로마 종교의 특징은 국가 종교
(state religion) 체제였다. 국가 차원에서 공적인 종교의식이
행해졌다는 점이다. '종교'를 뜻하는 영어 'religion'은 라
틴어 'religio'에서 나온 말이다. 이 단어를 풀어보면 're-'
는 '다시'라는 뜻이고 'ligio'는 'ligare'(매다)라는 동사 또는
'legere'(선택하다)라는 동사에서 나온 말이다. 즉 '신과 인간
을 매어주다/묶어주다/택한다'라는 뜻이다. 로마인들은 많
은 신들과 인간들이 한 덩어리로 잘 묶일 때 공동체가 유지
되고 발전한다고 생각했다. 따라서 로마의 고대 종교는 일
종의 공동체 의식이었다. 가정에서는 아버지가 가정의 중
심이었던 것처럼 국가에서는 왕이 중심이 되어 국가 제사
가 행해졌다. 왕정 시대에는 왕이 종교와 정치를 모두 독점
했기 때문이다. 공화정기에 와서 공화국(Res Publica, 국가)은
'공공의 재산'이라는 의식이 발전했고, 공동체를 잘 유지하
기 위해 개인의 지배가 아닌 법(lex)의 지배가 중요해졌다.
법에는 시민들 간의 관계를 규정하는 시민법과 신들과 인
간들의 관계를 규정하는 신법(神法)이 있었다. 로마가 팽창
하면서 종교와 함께 법이 함께 퍼져 나가면서 국가 종교적
정체성이 유지되었다.

공화정 시대, 정치와 종교의 분리

　왕정을 철폐하고 등장한 공화정 시대는 왕에게 집중
되었던 권력을 콘술이라 불린 두 명의 최고 정무관에게 1년
임기로 맡겼다. 콘술은 정치·군사적 권한은 있었지만 종교

적 권한은 대사제인 폰티펙스 막시무스에게 넘어갔다. 이렇게 종교와 정치가 분리되었다. 대사제라는 용어만 보면 마치 종교적 직능을 가진 종교인처럼 보인다. 그러나 실제로는 콘술이나 프라이토르와 마찬가지로 민회에서 선거로 뽑히는 일종의 국가 관리였다. 대사제와 많은 사제들과 신관들은 여러 종류의 제사나 종교의식을 관장했다. 정치적 역할을 하는 사람들의 임기는 1년이었지만 사제나 신관의 임기는 1년 이상이거나 종신직이었다. 그러나 로마 종교와 관련된 이들이 특별히 종교적 심성과 자격을 가진 것은 아니었다. 정해진 제사나 의식을 정확하게 관장하는 것이 그들의 역할이었을 뿐, 도덕적인 권위나 윤리적 생활이 요구된 것은 아니었기 때문이다. 다만 역할과 직능이 일반인들과 달리 종교적 기능을 담당한다는 차이가 있을 뿐이었다.

제사 중심의 로마 종교

로마 종교에서는 의식이나 제사 행위가 중요했다. 로마 종교는 한마디로 하면 국가 신들에 대한 관례적인 숭배 의식이라고 할 수 있다. 대부분의 종교는 대개 그 종교적 이념을 실현할 수 있는 규범이 있다. 불교, 그리스도교, 이슬람교 등은 의식 외에 일상생활에서 따라야 할 도덕과 윤리적인 목표가 있다. 대개 '선한 삶'을 살도록 가르친다. 그러나 로마 종교는 도덕 윤리와는 관계가 없고 제사 행위만 잘하면 되었다. 그래서 로마 종교는 대단히 형식적이었다. 그리스 신화나 로마 신화에 나오는 신들부터가 윤리적이지 않았다. 최고신인 제우스가 하는 짓은 난봉꾼 수준이었다. 전혀 윤리적이지 않았으니 인간들에게도 도덕성을 요구하지 않았다. 신들에게 해코지만 당하지 않도록 제사만 정확히 드리고 제물만 제대로 바치면 된다는 식이었다.

공리적인 목적이 강한 로마 종교

로마는 제사도 대단히 공리적인 목적으로 행했다. 소위 '기브 앤 테이크' 방식이었다. 전투를 앞두고 "제물을 바치니 승리를 주십시오" 또는 "승리하게 해주시면 돌아가서 신전을 지어 바치겠습니다"라는 식으로 제사를 드렸다. 완전히 신과의 거래인 셈이다. 그래서 사제들은 기도문을 주문처럼 상투적으로 외웠다. 이렇게 계속해서 신들의 호의를 얻어 평화를 얻는 것이, 로마가 종교를 통해 얻으려는 가장 큰 목적이었다. 개인의 생활이나 도덕·윤리는 별로 중요하지 않았다는 것이다. 이것이 로마 문명과 로마 종교의 일반적인 특징이었다.

의식 행위도 여러 가지가 있었다. 점도 쳐서 길조와 흉조를 알아보았다. 앞서 말했듯, 새점을 치는 조점관들이 있었다. 새가 어느 쪽으로 나는지, 어떻게 나는지, 어떻게 앉는지, 어떻게 노는지 등을 가지고 점을 쳤다. 로물루스와 레무스가 누가 왕이 될 것인지 정할 때 독수리 숫자로 판단했다. 레무스가 여섯 마리를 먼저 봤다고 주장했고, 로물루스는 두 배인 열두 마리를 봤다고 주장했다. 결국 독수리를 더 많이 본 로물루스가 왕이 되었다. 독수리는 유피테르의 신조였다. 유피테르가 로물루스에게 신의 뜻을 알렸다는 것이다.

유대교: 유일신 사상, 선민 사상

히브리인의 역사

그리스도교는 유대교에서 나왔기에 그리스도교를 다루기 전에 간단히 그리스도교가 어떻게 히브리 문명의 연장선상에 있게 되었는지 살펴보자. 히브리 문명의 기원은 구약성경에 잘 나와 있다. 창세기 12장에 따르면 히브리인의 선조 아브람(아브라함)은 기원전 2000년경 오늘날 이라크 바그다드 남쪽에 있는 수메르 문명의 중심도시 중 하나인 우르에서 하나님의 부름을 받고 고향을 떠나 팔레스타인으로 이주했다. 이후 총리 요셉을 따라 그 후손이 이집트에 내려갔고 거기서 400여 년을 보냈다. 요셉이 죽고 시간이 흐르자 히브리인들은 이집트 파라오의 압제 아래 있다가 모세의 인도로 이집트를 탈출한다.[3] 모세가 시나이산에서 하나님께 십계명을 받고 율법을 선포하면서 히브리인의 종교가 등장했다. 그러나 하나님의 명령을 거스르는 바람에 출애굽한 히브리인들은 광야에서 40여 년을 유랑하다 죽고, 그들의 후손이 여호수아의 지도 아래 가나안 땅을 정복했다. 12부족이 각각 땅을 나눠 정착했다. 사사 시대를 거쳐 기원전 1000년경에 사울-다윗-솔로몬으로 이어지는 이스라엘 왕국을 건설했다. 수도 예루살렘은 여호와의 성전이 있는 곳으로, 종교적 정체성의 중심이었다.

유대인을 가리키는 용어들

히브리인

히브리인이라는 말은 고대 근동 지방에서 '떠돌이들', '정착하지 못하고 방황하는 자들'을 뜻하는 '하비루'(Habiru)에서 나왔다는 견해가 있다. 그러나 대부분은 창세기 10장

3——— 출애굽 연대에 대해서는 기원전 1440년경이라는 설과 기원전 1290년경이라는 설이 있는데, 람세스 2세와 연결 지어 설명하는 후자가 더 설득력이 있어 보인다.

21절에 "셈은 에벨 온 자손의 조상이요 야벳의 형이라"라는 대목이 있는데, 이 '에벨'(Eber)에서 '히브리'라는 말이 나왔다고 생각한다. 그리고 노아의 세 아들 중 한 명인 셈의 족보를 자세히 보면 '셈-아르밧-셀라-에벨-벨렉-르우-스룩-나홀-데라-아브람'으로 이어지는 것을 알 수 있다(창 11:10-26). 따라서 셈의 후손 에벨에서 히브리가 나오고, 에벨은 유대인의 조상 아브람으로 연결되는 것이다.

성경에 나오는 히브리인의 용례를 몇 개 모아 보면 "도망한 자가 와서, 히브리 사람 아브람에게 알리니"(창 14:13), "히브리 사람의 아기"(출 2:6), "히브리 남자나 히브리 여자"(신 15:12), "히브리인 중의 히브리인"(빌 3:5) 등이 있다. 특히 사도 바울은 자신을 '히브리인 중의 히브리인'이라고 소개했다. 이처럼 히브리인은 혈통적인 측면에서 많이 쓰인다.

이스라엘/이스라엘인

이스라엘은 야곱이 천사와 싸워 이기고 나서 받은 이름이다. 성경은 '하나님과 겨루어 이긴 자'라는 뜻이라고 설명하고 있다. "그가 이르되 네 이름을 다시는 야곱이라 부를 것이 아니요 이스라엘이라 부를 것이니 이는 네가 하나님과 및 사람들과 겨루어 이겼음이니라."(창 32:28) 그러나 이 이름은 야곱만 지칭하지 않고 야곱의 열두 아들로 시작되는 이스라엘이라는 나라를 지칭하기도 한다. 히브리인들이 출애굽 이후 광야를 거쳐 가나안으로 가서 나라를 건설하는데, 이 나라의 이름을 이스라엘로 한 것이다. 하나님께서 특별히 많은 민족 중에서도 이스라엘을 자기 백성으로 지명하여 불렀고, 그들을 통해서 하나님 나라를 이 땅에 만들어 가시려고 했다는 것이다.

유대인

세 번째는 유대인이다. 유다는 야곱의 열두 아들 중 넷째다. 야곱은 네 명의 아내가 있었는데 레아와 라헬 자매 그리고 몸종 둘이었다. 이 네 아내에게서 열두 형제와 딸 하나를 얻었다. 그중 '찬양'이란 뜻의 이름을 가진 유다는 레아에게서 태어났는데, 그에게서 나온 지파가 유다 지파다. 이스라엘 열두 지파 중 정통성을 계승해 간 지파로, 유다 지파에서 나온 다윗 왕과 그 아들 솔로몬 때 이스라엘이 전성기를 누렸다. 그러나 솔로몬이 죽고 여로보암의 반란으로 나라는 남북으로 갈렸다. 남쪽 유대 왕국은 솔로몬의 아들 르호보암 왕이, 북쪽 이스라엘은 사마리아를 중심으로 여로보암이 새 왕조를 세워 통치했다. 유대 왕국은 예루살렘 성전을 중심으로 이스라엘의 정통성을 계승해 갔다. 결국 이스라엘 열두 지파 중 유다 지파가 정통성을 계승했기 때문에 유대인이 곧 이스라엘을 대표하게 된 것이다. 그래서 유대인은 '유다의 후손'이지만 꼭 유다 지파만 지칭하는 것은 아니다. 그 뒤에 유대 왕국을 통해서 하나님의 계명을 지키고 예루살렘 성전에서 정체성을 유지해 간 이스라엘 백성을 대표하는 세력인 것이다. 그러나 기원전 586년에 유다 왕국마저도 신바빌로니아에게 패망하고 지도자들이 바빌론으로 포로로 끌려가는 사건이 발생했다. 그때 다니엘 같은 유대인들은 바빌론의 포로가 되어서도, 예루살렘 성전을 향해 절을 하며 하나님의 백성이라는 의식을 가지고 정체성을 유지하려고 했다. 따라서 유다인, 유대라는 용어는 자연스럽게 이스라엘에서 더 정제되어 하나님의 백성을 대표하는 용어로 자리 잡게 되었다. 신약 시대 유대인은 유대인-헬라인, 유대인-이방인처럼 대개 이방인과 대비되는 개념으로 쓰이기도 했다. 예를 들어, "악을 행하는 각 사람의 영에는 환난과 곤

고가 있으리니 먼저는 유대인에게요 그리고 헬라인에게며"
(롬 2:9)처럼 바울은 늘 유대인과 헬라인을 대비시켜 썼다.

히브리인, 이스라엘인, 유대인의 혼용

그러나 성경에서 이 용어들은 완전히 구별되어 쓰이기보다
같은 문장 안에서도 혼용해서 쓰인 예가 많다. 예를 들어,
"사울이 온 땅에 나팔을 불어 이르되 '히브리 사람들'은 들
으라 하니 온 '이스라엘'이 사울이 블레셋 사람들의 수비대
를 친 것과 '이스라엘'이 블레셋 사람들의 미움을 받게 되었
다 함을 듣고"(삼상 13:3-4), "시드기야 왕이 예루살렘에 있
는 모든 백성과 한 가지로 하나님 앞에서 계약을 맺고 … 그
계약은 사람마다 각기 히브리 남녀 노비를 놓아 자유롭게
하고 그의 동족 유다인을 종으로 삼지 못하게 한 것이라"(렘
34:8-9) 같은 구절에서 알 수 있다. 바울도 이 용어들을 자
주 혼용했다. "그들이 히브리인이냐 나도 그러하며 그들이
이스라엘인이냐 나도 그러하며 그들이 아브라함의 후손이
냐 나도 그러하며."(고후 11:22)

그러나 솔로몬 사후 나라가 남쪽 유대 왕국과 북쪽
이스라엘 왕국으로 나뉜다. 그래서 남북국 시대가 이어지
다가 기원전 722년에 북이스라엘 왕국이 아시리아에 점령
된다. 그 후 약 200여 년 지나 기원전 586년에 남쪽의 유
대 왕국도 신바빌로니아에게 멸망하고 정치, 종교 지도자
들이 바빌론의 포로가 된다. 이때부터 유대인들의 수난이
시작된다. 페르시아 제국에서 일부 유대인이 예루살렘으로
귀환해서 예루살렘 성전을 재건하지만 정치적으로 독립하
지는 못했다. 이어서 마케도니아에 정복되었고 마지막으로

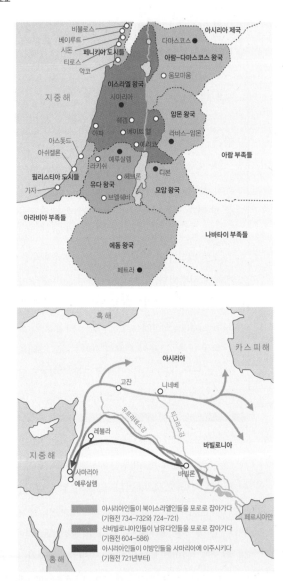

위: 솔로몬 왕 이후 북이스라엘과 남유다로 분열된 이스라엘.

아래: 기원전 722년 아시리아에 의해 북이스라엘이, 기원전 586년에 신바빌로니아에 의해 남유다가 패망한 후 유대인의 유랑이 시작되었다.

기원전 67년 로마에 정복되었다. 서기 66년에 로마에 반란을 일으켰다가 70년에 예루살렘과 성전이 완전히 파괴되었고, 유대인들은 고향에서 쫓겨나 산산이 흩어지게 되었다(디아스포라의 시작). 이때부터 유대인의 유랑과 고난의 역사가 1,800여 년 계속되다가 1948년에 이르러 이스라엘 공화국이 팔레스타인 땅에 건국되어 오늘에 이르고 있다.

유대교의 세 요소: ① 유일신 사상

이처럼 국가가 붕괴된 후에도 거의 1,900여 년을 유지시킨 유대교 핵심 교리의 첫 번째는 유일신 사상(monotheism)이다. 유일신 사상은 하나님 한 분(One God)만을 경배해야 한다는 믿음이다. 유일신 사상은 히브리 민족의 역사적 경험이 담긴 구약성경에 잘 반영되어 있다. 물론 히브리인들은 신이 많다는 것을 부정하진 않았다. 그러나 마땅히 경배해야 할 대상은 하나님뿐이라고 믿었다. 오리엔트 세계나 고대 지중해 세계 등 대부분의 문명권이 다신주의적 전통을 가지고 있는 것과 비교하면 이스라엘 민족의 유일신 사상은 특이하다고 할 수 있다. 유일신 사상은 유대교에서 갈라져 나온 그리스도교로 이어졌고, 로마 제정 후기인 4세기 말에 그리스도교가 로마제국의 국교가 되면서 서양 문명의 핵심 가치가 되었다. 특히 중세 1,000년의 유럽 사회는 종교뿐만 아니라 사회·문화·예술·학문 등 모든 면에서 그리스도교적 유일신 사상에 기초해서 발전했다.

그러나 이러한 유일신적 서양 문화 전통은 14세기부터 그리스로마 문명의 부활을 뜻하는 르네상스 운동이 등장하면서 변화의 계기를 맞게 되었다. 이후 서양 근대 500여 년의 역사는 그리스도교의 유일신 사상에서 벗어나 종교의 자유, 사상의 자유를 토대로 한 다원주의적 가치관이

전 세계로 확대되는 과정이라 할 수 있다. 그런 점에서 우리가 살아가는 오늘날 세계화 시대에 현대 문명의 한 가지 특징은 그리스로마적 다신주의의 현대적 관념인 '다원주의'인 것이다.

유대교의 세 요소: ② 선민 사상

두 번째는 선민 사상이다. 유일한 창조주이신 하나님이 유대 민족만 특별히 택하셨다는 사상이다. 구약성경을 보면 히브리인들의 조상인 아브라함을 하나님이 부르시는 내용이 나온다.

> 여호와께서 아브람에게 이르시되 너는 너의 고향과 친척과 아버지의 집을 떠나 내가 네게 보여 줄 땅으로 가라. 내가 너로 큰 민족을 이루고 네게 복을 주어 네 이름을 창대하게 하리니 너는 복이 될 지라.(창 12:1-2)

아브라함이 살던 우르 지역은 메소포타미아 문명권으로 기원전 2000년 당시에는 최고 선진 문명이었다. 이곳을 떠나 가나안 땅으로 간다는 것은 하나님이 특별히 부르셨다는 것이다. 대단히 중요한 출발이었다. 그리고 하나님은 모세를 택하여 이집트에서 노예 생활하던 히브리인들을 구원하셨다. 이처럼 한 번은 메소포타미아 문명권에서 불러냈고, 한 번은 이집트 문명권에서 불러내셨다(이집트와 메소포타미아는 고대 오리엔트 문명의 두 축이다). 아브라함을 부르고, 모세를 통해 이스라엘 백성을 구원하신 역사적 경험이 모여 자신들은 '하나님이 특별히 택한 백성'이라는 선민 사상이 형성되었다.

유대교 세 요소: ③ 메시아 사상

　　세 번째는 메시아 사상이다. 앞서 본 것처럼 이스라엘은 솔로몬의 아들 대부터 두 나라로 갈라졌는데, 이후 북쪽은 아시리아에, 남쪽은 바빌로니아에 멸망을 당했다. 기원전 586년 남쪽에 있던 유대 왕국이 패망하면서 유대인들은 신바빌로니아의 수도 바빌론으로 포로가 되어 끌려갔다. 유일신 사상과 선민 사상을 가지고 있던 이들에게 이집트의 노예 생활과 똑같은 상황이 벌어진 것이다. 그래서 선민 사상이 강했던 유대인들은 '제2의 엑소더스가 있을 것이다', '메시아가 와서 해방시킬 것이다'라는 기대를 품기 시작했다. 이런 바람이 메시아 대망론이 되었다. '메시아'란 '기름 부음을 받은 자'라는 뜻으로, 헬라어로는 '크리스토스'(그리스도)라고 한다. 고향을 잃은 그들은 모세가 이집트에서 히브리인들을 이끌고 나왔듯이 유대 왕국이 회복될 것이라고 여기기 시작했다. 메시아는 원래 구약성경에서 하나님으로부터 특별히 선택된 왕이나 선지자, 제사장 등의 종교정치 지도자였고, 그들은 보통 사람과 구별하기 위해 기름 부음을 받은 자들이었다. 이 세 가지 직능을 포괄하는 '메시아'가 오면 해방된다는 믿음이 바로 메시아 사상이다.

그리스도교: "예수가 메시아(그리스도)다"

　　그러나 유대인의 소망과 달리 이민족의 지배는 점점 강도를 더해 갔다. 신바빌로니아, 페르시아, 마케도니아, 마지막으로 로마까지 강대국의 지배는 멈추지 않았다. 그리고 내전의 최후 승자 아우구스투스가 로마의 평화를 만들어 가고 있을 때 시리아 속주였던 유대 땅에서 예수가 탄생했다. 그런데 신약성경의 복음서를 보면 제자들은 처음에는 예수가 누구신지 정확하게 인식하지 못했다. 나중에 예수가 메시아라는 것을 알게 되었을 때도 메시아에 대한 그들의 생각은 예수의 생각과 전혀 달랐다. 예수가 승천한 뒤 오순절 성령 강림 후에 비로소 '예수=그리스도'임을 깨닫게 되어서 그리스도교를 지중해 세계에 전파하기 시작했다. 그들이 쓴 복음서와 편지 등이 모여서 신약성경이 되고, 그 이전 유대인들의 성경인 구약성경과 함께 그리스도교의 경전이 되었다.

예수의 탄생과 가르침

예수의 탄생에 대해서는 사복음서에 나와 있지만 일반 역사와 연결된 상세한 기록은 누가복음에 나온다. 누가는 아우구스투스의 호적령이 예수의 탄생 사건에 연결되어 있다고 말한다.

> 그때에 가이사 아구스도(카이사르 아우구스투스)가 영을 내려 천하로 다 호적하라 하였으니 이 호적은 구레뇨(퀴레니우스)가 수리아(시리아) 총독이 되었을 때에 처음 한 것이라. … 요셉도 다윗의 집 족속이므로 갈릴리 나사렛 동네에서 유대를 향하여 베들레헴이라 하는 다윗의 동네로 그 약혼한 마리아와 함께 호적하러 올라가니 마리아가 이미 잉태하였더라. 거기 있을 그때에 해산할 날이 차서 첫아들을 낳아 강보로 싸서 구유에 뉘었으니 이는 여관에 있을 곳이 없음이러라.(눅 2:1-7)

그리스도인의 정체성

그런데 3년이나 예수를 따라다니며 예수의 가르침을

위: 베들레헴 예수 탄생 교회.
아래: 베들레헴 예수 탄생 교회 내 예수가 태어났다고 추정되는 장소.

직접 배운 제자들도 예수를 메시아라고 확신하기까지는 시간이 걸렸다. 예수께서 십자가 고난을 당하시는 것도 이해하지 못했다. 그들이 믿는 메시아관에 문제가 있었기 때문이다. 제자들을 가르치시던 공생애 기간 예수께서는 자신에 대한 제자들의 인식을 확인하고 싶어 하셨다.

> 예수께서 빌립보 가이사랴 지방에 이르러 제자들에게 물어 이르시되 사람들이 인자를 누구라 하느냐. 이르되 더러는 세례 요한, 더러는 엘리야, 어떤 이는 예레미야나 선지자 중의 하나라 하나이다. 이르시되 너희는 나를 누구라 하느냐. 시몬 베드로가 대답하여 이르되 주는 그리스도시여 살아 계신 하나님의 아들이시니이다.(마 16:13-16)

이 일로 베드로는 예수께 칭찬을 받았을 뿐만 아니라 천국의 열쇠에 대한 약속을 받았다. 이처럼 베들레헴에서 태어난 예수가 바로 메시아임을 믿는 사람이 그리스도교인이다.

그리스도교의 선민

유대교에서는 율법을 지키는 유대인이 선민이다. 그리스도교에서는 예수를 그리스도로 믿는 자가 선민이다. 두 종교에 관심이 없는 사람들은 이 차이를 별것 아니라고 생각한다. 그러나 그리스도교인에게는 예수가 그리스도라는 말처럼 중요한 진리는 없다. 그래서 그 진리를 전하는 전도를 가장 중요한 활동으로 여긴다. 반면 많은 유대인은 자신들만이 선민이라는 사상을 끝까지 고수하고 있다. 선민은 하나님께 구원받은 자이고, 구원받은 자는 질적으로 다른 존재이기 때문이다. 바울도 예수가 그리스도이심을 깨닫자 "내가 복음을 부끄러워하지 아니하노니 이 복음은 모든 믿는 자에게 구원을 주시는 하나님의 능력이 됨이라. 먼저는 유대인에게요 그리고 헬라인에게로다"(롬 1:16)라고 선언했다. 또 바울은 갈라디아 교회에 보낸 편지에서 "너희는 유대인이나 헬라인이나 종이나 자유인이나 남자나 여자나 다 그리스도 예수 안에서 하나이니라"(갈 3:28)라고 말했다. 이처럼 선민이 되는 일은 어렵지 않다. 또한 민족, 계급, 남녀의 어떤 차별도 없다. 그러나 대부분의 유대인은 지금도 여전히 이 진리를 받아들이지 않고 있다.

유일신 사상과 삼위일체

유일신 사상은 경배의 대상이 하나님 한 분이라는 것이다. 그 자체로는 별로 문제가 되지 않았다. 그런데 삼위일체 이론이 나오면서 교리 논쟁이 시작되었다. 삼위일체 사상은 성부 하나님, 성자 하나님, 성령 하나님이 한 하나님(One God)이라는 사상이다. 즉 삼위가 모두 동일한 하나님이라는 사상이다. 삼위일체 사상은 325년 니케아 종교회의에서 정통과 이단을 가리는 기준이 되었고 오늘날까지 이르며 '정통' 교리로 인정되고 있다. 그리스도교 진영에서는 지금도 삼위일체를 부정하는 사람들을 이단으로 평가하고 있다.

유대교에서 그리스도교로 넘어오는 과정에서 가장 논란이 되는 것은 메시아 사상이다. 유대인들은 메시아가 유대인만의 메시아이고, 아직 오지 않았다고 믿는다. 반면 그리스도교는 메시아가 이미 왔으며, 메시아를 '모든 인류의 구원자'로 본다. 이 차이로 인해서 그리스도교는 로마 전역으로 뻗어나가고 마침내 세계 종교가 될 수 있었다.

맺음말

로마 종교는 여러 신을 숭배하는 다신교적 전통을 가지고 있었다. 국가 차원의 공적 영역에서도 종교 의식이 거행되었다. 반면에 이스라엘의 종교인 유대교는 유일신 사상, 선민 사상, 메시아주의로 특징 되는 유대인들의 민족 종교였다. 유일신이 특별히 이스라엘 민족을 택해서 율법을 주고 거룩한 나라를 만들도록 했지만 그 뜻이 잘 구현되지 못했고 결국 나라가 망해 포로가 되어 바빌론으로 끌려가는 비참한 지경에 이르렀다. 그럼에도 유대인들은 장차 메시아가 와서 민족을 구원할 것이라는 희망을 가지고 살았다. 그리스도교는 바로 그 메시아 사상과 연계되어 태동했다. 초대 황제인 아우구스투스 때에 태어난 예수를 메시아(그리스도)로 보고, 누구든지 예수를 그리스도로 믿는 자는 구원을 얻는다고 생각한 사람들이 그리스도교인이었다. 그러한 유일신을 믿는 그리스도교는 필연적으로 다신교의 로마 사회와 충돌할 수밖에 없었다. 다음 장에서는 로마의 평화 시대의 실상과 그리스도교가 다신교적 전통의 지중해 세계로 퍼져 나가는 과정에서 겪은 고난을 다룬다.

팍스 로마나 시대와
그리스도교 박해

7

들어가는 말

로마 역사는 왕정 시대, 공화정 시대, 제정 시대로 나뉜다. 그리고 제정 시대는 전반부의 원수정과 후반부의 전제정으로 나뉜다. 원수정의 창시자는 내전을 거쳐 로마의 초대 황제가 된 카이사르의 양자 아우구스투스였다. 그는 '왕을 세우지 않는다'는 공화정 정신을 강조하며 자신은 왕이 아니라 '제1시민'이라는 뜻의 프린켑스(원수, 元首)임을 자처했다. 이로써 프린켑스의 통치, 즉 원수정(元首政)이 탄생했다.

아우구스투스의 통치부터 5현제의 통치가 끝나는 서기 180년까지를 팍스 로마나, 즉 '로마의 평화' 시대라고 부른다. 이 시기에 예루살렘에서 시작된 그리스도교는 소아시아, 그리스를 거쳐 지중해 중심 도시 로마로 전파되었다. 로마의 평화 시대는 실제로 얼마나 평화로웠을까? 그리고 그리스도교는 어떻게 로마까지 전파되었는지 알아보자.

율리우스 클라우디우스 황가 통치

서기 14년 8월 나폴리 인근 소도시 놀라(Nola)에서 70대 후반의 노인이 아내와 아들, 친구들이 지켜보는 가운데 마지막 숨을 몰아쉬고 있었다. 그는 아버지 옥타비우스가 숨을 거둔 방에서 자신의 바람대로 편안하게 숨을 거두었다. 내전의 혼란을 수습하고 일인자가 되어 로마인들에게 새로운 질서와 안정을 선사한 영웅이었지만 아우구스투스의 마지막은 보통 사람과 마찬가지로 소박했다. 그러나 그의 죽음은 로마 역사의 새로운 장을 여는 순간이 되었다. 아우구스투스에 의해 만들어진 원수정이 카이사르 가문으로 입양된 티베리우스에게 승계되면서 공화정적 정치 전통을 대체한 새로운 시대가 펼쳐졌음을 분명히 보여주었기 때문이다.

새로운 전통은 이미 옥타비아누스/아우구스투스가 독재관 카이사르 가문의 양자가 되면서 시작되었다. 이후 티베리우스를 거쳐 네로까지 카이사르 가문 내에서 황제의 지위가 계승되었다. 카이사르 가문은 율리우스 씨족에 속했기에 황실 이름은 율리우스 황가(Julian dynasty)라고 불려야 했지만 율리우스-클라우디우스 황가(Julio-Claudian dynasty)라 불렸다. 그 이유는 무엇인가? 바로 티베리우스 때문이었다.

티베리우스의 아버지는 티베리우스 클라우디우스 네로였고 본인도 아버지와 이름이 같았는데, 그 의미를 풀어 보자면 "클라우디우스 씨족에 속한 네로 가문의 티베리우스"였다.[1] 클라우디우스 씨족은 율리우스 씨족 못지않게 로마의 정통 귀족 가문의 하나였다. 티베리우스는 기원전 41년에 공화파였던 아버지 티베리우스와 어머니 리비아 드루실라 사이에서 태어났는데, 당시는 20대 초반의 옥타비아누스가 삼두정치를 맺고 공화파를 제거해 가고 있던 시기였다. 귀족 부인 리비아의 미모와 덕성에 반한 옥타비아누스는 티베리우스로부터 리비아를 빼앗아 아내로 삼았다. 아들 티베리우스가 두 살 때 어머니가 강제로 이혼당하고 옥타비아누스와 재혼한 것이다. 이러한 가정환경 때문에 티베리우스는 어려서부터 의붓아버지 옥타비아누스에 대한 감정이 좋지 않았고, 황실의 일원이었지만 후계구도에서도 배제되어 있었다.

아들이 없던 아우구스투스에게 유일한 혈육은 외동딸 율리아였다. 당시 권력자들이 그러했듯이 아우구스투스도 율리아의 혼인, 그리고 사위나 외손자들의 입양을 통해서 후계 체제를 구축하려 했다. 그러나 앞에서 보았듯이 사위 마르켈루스나 아그리파, 외손자들이었던 가이우스 카이사르와 루키우스 카이사르 등 후계자 후보들이 다 죽자 그때까지 주목하지 않았던 의붓아들 티베리우스를 '활용'할 수밖에 없었다. 아우구스투스는 기원전 11년 율리아와 티베리우스의 혼인, 그리고 서기 4년 티베리우스의 입양을 통해 후계자 승계를 확고히 했고, 서기 14년에 죽으면서 티베리우스가 권력을 승계했다.

티베리우스는 입양의 형식으로 율리우스 씨족의 일원이 되었지만 클라우디우스 씨족도 명문 씨족이라 병기하게 된 것이다. 율리우스 씨족은 카이사르가 일인자로 부상

1──── 로마 귀족들은 아버지와 아들의 이름이 같은 경우가 많다. 가문의 전통을 계승한다는 의식 때문이었을 것이다. 그래서 아들의 이름에는 'Junior'라고 불러 주든가, 'first', 'second' 등을 붙여야 구별할 수 있다.

하고 나서 자신의 씨족을 율루스의 후손·베누스의 후손이라고 선전했지만 사실 이전까지는 명문 씨족은 아니었다. 반면에 클라우디우스 씨족은 로마 공화정 시대에 명성이 자자했고, 여러 명의 클라우디우스 씨족 출신들이 국가를 위해 활동했다. 그런 점에서 옥타비우스 가문 출신인 아우구스투스가 카이사르에게 입양되면서 자신의 가문명을 사실상 포기한 것과는 큰 대조를 보인다. 어쨌든 미미한 집안 출신자로 율리우스 씨족에 흡수된 아우구스투스, 그리고 클라우디우스 씨족 출신자로 아우구스투스에 의해 율리우스 씨족·카이사르 가문에 입양된 티베리우스가 제위를 계승함으로써 율리우스 클라우디우스 황가의 치세가 열리게 되었다. 그 뒤 칼리굴라, 클라우디우스, 네로가 제위를 계승하면서 5대에 걸쳐 율리우스-클라우디우스 황가의 치세가 97년간 유지되었다.

티베리우스 황제

티베리우스에 대해 알아보자. 아우구스투스는 사실상 티베리우스에게 권력을 넘길 수밖에 없는 상황이었는데도 끝까지 미련을 버리지 못하고 유언장에 이런 표현을 썼다. "잔혹한 운명이 가이우스와 루키우스를 앗아가 버렸다. 티베리우스가 유산의 3분의 2를 상속하라."

첫 번째 사위에게는 마르켈루스 극장을 헌정했고, 두 번째 사위이자 친구였던 아그리파를 위해서는 판테온 전면에 그의 이름을 자랑스럽게 남겨 주었다. 아그리파와 율리아 사이에 태어난 외손자(가이우스와 율리우스) 둘을 입양해서 후계자로 키웠는데 그들이 20대 한창일 때 죽는 바람에 아쉬움이 컸던 것이다. 아우구스투스는 모든 것을 다 이루었는데, 후계자만은 자기 뜻대로 하지 못했던 것이다. 결국 집안에서 가장 피하고 싶어 했던 티베리우스가 56세라는 늦은 나이에 후계자가 되어 제위를 계승했다.

이처럼 우여곡절 끝에 황제가 된 티베리우스는 성품이나 성향, 또 황제가 되는 과정에서 아우구스투스와 많은 차이를 보였다. 아우구스투스는 '빵과 서커스' 정책을 통해 평민들의 지지를 확고히 했지만 티베리우스는 오락거리들이 시민들을 타락시킨다며 대규모의 검투사 경기와 전차 경주 등을 금지시켰다. 사실 전차 경주나 각종 오락거리를 시민들에게 제공하려면 국가 재정이나 황제의 개인 재산이 많이 필요했다. 본래 성격이 소심하고 검소했던 티베리우스는 아우구스투스와는 반대로 긴축정책을 펼쳤다. 그는 공화정적 전통의 원로원의 권한을 강화해 주면서 그들을 제국 통치의 파트너로 중시하는 정치를 했다. 대외정책도 전쟁보다는 외교로 해결하는 쪽을 선호했고, 속주민들의 세금 부담을 낮추어 줌으로써 속주 경제가 안정되기를 원했다.

그리고 집권 후반기 거의 10년을 나폴리 인근에 있는 카프리 섬의 별장에 은거하면서 실세들을 통해 대리통치했다. 그러나 측근이었던 세야누스의 반역이 발각되자 티베리우스의 통치 후반기는 공포정치로 점철되었다. 서기 37년에 캄파니아 지방을 여행하던 티베리우스는 건강이 악화되어 카프리로 돌아가려다가 한 별장에서 아우구스투스와 마찬가지로 77세의 나이로 죽었다. 티베리우스가 죽었다는 소식이 전해지자 공포정치에 눌려 있던 로마 평민들은 축제 분위기였다고 역사가인 수에토니우스는 전한다. 그리고 티베리우스는 전혀 몰랐겠지만 그의 치하에서 빌라도 총독에 의한 예수 그리스도의 십자가 사건이 발생했다.

칼리굴라 황제

칼리굴라는 황제의 자리에 4년 있었는데, 너무 괴팍한 황제였다. 4년 동안 온갖 기행을 일삼다가 암살당했다. 이런 황제가 오래 버텼으면 로마는 더 일찍 무너졌을 것이다.

클라우디우스 황제

칼리굴라에 이어 황제가 된 클라우디우스는 그래도 나라를 위해서 열심히 일했다. 카이사르도 브리타니아까지 갔지만 로마의 영토로 만들지 않았으나 클라우디우스는 그곳을 로마의 영토로 편입했다. 그도 44세의 한창 나이에 독살로 사망했는데, 네로의 어머니인 아그리피나가 네로를 권좌에 앉히려고 독살했다는 설이 있다.

네로 황제

율리우스-클라우디우스 황가의 마지막 황제인 네로(재위 54-68)는 소설이나 영화 등에 많이 나와 대중적으로 알려진 황제다. 그리스도교를 대대적으로 박해한 기록이 있어 그에 대한 평가는 부정적이다. 네로는 클라우디우스 황제와 재혼한 어머니 소(小) 아그리피나 덕분에 클라우디우스의 양자가 되었고, 17세 때인 서기 54년에 클라우디우스가 죽자 황제 자리에 올랐다. 네로의 어머니 소 아그리피나는 아우구스투스의 증손녀였고, 아버지 도미티우스 아헤노바르부스는 아우구스투스의 누나 옥타비아와 안토니우스 사이에 태어난 대(大) 안토니아의 아들이어서 부모 모두 아우구스투스의 직계 혈통에 속했다.

네로의 제위 첫 8년 동안은 그런대로 평가가 좋았다. 친위대장 부루스나 철학자 세네카의 조언에 따라 선정을 베풀었기 때문이다. 네로가 아직 어렸고, 주변의 강력한 세력들 간의 세력 균형이 유지된 결과이기도 했다. 원로원은 다시 권위를 갖기 시작한 것처럼 보였다. 네로는 프린켑스의 개인 법정을 폐지하고 원로원의 특권을 존중했으며, 가난한 원로원 의원들에게 재정 지원을 해서 그들이 지위를 유지하도록 도왔다. 대외적으로도 해적들을 토벌하고 속주의 세금 징수원들과 총독들의 횡포를 엄격하게 처리하도록 원로원의 권위를 강화했다.

그런데 네로는 25세부터 점점 어머니의 간섭과 주변의 조언에 반감을 갖고 대립하기 시작했다. 결국 55년 의붓동생인 브리타니쿠스를 독살(이는 모친 아그리피나의 소행이라는 주장도 있다)했고, 59년에는 정치적으로 간섭해 온 모친 아그리피나를, 62년에는 아내 옥타비아를 살해했다. 서기 64년 기름 창고 사고가 원인이 되어 로마에 대화재가 발생해 민심이 혼란스러워지자, 당시 신흥 종교였던 그리스도교에 책임을 덮어씌워 그리스도교인을 대학살함으로써 로마제국 황제 중 최초의 그리스도교 박해자로도 기록되었다. 65년에는 정치 스승인 세네카에게 자살 명령을 내렸다.

네로는 정치보다는 예체능에 더 관심이 많은 황제였다. 시와 음악을 좋아했을 뿐만 아니라 스스로 대단히 재능이 있다고 생각했다. 그를 희화화한 영화 〈쿠오바디스〉를 보면, 원로원 의원들을 불러 놓고 노래를 하면서 음악적 재능을 자랑하는 모습이 나온다. 그 자리에 모인 원로원 의원들은 잘했다고 박수도 쳐야 했다. 그는 로마에서만 활동한 것이 아니라 그리스 델포이의 비극 경연대회에도 나갔고, 올림피아에 나가 전차 경주에 참가해서 우승하기도 했다. 60년대 중반을 넘어서면서 나라가 굉장히 어려운 상황에 놓이게 되었는데도 기행만 일삼고 국사를 돌보지 않았다.

로마 대화재 사건과 그리스도교 박해

서기 60년대 중반부터 로마 안팎에서 그의 몰락을 초래하는 데 영향을 준 사건들이 일어나기 시작했다. 우선 64년에 그 유명한 로마 대화재 사건이 발생했다. 덥고 건조한 7월에 일어난 화재로 로마의 14구역 중 10구역에서 피해가 발생했다. 신전이나 공공건물은 석재로 되어 있어 피해가 크지 않았던 반면 대부분 목재 주택들이 밀집해 있던 서민 거주 지역의 피해가 컸다. 당시 네로는 로마 근교 별장에 있다가 화재 소식을 듣고 돌아와서 열심히 화재 현장을 관리하고, 이재민 구출에 굉장히 적극적이었다. 그러나 불탄 곳들을 재건축하면서 서민 주택이 많이 있던 곳에 거대한 황궁을 지으려 하자 네로가 자신의 궁전을 짓기 위해 방화한 것이라는 소문이 돌기 시작했다. 궁지에 몰린 네로는 당시 로마 전통 종교에 반대하고 로마 신들을 거짓신이라며 거부한 그리스도교인들이 불을 질렀다는 소문을 내서 그들에 대한 박해가 일어나게 했다.

유대-로마 전쟁

네로 시대에 또 다른 커다란 사건이 있었다. 네로와 그다음 황제가 된 베스파시아누스가 관계있는 사건이 발생했는데, 66년 예루살렘에서 일어난 유대인 반란과 그 뒤에 전개된 유대-로마 전쟁이다. 팔레스타인의 카이사리아라는 항구도시에서 그리스인들이 유대인들을 공격한 사건을 빌미로 일어난 전쟁이었다. 신약성경을 보면 사도 바울이 전도하면서 늘 그리스인과 유대인을 언급했다. 즉, 동부 지중해 세계에 유대인과 그리스인이 많았던 것이다. 특히 동부 지중해는 거의 그리스인들이 장악하고 있었다. 그리스인은 원래 척박한 그리스 본토보다 동부 지중해에 널리 퍼져 살았다. 로마 군대가 주둔은 했지만 로마인이 많이 산 것은 아니다. 로마인들이 굳이 동부 지중해까지 가서 살 이유가 없었고 군인이나 장사꾼이 아니면 갈 일도 없었다. 그리스인들이 유대인 지역인 팔레스타인에도 많이 살고 있었는데 카이사리아 시에서 그리스인과 유대인 사이에 다툼이 있었다. 로마 군대가 유대인을 위해 문제를 잘 해결해 주어야 하는데 수수방관하고 있다는 소문이 돌자 예루살렘에서 항의 시위가 일어났다. 그런데 로마 군대가 오히려 이 항의 집회를 진압하자 더욱 거센 저항이 일어나 66년에 유대-로마 전쟁이라는 큰 전쟁으로 번진 것이다.

당시는 네로가 국정을 내팽개치고 놀러 다닐 때였다. 그는 베스파시아누스 장군에게 진압 명령을 내렸고, 결국 66년부터 70년까지 4년 동안 예루살렘은 완전히 파괴되었다. "돌 하나도 돌 위에 남지 않고 다 무너뜨려지리라(눅 21:6)"는 예수의 예언이 로마의 유대인 반란 진압 과정에서 이루어진 것이다. 메시아가 오면 이스라엘을 회복해 줄 것이라는 희망에 부풀어 있던 유대인들은 독립전쟁을 펼치다가 이스라엘 회복은커녕 성전까지 완전히 파괴되어버렸다. 원래 예루살렘 성전은 솔로몬이 지었고, 그 뒤 바빌론 포로 사건 이후에 돌아온 유대인들에 의해 재건되었다가 로마 시대에 헤롯 왕이 복원한 상태였다. 그 엄청난 규모의 성전은 유대인의 자랑이자 정체성의 구심점이었는데, 패전과 함께 사라진 것이다.

마사다 항전
66년 유대-로마 전쟁이 발발하자 일단의 유대인 반란군은 사해 근처 300미터 높이의 천혜의 고지 마사다 요새를 공략해 이곳에 주둔 중이던 로마군 수비대를 몰아내고

마사다 요새 유적지.

장기전에 대비했다. 예루살렘이 정복되자 강경파인 열심당 세력과 그 가족이 마사다 요새로 합류해서 2년 이상 항전을 계속했다. 72년에 플라비우스 실바 장군이 이끄는 로마 군단이 여러 차례 마사다 공략을 시도했으나 실패했다. 로마 군은 요새의 서쪽에 같은 높이의 거대한 성채를 쌓아올려 공성전을 준비했고 마침내 73년에 요새를 함락시켰다. 그런데 로마군이 성채 안에 들어갔을 때는 식량창고를 제외한 요새 안의 모든 건물이 불에 탔고 960여 명의 시체만 남아 있었다. 로마인의 손에 죽임을 당하거나 노예가 되어 비참하게 사는 대신 죽음을 택한 것이다. 유대인의 율법에는 자살이 금지되어 있기에 그룹을 지어 제비 뽑힌 사람이 그룹에 속한 사람들을 죽이고, 남은 자들이 같은 방식으로 제비를 뽑아 다른 사람들은 죽였으며, 최후의 1인은 자결한 것으로 알려졌다. 다만 여자 2명과 아이 5명이 그 살육을 피해 숨어 있다가 로마군의 포로가 되었다고 한다. 유대인으로선 그곳이 자유의 정신과 나라를 사랑하는 마음이 얼마나 숭고했는지 보여 주는 역사의 현장일 것이다. 그래서 마사다는 이스라엘 군대 신병 훈련의 마지막 캠프로 활용된다. 신병들에게 조상들의 애국정신을 보여 주는 것이다.

네로의 몰락과 69년 내전, 그리고 베스파시아누스의 등극

팔레스타인에서 유대-로마 전쟁이 한창일 때 로마에서는 68년 반란이 일어나 네로 황제가 자살로 생을 마감하게 된다. 아우구스투스를 시작으로 5대를 이어온 율리우스-클라우디우스 황실이 단절된 것이다. 그 뒤에 주로 군단 사령관들이 권력을 잡았다가 빼앗기면서 네 명의 황제가 권력을 잡았고 마지막 베스파시아누스 황제 때 새로운 황실이 들어선다.

플라비우스 황가의 등장

베스파시아누스 황제

69년 내전의 최후 승리로 플라비우스 황가(Flavian dynasty) 시대를 연 베스파시아누스의 원래 이름은 티투스 플라비우스 베스파시아누스였다. 그는 유대인이 반란을 일으키자 네로 황제가 전쟁을 진압하기 위해 파견한 장군이었다. 그런데 68년 로마의 정치적 혼란 속에 내전이 일어나고 네로가 자살하자 아들 티투스에게 지휘권을 맡기고 로마로 돌아와 권력을 잡은 것이다. 그는 전통 귀족 가문이 아니라 사비니 지방의 소도시 레아테의 기사 신분 출신이었는데 군사적인 능력이 탁월했다. 정치적 수완도 탁월해서 앞서 황제가 된 세 명의 장군들(갈바, 오토, 비텔리우스)을 제치고 황제 자리를 차지했다.

정통성이 없었던 베스파시아누스는 원로원에서 '베스파시아누스의 임페리움에 관한 법'을 제정해 통치권을 확보하고 임페라토르 카이사르 베스파시아누스 아우구스투스(Imp. Caesar Vespasianus Augustus)라는 이름으로 10년 동안 로마를 통치했다. 이처럼 아우구스투스가 사용한 황제 칭호에 자신의 가문 이름인 베스파시아누스를 끼워 넣어 통치권을 구축해 갔다.

베스파시아누스의 업적 중에 로마의 상징적인 건축물 중 하나인 콜로세움이 있다. 70년대에 베스파시아누스가 건축을 시작해서 80년에 그 아들 티투스가 완공한 건물이다.

티투스 개선문.

티투스 황제

베스파시아누스의 뒤를 이어 아들 티투스가 등극했다. 그의 이름도 아버지와 똑같은 티투스 플라비우스 베스파시아누스(Titus Flavius Vespasianus)였다. 티투스는 아버지 베스파시아누스를 이어 70년에 유대인들의 거룩한 도시 예루살렘을 파괴하고 유대전쟁에서 승리했다. 티투스는 예루살렘 성전을 파괴하여 그 안에 있던 기물들을 취하고, 유대인들을 포로로 잡아 71년에 로마로 귀국했다. 일부 유대 민족주의 세력이 마사다 요새에서 3년 동안 항전했지만 3년 만에 플라비우스 실바 장군이 이끄는 로마 군대에 의해 정복되었다.

티투스 개선문

티투스가 유대전쟁에서 보여 준 탁월한 군사적 업적은 몇 년 후인 81년 티투스의 동생 도미티아누스 황제가 유대 전쟁의 승리를 기념하기 위해 로마 광장 남동쪽 끝에 세운 티투스 개선문에 잘 드러나 있다. 개선문 위에는 "원로원과 로마 인민이 신 티투스 베스파시아누스 아우구스투스에게 드림'[SENATVS POPVLVSQVE·ROMANVS DIVO·TITO·DIVI·VESPASIANI·F(ILIO) VESPASIANO·AVGVSTO]이라는 명문이 새겨져 있다. 또한 개선문에는 티투스가 예루살렘 성전을 파괴하고 거기 있던 많은 유대인을 포로로 끌고 오는 모습, 또 메노라 등 예루살렘 성전에 있던 제사 도구들이 부조로 새겨져 있다. 독립은커녕 고향 예루살렘에 살면서 유대인의 정체성을 유지하는 것마저 불가능해지고 유랑하면서 살아야 했던 유대인들의 비극적인 모습이 조각에 남아 있는 것이다.

티투스는 아버지 베스파시아누스와 공동통치를 하

다가 79년 6월에 베스파시아누스가 죽자 제위를 이어받았다. 그러나 황제가 되고 나서 얼마 지나지 않은 8월에 캄파니아에 있는 베수비우스 화산이 폭발해 폼페이 등 주변 도시들이 화산재에 뒤덮이는 참사가 발생했다. 80년에는 로마의 대화재, 81년에는 전염병이 돌아 2년여 동안의 짧은 재위 기간이 비극적 사건으로 얼룩졌다.

콜로세움의 완성

그러나 티투스는 아버지 베스파시아누스가 건설하기 시작한 콜로세움을 10년 만인 80년에 완공함으로써 로마인들의 놀이 문화를 획기적으로 바꾸어 놓았다. 콜로세움은 오늘날까지 그 위용을 자랑하면서 로마 광장(Forum Romanum) 동쪽 방향에 웅장한 모습으로 남아 있다. 그러나 콜로세움은 티투스가 유대인들을 잔인하게 진압한 전승의 부산물이었다. 예루살렘 성전에서 약탈한 보물들과 10만 명의 유대인 포로 중 4만 명을 투입해서 콜로세움을 건축했기 때문이다. 하나님께 택함받은 백성이라는 자부심을 갖고 살아가던 이들이 노예 신세가 되어 로마인들의 유흥을 위해 콜로세움 건축에 투입되었으니 얼마나 참담했겠는가. 그래서 유대인 노예들은 79년에 일어난 베수비우스 화산 폭발로 폼페이 일대가 용암으로 뒤덮인 것을 하나님의 응징으로 여겼다고 한다.

콜로세움(Colosseum)이라는 말은 '거대한 상'을 뜻하는 라틴어 콜로수스(Colossus)에서 왔다. 콜로세움이 네로의 황금 궁전 안에 있던 '거대한 네로의 청동상'(Colossus Neronis) 자리에 세워졌기 때문이다. 서기 64년 대화재로 이 지역이 불타자 네로는 인공호수와 자신의 거대한 청동상을 갖춘 황금 궁전을 조성해서 로마인들의 공분을 샀다. 그

위: 콜로세움 전경.
아래: 콜로세움 입구의 명패. 십자가 아래에 AMPHITHEATRVM FLAVIVM(플라비우스 원형 경기장) 그리고 중간에 PIVS IX PONT MAX(교황 피우스 9세)라는 글씨가 새겨져

가 몰락한 뒤 내전의 혼란 속에서 최후의 승자가 되어 플라비우스 황가 통치를 연 베스파시아누스는 로마 시민의 지지를 확고히 하고자 네로 황제 개인의 공간이던 이곳을 로마 인민 전체가 이용하는 공적 공간으로 만들기 시작했다. 72년에 황금 궁전과 거상을 허물고 5층짜리 거대한 원형경기장 콜로세움을 건축했던 것이다. 콜로세움의 공식 명칭은 '암피테아트룸 플라비움(Amphithetrum Flavium, 플라비우스의 원형경기장), 즉 플라비우스 황가의 암피테아트룸이었다. 그리스인들의 극장은 반원형으로 되어 있는데, 그 반원형을 합쳐서 원형처럼 만들었다 해서 원형경기장(암피테아트룸)이라 불렀다. 그런데 사실 원형은 아니고 길이 87미터, 폭 55미터의 타원형으로 되어 있다. 이 경기장은 5만 명 이상의 관중을 수용할 수 있었다.

콜로세움 입구에는 '피우스 9세, 폰티펙스 막시무스'라 새겨진 명패가 있다. 교황 비오 9세(재위 1846-1878)가 1852년에 붕괴할 위험이 있는 콜로세움의 보강 공사를 지시했기 때문이다. 지금은 내부에 들어가 보면 바닥이 다 드러나 있지만, 원래는 바닥이 모래로 덮여 있었다. 검투사들의 싸움 또는 사나운 동물과 사람의 싸움 등으로 피가 계속 흘렀기에 경기가 끝나면 모래를 다시 깔고 정리해야 했기 때문이다. 검투사 경기를 주로 했지만 물을 채워놓고 모의 해전을 했다는 기록도 있다.

콜로세움 안에는 순교한 이들을 기념하기 위해 지난 2000년에 교황 요한 바오로 2세가 세운 십자가가 있는데 다음과 같은 글이 새겨져 있다. "승리와 유흥과 이교 신들에 대한 불경건한 숭배를 위해 바쳐진 원형경기장이 지금은 불경건한 미신 행위로부터 정화되어 순교자들의 고난을 기념하기 위해 사용되고 있다."

223

도미티아누스 황제

티투스는 황제의 자리에 불과 2년밖에 있지 못하고 열병으로 죽었다. 그의 뒤를 동생 도미티아누스가 계승해서 15년간 제위에 있었다. 그러나 권력욕이 큰 도미티아누스가 티투스를 죽이고 황제 자리에 오른 것이 아닌가 하는 의혹이 일기도 했다. 어쨌든 그는 임페라토르 카이사르 도미티아누스 아우구스투스(Imp. Caesar Domitianus Augustus)라고 하는 황제 타이틀을 차지했고, 여러 의혹을 해소하기 위해 유대 전쟁을 승리로 이끈 형 티투스를 기념하는 개선문(티투스 개선문)을 로마 광장에 세웠다. 나아가 그는 자신을 '주와 하나님'이라는 뜻의 '도미누스 에트 데우스'(dominus et deus)로 부르도록 해서 귀족들의 반감을 샀다. '도미누스'는 노예가 주인을 부를 때 쓰는 '주인님'이라는 뜻이고 '데우스'는 '신'이라는 뜻이다.

황제 숭배는 아우구스투스 때부터 동방에서 나타난 지배자 숭배에서 기원했다. 그러나 아우구스투스와 티베리우스 시대와 같은 제정 초기만 해도 살아 있는 황제를 신격화하지는 않았다. 독재관 카이사르가 죽었을 때 그리고 자기가 카이사르의 양자로 확인되었을 때 옥타비아누스가 카이사르를 신격화한 것이 황제 숭배의 첫 사례가 되었다. 카이사르가 신이 되었으니 자신은 당연히 신의 아들인 것이다. 이러한 경향은 후임 황제들에게도 선례로 이용되었다. 물론 모든 황제가 죽은 뒤에 신격화되는 것은 아니었다. 선정을 베풀고 로마 평민이나 군인들에게 평가가 좋은 경우에만 그가 죽은 뒤에 향을 피우며 경의를 표했다.

그러나 도미티아누스는 살아 있을 때부터 신처럼 숭배받기를 원했다. 이는 로마인들에게도 반감을 살 만한 일이었지만 특히 유일신 사상을 가진 유대인이나 그리스도교인에게는 더더욱 그러했다. 따라서 도미티아누스는 유대교나 그리스도교에 대해 적대적인 정책을 펼쳤다. 로마 시민이 유대교로 개종하는 것을 금했고, 디아스포라 유대인들이 예루살렘 성전에 바치던 반 세겔의 성전세를 로마에 있는 유피테르 신전 유지비로 바치도록 했다. 나아가 네로에 이어 두 번째로 그리스도교를 박해한 황제로 기록되었다. 네로는 로마에 있던 그리스도교인들을 주로 박해했지만 도미티아누스는 로마뿐만 아니라 초기 그리스도교가 가장 번성했던 소아시아까지 박해를 확대했다. 박해의 손길은 황실 내에도 미쳐서 황제의 사촌이었던 클레멘스, 그리고 황제의 조카딸이었던 도미틸라도 희생되었다. 도미티아누스 치세에 사도 요한은 밧모 섬에 유배되어 요한계시록을 쓰기도 했다. 이런 식으로 로마와 그리스도교 사이에 적대감이 최초로 표면화된 것은 바로 도미티아누스 때의 일이다. 그리스도교에 대한 로마 당국의 적대감 때문에 로마제국에 대한 그리스도교인들의 적대감도 고조되었다. 그러나 96년에 결국 도미티아누스가 친위대장에게 암살당하면서 로마와 그리스도교의 갈등은 잠시 휴전 상태로 들어갔다. 도미티아누스는 암살된 뒤에 기념물이나 기록이 삭제되는 '기억말살형'에 처해졌고, 이로써 플라비우스 황가 통치는 3대로 끝나고 말았다.

5현제 시대

도미티아누스가 암살된 뒤 원로원은 66세의 원로원 의원인 네르바를 후임 황제로 선출했고, 그는 '5현제 시대'의 선두주자가 되었다. 네르바부터 시작해서 마르쿠스 아우렐리

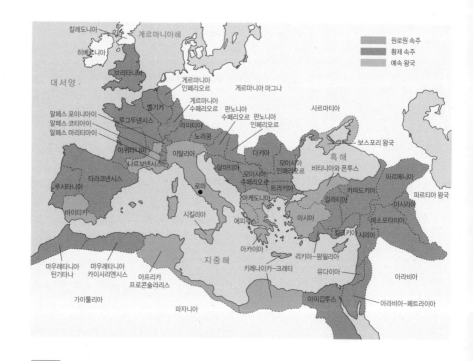

지도 범례:
- 원로원 속주
- 황제 속주
- 예속 왕국

칼레도니아
히베르니아
게르마니아해
브리타니아
대서양
게르마니아 인페리오르
게르마니아 마그나
벨기카
게르마니아 수페리오르
판노니아 수페리오르
판노니아 인페리오르
사르마티아
알페스 포이니아이
루그두넨시스
알페스 코티아이
라이티아
알페스 마리티마이
노리쿰
아퀴타니아
이탈리아
나르보넨시스
달마티아
다키아
보스포리 왕국
흑해
모이시아 인페리오르
비티니아와 폰투스
아르메니아
타라코넨시스
모이시아 수페리오르
루시타니아
로마
트라키아
마케도니아
갈라티아
카파도키아
파르티아 왕국
바이티카
시킬리아
아시리아
아시아
메소포타미아
에피루스
킬리키아 시리아
아카이아
리키아-팜필리아
마우레타니아 틴기타나
마우레타니아 카이사리엔시스
아프리카 프로콘술라리스
지중해
키레나이카-크레타
유다이아
아라비아
가이툴리아
파자니아
아이깁투스
아라비아-페트라이아

117년경 로마제국. 이 시기 로마는 명실상부하게 '로마의 평화'를 누릴 수 있었다.

우스 황제까지 다섯 명의 황제가 로마제국의 전성기를 만들어 갔다. 앞의 두 황가 통치 때보다는 상대적으로 내분이 적으면서 대외적으로 영토 팽창을 강력히 하여 서기 2세기를 로마의 평화 시대라고 부른다.

네르바 황제

5현제 시대를 연 네르바(30-98, 재위 96-98)는 로마 북쪽으로 50킬로미터 떨어진 곳에 있는 소도시 나르니 출신이었다. 그는 플라비우스 황가를 연 베스파시아누스처럼 이탈리아 지방 귀족 출신이었으나 두 번에 걸쳐 콘술직을 역임한 경력이 있었다. 96년에 도미티아누스가 암살당하자 60세의 늦은 나이에 원로원에서 황제로 선출되었다. 로마 역사상 원로원이 황제를 선임한 최초의 사례가 되었다. 네르바는 도미티아누스 때 추방당한 귀족들을 사면하여 불러들이고, 몰수당한 재산도 돌려주었으며, 긴축 재정을 펴서 국가 재정을 회복하려 했다. 그의 약점은 나이가 많다는 것과 군대 경력과 속주 통치 경력이 없다는 것이었다. 그러나 법적으로 결혼을 하지 않아 자식이 없었다는 것이 장점이 되었다. 유능하고 신망이 높은 하(下) 게르마니아 총독 트라야누스를 양자로 입양했고, 그를 공동 통치자로 삼아서 취약한 지지기반을 확충했기 때문이다. 그의 통치는 15개월 정도로 짧았지만 제위 계승 과정이 순조롭게 진행되었다. 이러한 입양을 통한 제위 계승은 그다음에 하드리아누스, 안토니누스 피우스, 마르쿠스 아우렐리우스까지 이어져, 96년부터 180년까지를 '5현제 시대'라고 불렀다. 이 시기에 로마는 명실상부하게 '로마의 평화'를 누릴 수 있었다.

트라야누스 황제

트라야누스(53-117, 재위 98-117)는 히스파니아(오늘날의 에스파냐)의 세비야 근처 로마 식민시 이탈리카에서 태어났고, 로마에서 자랐다. 그의 아버지는 베스파니아 황제 때 원로원 의원이 되었고, 콘술과 속주 총독 등 고위직을 역임했다. 트라야누스 역시 게르마니아나 아시아, 히스파니아 등 속주 곳곳에서 군단장으로서 명성을 쌓았고, 40대 초반에 네르바의 양자이자 공동 통치자가 되었다가 속주 출신으로는 최초로 로마 황제 자리에 올랐다.

트라야누스는 101년부터 두 차례의 다키아 전쟁을 승리로 이끌어 흑해 연안의 동유럽까지 영토를 확장했다. 그로써 로마제국 최대의 영토를 정복하고 통치했다. 로마 광장 옆에 있는 트라야누스 광장에는 두 차례의 다키아 전쟁을 기념하기 위해 113년에 세운 트라야누스 기둥이 있다. 지름 4미터짜리 원기둥이 8미터의 대좌 위에 30미터 높이로 우뚝 솟아 있는 트라야누스 기둥은 어떤 개선문보다도 그의 위용을 자랑하는 데 효과적이었다. 특히 밑에서부터 기둥을 따라 올라가면서 23번이나 나선형으로 회전하는 총 길이 190미터의 프리즈(friez)에는 요새 건설 장면과 전투 장면이 부조로 새겨져 있고 맨 꼭대기에는 트라야누스 동상이 서 있었기 때문이다. 그러나 맨 위에 있던 트라야누스 동상은 중세 때 파괴되어 현재는 16세기 말에 새로 만든 베드로의 동상이 세워져 있다. 트라야누스 기둥에 새겨진 부조는 당시 군사 문화를 이해하는 좋은 자료가 되고 있다. 트라야누스는 다키아 전쟁이 끝난 뒤 로마인들을 이

로마 트라야누스 광장의 트라야누스 기둥. 기둥에는 나선형으로 전투 장면이 새겨져 있다.

2—— 루마니아는 로마니아, 즉 '로마인의 나라'라는 뜻으로 동유럽에서 로마적인 전통을 가장 잘 지니고 있으며, 루마니아어도 라틴어와 꽤장히 가깝다.

주시켜서 로마 문명을 그곳에 전파했고, 오늘날 루마니아 인들의 선조가 되게 했다.[2] 한편 이어서 113년부터 117년까지 이어진 파르티아 전쟁을 승리로 이끌면서 그는 파르티쿠스라는 명성을 얻었고, 로마제국은 더욱더 최대의 판도를 자랑하게 되었다.

그러나 그는 계속된 원정으로 기력이 쇠하여 로마로 돌아오다가 중병으로 병사했다. 죽기 직전에 하드리아누스를 근동 사령관으로 임명했는데, 시리아에 주둔하던 군대는 트라야누스가 죽었다는 소식을 듣고 하드리아누스를 황제로 선포했으며 원로원이 재가하여 황제가 되었다.

하드리아누스 황제

하드리아누스(76-138, 재위 117-138)는 로마에서 태어났지만 양친은 트라야누스와 마찬가지로 히스파니아의 이탈리카 출신이었고 트라야누스의 먼 친척이었다. 트라야누스 치세에서 군단장으로 활약했고, 그의 증손녀와 결혼함으로써 황제의 측근으로 경력을 쌓아 갈 수 있었다. 트라야누스가 정복 전쟁으로 영토를 넓혔다면 하드리아누스는 광대한 영토에 평화를 정착시키는 데 주력했다. 따라서 두 사람의 관계를 카이사르와 아우구스투스에 비유하기도 한다. 그래서 그 자신도 '하드리아누스 아우구스투스'로 불리기를 좋아했다.

하드리아누스는 통치 기간 중 많은 시간을 변경의 속주들을 방문하는 데 할애하여 평화 정착에 힘을 기울였다. 클라우디우스가 정복한 브리타니아를 방어하기 위해 잉글랜드와 스코틀랜드 경계에 120킬로미터 정도의 장성을 쌓고, 로마 군대 수비대를 주둔시켜 이민족의 남하를 저지했다. 하드리아누스 장성은 오늘날까지 로마제국의 최북단임

하드리아누스 성벽 지도와 현재 모습.

을 상징하는 유적으로 남아 있다. 나중에 안토니누스는 조금 더 북쪽으로 안토니누스 장성을 쌓았다.

하드리아누스는 유일신 사상을 가진 유대인들을 강하게 탄압했다. 130년에는 70년에 파괴된 예루살렘의 이름을 자신의 씨족명(푸블리우스 아일리우스 하드리아누스)을 따서 '아일리아 카피톨리나'로 바꾸고 로마풍의 도시로 재건했다. 132년에는 유대인들의 할례를 금지했다. 이에 반발하여 유대인들이 반란을 일으키자 잔혹하게 응징했다. 이는 1,800여 년 유대인 유랑의 역사의 시작을 알리는 비극적 사건이었다. 반란을 진압하는 과정에서 50만 명 이상의 유대인이 학살당하고 그 이상이 노예가 되었다. 살아남은 유대인들은 강제로 추방되고 매년 공식적으로 정해진 날을 제외하고 예루살렘 출입이 금지되었다. 거룩한 도시는 콘스탄티누스 황제에 의해 그리스도교가 공인될 때까지 황폐한 상태로 버려졌다.

하드리아누스는 138년 죽기 전에 덕망 있는 원로원 의원 티투스 아우렐리우스 안토니누스를 양자로 입양해 후임 황제로 준비시키고 죽음을 맞이했다.

안토니누스 피우스 황제

하드리아누스(86-161, 재위 138-161)의 뒤를 이은 안토니누스 황제의 치세는 태평성대였다. 안토니누스는 원로원의 반대를 무릅쓰고 양부 하드리아누스를 신격화해서 '경건한 자'라는 뜻의 '피우스'라는 별명을 갖게 되었다. 안토니우스는 조상이 갈리아 남부 네마우수스(현재의 프랑스 님) 출신으로 로마 근교 라티움 지방에 정착해 성공한 귀족 가문에서 태어났다. 그는 하드리아누스와 달리 원로원과의 관계를 정상화하고 이탈리아의 도시들이나 속주민들의 복

지에 대해서도 각별히 신경 썼다. 다만 국방에 덜 신경을
쓴 나머지 변경 지방에서 로마의 지배권이 흔들리기 시작
했다는 평가를 받는다. 이후 로마는 북쪽과 동쪽의 변경
지역에서 이민족의 침입에 시달리게 되었다.

마르쿠스 아우렐리우스 황제

안토니누스의 후임은 스토아 철학자로 알려진 마르
쿠스 아우렐리우스(121-180, 재위 161-180)였다. 명망 있는 히
스파니아계 출신 가문에서 태어난 아우렐리우스 황제는
안토니우스 황제에게 입양되었다가 황제 자리에 올랐다. 그
는 로마의 귀족 가문 자제들처럼 문법, 문학, 수사학, 법학
등을 배운 뒤 청년기에는 스토아 철학에 심취했다. 우리에
게는 《명상록》의 저자로 널리 알려져 있다. 그러나 실제로
그는 파르티아와 게르마니아에서 밀려오는 이민족들을 막
아 내기 위해 대부분의 통치기를 국경에 나가 있어야 했다.
제국의 동쪽과 북쪽 국경에서 이민족들의 침입이 강화되어
로마의 평화가 크게 위협받았기 때문이다.

아우렐리우스 황제는 루키우스 베루스를 공동 황제
로 임명하여 아르메니아와 시리아를 침입한 파르티아 군대
를 저지하게 했다. 베루스의 현명한 판단과 전략에 따라 로
마 군대는 파르티아의 침입을 막아냈을 뿐만 아니라 유프
라테스강 건너 파르티아의 주요 도시를 파괴하고 귀환해서
개선식을 행했다. 그러나 동방에서 귀환하면서 전염병을 함
께 옮겨 와 소아시아, 이집트, 그리스, 이탈리아에 급속도
로 번졌고 많은 사람이 희생되었다.

로마 군단 병력이 동방에 집중되었기 때문에 북방의
도나우강 국경 수비가 느슨해졌고, 그 틈을 타 마르코만니
족, 콰디족 등의 게르만족이 도나우강을 넘어 라에티아, 노

마르쿠스 아우렐리우스
기마상.

리쿰, 판노니아를 정복하고 율리우스 알프스를 통해 아퀼레이아까지 진출했다. 아우렐리우스 황제는 베루스와 함께 알프스 산맥의 통로들을 봉쇄하고 위험 지역의 도시들을 요새화한 뒤 반격을 시도하여 게르만족을 원래의 거주지로 퇴각시켰다. 그러나 또다시 전염병으로 많은 병사들이 죽고 169년에 베루스마저 병사하는 불운을 겪었다.

아우렐리우스 황제는 두 가지 점에서 후대인들에게 부정적 평가를 받는데, 그리스도교도 박해와 아들 코모두스에게 제위를 넘긴 점이다. 스토아 사상가로도 알려져 있는 아우렐리우스는 고대 로마의 종교와 문화 복원에도 많은 노력을 기울였다. 그러다 보니 로마의 전통적인 신들을 믿지 않는 그리스도교인들은 국가 정책에 반대하는 세력이며 '무신론자들'이라고 비판하고 응징을 지시했다. 더욱이 전염병이나 국경 지역의 혼란 등은 모두 불경한 그리스도교인들 때문이라며 희생양으로 삼았고, 성난 군중이 사냥하듯 박해에 동참했다.

'무지가 초래한 역사의 아이러니'로 상징되는 상이 있는데, 바로 로마의 캄비돌리오(카피톨리움) 언덕에 있는 광장의 마르쿠스 아우렐리우스의 기마상이다. 로마 황제의 기마상들은 로마제국 후기에는 주화를 주조하기 위해 녹여서 재사용되었고, 봉건제와 그리스도교로 대표되는 서양 중세 시대에는 이 기마상들이 이교적인 문화를 대표하기 때문에 파괴되는 수난을 당했다. 그런데 그리스도교를 탄압한 아우렐리우스 황제의 기마상이 파괴되지 않은 것은 있을 수 없는 일이었다. 알고 보니 사람들이 콘스탄티누스 황제라고 착각했기 때문이었다. 그리스도교를 공인한 콘스탄티누스는 열세 번째 사도라고 칭해지는 등 인기가 대단했기에 놔둔 것이다. 15세기 말에 바티칸의 한 수도사가 로마 시대 동전을 조사하다가 기마상의 인물이 콘스탄티누스가 아닌 것을 알게 되었다. 그러나 당시는 그리스로마 문명의 유산이 되살아나는 르네상스 시대였기에 없앨 수도 없었던 것이다. 현재 캄피돌리오 광장에 있는 것은 모조품이다. 외부에 노출되어 있어 훼손이 심했기에 옆에 있는 카피톨리움 박물관(콘세르바토리 궁전)에 잘 보관하고 복제품을 진열해 놓은 것이다.

아우렐리우스 황제의 두 번째 부정적인 상은 바로 전임 5현제들이 잘 지켜온 양자를 통한 제위 계승 방식을 지키지 않은 것이다. 대신 친아들 코모두스에게 제위를 넘겼다. 이 문제에 대해서는 아우렐리우스 황제가 조금 억울한 평가를 받은 면도 없지 않다. 5현제의 전임 황제들은 제위를 물려줄 아들이 없었거나 있었어도 적절치 않았기 때문에 자연스럽게 양자를 통해 제위를 계승한 것이었다. 그런데 아우렐리우스 황제에게는 건장한 아들 코모두스가 있었으며, 더욱이 코모두스는 청년기부터 아버지와 함께 공동 황제로 후계자 훈련을 착실히 받은 인물이었다. 다만 그가 집권하고 나서 제국을 제대로 통치하지 못했기 때문에 문제가 되었을 뿐이다. 어쨌든 아우렐리우스 황제가 죽고 로마의 평화 시대는 물러나고 '3세기의 위기'라고 하는 대내외적 위기에 직면한 것은 사실이다. 철학자 황제 아우렐리우스는 도래하는 위기를 수습하느라 애쓰다가 죽었고, 그의 아들 코모두스는 아버지보다 능력이 부족하여 계속된 위기를 수습하지 못했다고 보아야 할 것이다.

그리스도교의 등장과 전파

아우구스투스로부터 시작된 로마의 평화는 이렇게 전반기 100년은 정치적 격변이 거듭된 반면 서기 2세기인 후반기 100년은 네르바부터 시작해서 트라야누스, 하드리아누스, 안토니누스 피우스, 마르쿠스 아우렐리우스까지 5현제의 치세에 번영을 누렸다. 지중해 세계 곳곳에 로마 시민들의 식민시나 자치시를 세우고 잘 닦인 도로망으로 연결시킨 로마제국의 통치는 다양한 민족과 문화, 종교를 포용하면서 명실상부한 '로마의 평화'를 펼치고자 했다. 오늘날 세계화 시대와 마찬가지로 다신교 전통의 로마는 각 나라와 민족의 종교에 간섭하지 않으면서 제국 질서를 유지해 갔다. 이민족들의 문화와 종교도 제국의 질서를 깨뜨리지 않는 한 존중했던 것이다.

그리스도교의 3요소

그러나 팔레스타인에서 시작된 그리스도교와 그것의 원류라 할 수 있는 유대교는 유일신 사상이라는 점에서 다신교적 전통에 토대를 둔 로마의 통치 질서와 대립할 소지가 많았고, 시간이 가면서 그 갈등은 증폭되었다. 사실 유대교가 로마 사회에 큰 충격을 주지는 않았다. 유대교는 늘 그렇지만 자신들의 종교를 확장시켜서 넓히겠다는 생각을 하지 않았다. 오히려 선민의식이 강해 유대인만의 정체성을 고수하는 노선을 택했다. 그러나 그리스도교는 태동하면서부터 타종교나 신앙을 압도하고 부정하면서 선교하려는 측면이 강했다. 그럴 수밖에 없는 것이, 그리스도교는 하나님이 인간을 포함한 온 세상천지 만물의 창조주라는 것과 모든 인간은 태어날 때부터 죄인이라는 원죄사상, 그리고 모든 인간의 죄를 위해서 십자가를 진 "예수를 메시아로 믿으면 구원을 얻는다"는 복음(기쁜 소식)을 내세웠기 때문이다. 요약하면 "모든 인간은 다 죄인이어서 구원을 얻어야 하는데, 그 유일한 길은 예수를 메시아로 믿는 것이다", "누구든지 메시아 예수께서 우리 죄를 위해 죽으셨다고 고백하고 믿으면 구원을 얻는다", "이것 말고는 인간에게 구원이 없다"는 내용을 공격적으로 전파한 것이다. 결국 그리스도교인들은 그리스도를 믿지 않는 사람과 공존할 수 없던 것이다.

오순절 성령 강림과 베드로의 변화

그리스도교는 예수의 활동으로 시작되었다. 예수는 공생애 3년 동안 하나님 나라를 선포하고 무리를 가르쳤는데, 특히 제자들을 데리고 다니며 당신 자신이 유대인들이 기다리고 있는 메시아(그리스도)임을 밝혔다. 그리고 공생애 마지막에는 자신이 십자가를 지고 고난을 받아 죽었다가 부활할 것을 예언했다. 그러나 제자들조차 예수의 십자가 고난과 죽음, 부활의 의미를 깨닫지 못했다.

그런데 예수의 승천 후 열흘째 되는 오순절에 예언대로 성령이 임했고 베드로는 예수가 그리스도이심을 확신하게 되었다. 그는 예루살렘에 모인 이스라엘 백성 앞에서 당당하게 외치기 시작했다.

그런즉 이스라엘 온 집은 확실히 알지니 너희가 십자가에 못 박은 이 예수를 하나님이 주와 그리스도가 되게 하셨느니라.(행 2:36)

베드로는 "주는 그리스도이시고 살아 계신 하나님의 아들이십니다"(마 16:16)라는 고백으로 예수에게 칭찬까지 받았지만 오순절에 성령이 강림한 뒤에야 복음을 제대로 깨달은 것이다. 이후 그는 강력한 예루살렘 교회의 지도자로서, 그리스도 예수의 증인 역할을 제대로 하기 시작했다.

스데반 순교와 사울(바울)의 등장

베드로의 설교 후 "이날에 신도의 수가 삼천이나 더하더라"(행 2:41)라고 기록되어 있다. 그러나 좋은 일만 있던 것은 아니었다. 복음을 거부하는 자들이 더욱 강력하게 탄압했고, 스데반이 최초로 순교하는 사건이 터졌다. 이런 박해로 사도 외에 모든 믿는 자들이 유대와 사마리아 땅으로 흩어졌는데, 그것이 오히려 복음을 예루살렘 밖으로 전하는 기회가 되었다. 또한 스데반 순교 현장에 있던 사울은 그가 죽임당함을 마땅히 여기면서 다메섹(다마스쿠스)으로 원정 박해를 가는 길에 갑자기 둘러 비추는 빛과 하늘에서 들리는 음성에 땅에 엎드러져 눈이 멀게 되었다고 기록되어 있다. 다메섹 도상에서 일어난 사울의 회심은 너무나 극적이어서 처음에는 다메섹에 있는 믿는 이들도 그 진정성을 의심했다. 그러나 예수가 환상 중에 다메섹에 있는 아나니아라는 제자에게 나타나 "가라 이 사람은 내 이름을 이방인과 임금들과 이스라엘 자손들에게 전하기 위해 택한 나의 그릇이라"(행 9:15)라고 말씀하셨다. 그 후 아나니아가 사울에게 안수해서 그가 다시 보게 되었다. 이후 사울(바울)은 이방인의 사도 역할을 자처하면서 그리스도 복음을 지중해 세계로 퍼뜨리는 데 크게 기여했다.

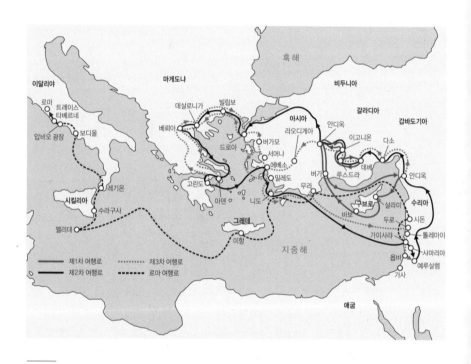

4차에 걸친 바울의 선교여행 지도.

이방인 선교의 시작, 바울과 안디옥 교회

이 상황에서 예루살렘 교회와 함께 또 하나의 교회가 역사 속에서 큰 힘을 갖게 된다. 안디옥(안티오키아) 교회가 그것이다. 예루살렘의 탄압을 피해 안디옥으로 모여든 것이다. 그래서 안디옥 교회가 선교의 중심지가 되었다. 거기서 처음으로, 다른 사람들이 예수 믿는 자를 그리스도인이라 부르기 시작했고, 예수를 그리스도로 믿는 사람들의 정체성이 형성되었다. "비로소 그리스도인이라 일컬음을 받게 되었다."(행 11:26)

사실 이 시기 이후에도 로마인들은 유대교와 그리스도교를 구별하지 못했다. 두 종교 모두 유일신 사상을 기반으로 황제 숭배를 거부했고, 예루살렘을 거점으로 유대인 중심으로 움직였기 때문이다. 1세기 중반 네로 시대의 그리스도교인 대박해와 유대-로마 전쟁을 경험하면서 두 종교의 확실한 차이를 이해하게 되었지만 말이다.

바울의 선교 활동

바나바와 바울이 중심이 된 안디옥 교회는 초기에 소아시아 지역으로 그리스도교 복음을 전파하는 선교기지였다. 특히 사도 바울은 안디옥 교회에서 소아시아로, 그 뒤에 그리스와 로마까지 가는 네 차례의 선교 여행을 떠났다. 세 번은 자의에 의한 선교였고, 마지막은 로마로 압송되는 과정이었는데 그것도 선교의 방식이었다.

바울의 고향은 다소(타르소스)였다. 이곳은 로마 속주 킬리기아의 수도로, 지중해 동부 해안선을 따라 남쪽으로 내려가는 거점 도시였다. 바울은 유대교에 정통한 학자였지만 로마 시민권도 있었다. 또한 헬라어도 잘해서 이방인에게 선교할 때에는 헬라어로 전도했다. 아마 라틴어도 할 줄 알았을 것이다. 3차 전도 여행이 중요한데, 드로아(트로아스)[3]에서 환상을 보고 바울 일행이 마케도니아로 건너갔기 때문이다. 이는 복음이 아시아[4]에서 유럽으로 전해지는 아주 결정적인 역사적 순간이었다.

바울이 마케도니아로 가는 과정이 아주 중요한 사건이다. 《역사의 연구》라는 대작을 쓴 영국 역사가 토인비는 "바울이 드로아에서 배를 타고 마케도니아 갈 때에 오늘날 유럽의 발달된 문명이 그의 배에 실려 있었다"라는 유명한 말을 남겼다. 복음의 전파 경로가 아시아에서 동쪽이 아닌 서쪽, 즉 유럽 대륙으로 간 것이기 때문이다. 복음이 동쪽으로 먼저 전해졌으면 복음은 좀더 일찍 우리 역사에 들어왔을지도 모른다. 그러나 복음은 서쪽으로 가서 대서양을 건너고 태평양을 건너서 19세기 말에 소개되었다. 물론 유라시아를 따라 가톨릭교회, 즉 천주교가 청나라 때 소개되기도 했고, 그전에는 네스토리우스교도 당나라까지 전파되었다는 기록이 있지만 우리나라에 영향을 주지는 못했다.

마케도니아-빌립보-아테네-고린도 선교

바울 일행은 네압볼리(네아폴리스)에서 배를 내려 암비볼리(암피폴리스)를 거쳐 빌립보(필리피)에서 복음을 전했

3——— 드로아는 호메로스의 《일리아스》에 나오는 트로이가 항구 기능을 상실하자 알렉산드로스 대왕이 인공항구 건설을 명해서 트로이 남쪽 25킬로미터 지점에 만든 항구도시다. 알렉산드로스 대왕을 기념해서 알렉산드리아 트로아스(알렉산더 드로아)로 명명되었다. 로마 시대에 마케도니아로 건너가는 주요 항구도시로 발전했고, 아우구스투스 때 그냥 드로아로 부르게 되었다.

4——— 로마 시대에 아시아라는 명칭은 오늘날 터키 서부 지역, 즉 페르가뭄 왕국이었다가 로마의 속주가 된 지역, 즉 소아시아를 뜻했다. 아시아의 수도 에베소(에페소스)는 큰 번영을 누렸다.

고, 루디아 집안이 예수를 믿게 된다. 이후 데살로니가(테살로니카)를 거쳐 아테네까지 나아갔다. 아고라 광장에서 스토아 철학자나 에피쿠로스 철학자들과 논쟁했고, 아레오파고스 언덕에서의 연설로 아레오바고 관원 디오누시오와 다마리라는 여자와 몇 사람이 복음을 받아들였다. 이후 바울은 고린도로 내려갔는데, 항구 도시 고린도는 바울의 선교에서 중요한 거점이 되었다. 나중에 바울이 고린도 교회에 보낸 두 통의 편지인 고린도 전서와 후서가 신약성경에 담겼다. 그런데 바울은 아덴(아테네)에는 왜 편지를 보내지 않았을까. 아덴 사람들은 너무 잘나서 편지를 받아 봐야 별 효과가 없었을 것이기 때문이다. 지혜를 구하는 헬라인에게 십자가에 못 박힌 그리스도를 전했는데, "유대인에게는 거리끼는 것이요 이방인에게는 미련한 것"(고전 1:23)으로 여겨졌기 때문이다. 그러나 바울은 "십자가의 도가 멸망하는 자에게는 미련한 것이요 구원을 받는 우리에게는 하나님의 능력"(고전 1:18)임을 확신했기에 온 마음과 정성을 다해 복음을 전했다. 마지막에는 죄수의 몸으로 로마까지 압송되었지만 거기서도 기회가 되면 복음을 전했다.

 ## 그리스도교 박해사

서기 1세기 중엽에 바울과 그의 동역자들의 선교 활동에 힘입어 그리스도교는 지중해 세계로 퍼져 나갔다. 그 과정이 순조로운 것은 아니었다. 복음이 가는 곳마다 처음에는 유대인들의 반대가 있었고, 나중에는 여러 가지 이유로 로마 당국의 박해가 있었다.

네로의 박해

64년 로마의 대화재 사건이 그리스도인 박해의 계기가 되었다는 것은 앞에서 말했다. 네로는 64년 화재가 일어났을 때 로마 남쪽 56킬로미터 지점의 안티움에 있었는데 화재 소식을 듣고 급히 돌아와 화재 진압에 많은 신경을 썼다. 그런데 재난 현장을 복구하는 과정에서 네로가 로마 시를 재건하기 위해 불을 냈다는 소문이 일기 시작했다. 네로는 이 소문을 무마하기 위해 '희생양'을 만들었는데, 바로 사람들이 증오하며 '크리스투스 신봉자들'(Christianos)이라 부르는 자들이었다. 왜냐하면 이들은 황제 숭배를 거부하는 등 평소에도 마음에 들지 않았기 때문이다. 역사가 타키투스에 따르면 공개적으로 '크리스투스의 신봉자'들이 체포되어 모진 고난과 고통을 당하고 잔인하게 처형(화형)당했다고한다. 네로가 어떻게 박해했는지 타키투스의 기록을 보자.

민중은 네로가 대화재를 명했다고 믿어 의심치 않았다. 그래서 네로는 이 세간의 소문을 수습하려고 희생양을 만들고 대단히 공이 많이 든 치밀한 벌을 가했다. 그것은 평소부터 꺼림직한 행위로 세상 사람들이 증오하여 '크리스투스 신봉자'라 부르는 자들이었다. 이 일파의 명칭의 유래가 된 크리스투스라는 자는 티베리우스 치세하에 황제 속주 총독 폰티우스 필라투스(본디오 빌라도)에 의해 처형되었다. 그 당장은 해롭기 짝없는 미신이 일시 잠잠해졌지만 최근에 이르러 다시 이 해악의 발상지인 유대에서뿐만 아니라 세계에서 마음에 안 드는 파렴치한 것들이 모두 흘러 들어오는 이 수도에서조차 극도로 창궐하고 있었다. 그래서 먼저 신앙을 고백하고 있던 자들이 체포되어 심문받고, 이어서 그자들의 정보에 기초해 실로 엄청나게 많은 사람이 방화죄라기보다는 인류 적대죄로 선고받았다. 그들은 살해당할 때 놀림감이 되었다. 즉 야수의 모피를 뒤집어쓴 채 개에게 물리고 찢겨 죽었다. 어떤 때는 십자가에 붙잡아 매고, 혹은 불에 타기 쉽게 만들어 놓고, 해가 지고 나서 야간의 등불 대신 불태웠다.(타키투스, 《연대기》, 15, 44)

로마인들은 그리스도교인들을 무신론자들로, 그리고 그리스도교를 미신이라고 생각했다. 모든 신을 숭배해야 하는데 이들은 자기들이 믿는 신 말고는 숭배하지 않았기 때문이다. 타키투스를 포함해서 여러 기록을 근거로 해서 1세기 중엽 이후부터 4세기 초 그리스도교가 공인될 때까지 박해와 순교가 있었다는 전승이 생겨났다. 계몽주의 시대 이후에는 그리스도교가 박해나 순교자의 수를 과장했다는 지적도 나왔다.

도미티아누스 황제의 박해

티투스의 뒤를 이어 황제가 된 도미티아누스는 로마의 다신교적 전통이나 황제 숭배를 거부하는 자를 박해했다. 그는 자신을 '주와 하나님'으로 부르게 했고 거부하는 자를 반역자로 탄압했다. 또 유대인들에게 70년에 예루살렘 성전을 파괴했으니 헌금을 황제에게 바치도록 강요했다. 그러나 유대인과 그리스도교인도 구별하지 못한 황제는 숭배를 하지 않는다고 두 세력을 모두 박해했다.

73년에 마사다 요새가 함락되고 예루살렘에서 유대인들이 쫓겨난 것은 그리스도교인들에게 엄청난 사건이었다. 사실 그리스도교 사도들의 선교 활동을 가장 크게 방해한 것은 유대인 세력이었다. 로마인들은 유대인이든 그리스도교인이든 지배 질서를 깨뜨리는 것이 아니라면 크게 문제 삼지 않았다. 그러나 유대인들 입장에서는 만일 예수가 그리스도라면 자신들은 메시아를 죽인 중죄인이 되는 것이고, 메시아를 기다리는 것이 무의미한 일이 되는 것이었다. 즉, 그들에게는 유대교가 존재하는 한 그리스도교는 존재해서는 안 되는 것이다. 그래서 예수를 메시아라고 전파하는 예수의 제자들의 활동을 막아야만 했다. 그런데 예루살렘 성전이 파괴되고, 유대인의 종교 활동이 원천 봉쇄되자 그리스도교인들에게는 큰 반대 세력이 무너진 셈이 되었다. 그러나 이렇게 커다란 반대 세력이 사라져 그리스도교의 교세가 확대되어 가면서, 그리스도교는 로마 당국의 탄압에 노출되기 시작한 것이다.

트라야누스 치세 소아시아에서 그리스도교인 박해

5현제 시대인 트라야누스 황제 때 소아시아 총독 소(小) 플리니우스가 황제에게 보낸 서신들이 많이 남아 있는데, 그 안에는 그리스도교인 처리 방안에 대한 서신도 있었다. 당시 그리스도교인들은 소아시아에 가장 많이 있었는데 총독으로 부임한 플리니우스가 보니 그리스도인들과 관련해 많은 문제가 있었다. 그는 서신에서 "그리스도교인들은 정해진 날 새벽에 남들이 안 볼 때 모여 찬송가를 부르고 사기, 도적질, 간음, 거짓말 등을 하지 않기로 엄숙히 선서합니다"라고 쓰며, 그들이 몰래 모이니 이 사람들이 무엇을 하나 가보면 크게 문제가 되는 일은 하지 않았다고 밝혔다. 그리고 그는 "나는 진실을 더 많이 알아내기 위해 여사제라 부르는 두 여자 노예를 고문했습니다. 그러나 좋지 못한 지독한 미신 외에는 아무것도 발견하지 못했습니다"라고 보고했다. 이런 상황에서 그리스도교인들을 쫓아다니면서 잡아들여야 하는지 여부를 트라야누스에게 물었던 것이다. 트라야누스는 "수색을 하지는 말고, 죄가 드러난 경우는 처벌하되 배교하는 경우는 살려 줘라"라고 명령했다. 또한 "고발된 건에 대해서만 조사하고, 익명의 고발은 무시하라"고 지침을 내렸다. 익명의 고발은 무고일 수 있으니 무시하라는 것이었다. 그리고 고소한 사건은 조사해 보고, 로마의 신들에게 절을 할 것인지 물으라고 했다. 또한 "예수가 그리스도임을 부인해라"는 질문을 세 번 정도 물어서 계속 부인하지 않으면 처벌하고 부인하면 살려 주라는 내용도 쓰여 있다. 이렇게 황제가 처리 기준을 제시한 것이다.

마르쿠스 아우렐리우스의 박해

아우렐리우스는 스토아 철학자이면서 로마 전통 종교를 신봉한 황제였다. 그리스도교의 교리를 이해하지 못한 그는 그리스도교에 굉장히 비판적이었다. 그의 통치 시기는 안팎으로 재난이 많이 일어나 혼란스러웠다. 전염병도 돌고, 홍수도 나고, 특히 동쪽의 파르티아 국경과 북쪽의 라인강-도나우강 국경 지대를 압박하는 게르만족 때문에 아우렐리우스는 많은 시간을 전선에 나가 있었다. 마르쿠스 아우렐리우스는 이런 일들이 로마의 신들에게 제사를 소홀히 해서 발생했다고 생각했다. 가장 문제가 되는 것이 그리스도교인들이었다. 그들이 로마에 들어와서 전통 신들을 소홀히 하니 로마인들이 가장 무서워하는 '신들의 분노'가 발생했다고 여긴 것이다. 야만족이 침범해 오고 전염병과 홍수가 발생한 것들이 모두 신들의 분노 때문이라고 여겨 그리스도교인들을 탄압했다.

기번이 밝힌 박해의 이유

18세기 계몽주의 시대 역사가 기번에 따르면 로마인

들은 다른 민족의 종교에 대해서는 대단히 관용적이었다. 유대인의 경우는 예외였지만 그들이 반란을 일으키지 않았다면 성전을 파괴하진 않았을 것이라고 말한다. 그리고 유대교는 민족 종교이니 어차피 저희들끼리 내부적으로 종교적 전통을 고수하게 놔두면 그들의 신앙이 확대되지 않을 것이니 크게 문제 될 것도 없었다. 그런데 유일신 사상을 가진 다른 종교인 그리스도교는 민족과 신분을 넘어서서 세계 보편 종교를 지향하므로 로마제국이 숭배하는 다신교적 전통과 충돌할 수밖에 없었다. 그리스도교인들은 로마의 전통적인 가족, 도시, 지방의 종교를 미신이자 우상숭배라며 경멸하고 배척했다. 자기들끼리 믿으면 되는데, 다른 종교나 신들은 다 거짓이고 자신들의 종교만 진리라고 주장하니 로마가 용납할 수 없었던 것이다. 로마 입장에서 보면 그리스도교인들이 오히려 무신론자들이었다. 많은 신을 섬기지 않고 오직 하나의 신만 믿으니 무신론이라는 것이다. 마르쿠스 아우렐리우스 황제도 그렇게 오해한 것이다. 결국 박해하니 은밀하게 모이고, 은밀하게 모이니 더 의심을 얻게 되었다. 이렇게 그리스도교인들이 거대한 음모라도 꾸미는 것처럼 착각한 것이다.

2세기 순교자들, 이그나티우스와 폴리갑

지속적인 것은 아니었지만 간간이 발생한 탄압은 가혹했고 늘 그렇듯이 이 과정에서 배교자와 순교자가 나왔다. 이미 신약성경에는 스데반과 야고보가 순교자로 거명되었고, 1-2세기에 몇몇 순교자들의 이름이 전해지고 있다. 전승에 따르면 안디옥의 이그나티우스(Ignatius, 35?-109?)는 35년경에 태어난 헬라인으로 어려서부터 그리스도교를 믿었고, 사도 요한의 제자로 알려져 있다. 69년 경 시리아 지방 안디옥의 주교가 되었으며 오늘날 우리가 쓰는 '가톨릭 교회(Catholica Ecclesia, 보편적 교회)'라는 말을 처음 사용한 교부다. 4세기 교회사가 유세비우스에 따르면 108년 경 트라야누스 황제 때 '무신론자'로 고소되어 로마로 압송되었는데 그 과정에서 그는 소아시아 여러 교회에 보내는 7편의 편지를 썼다. 그는 콜로세움에서 순교한 것으로 전해지고 있다. 서머나(스미르나)의 폴리갑(Polycarp, 80-165) 역시 사도 요한의 제자로, 스미르나의 주교로 지내다가 165년 마르쿠스 아우렐리우스 황제 때 스미르나 경기장에서 86세의 나이로 순교했다.

맺음말

1-2세기에 지중해 세계는 대체로 안정된 시기를 맞이하게 되었다. 그렇다고 해서 대내외적으로 평안한 시기는 아니었다. 66년에 팔레스타인에서 일어난 유대인 반란은 유대-로마 전쟁으로 확산되었고, 70년에 예루살렘 성전이 파괴되었으며 팔레스타인에서 쫓겨난 유대인들은 지중해 세계를 유랑하는 비극의 주인공이 되었다. 한편 제국 통치의 수혜자로서 로마인들은 '빵과 서커스'를 통해 번영의 시기를 누렸다.

이 시기에 예수의 십자가 고난과 처형, 부활과 승천이라는 대사건 후에 예수를 그리스도로 믿는 그리스도교가 등장했다. 유대인들의 강력한 반대가 있었고 스데반, 야고보 등이 순교했지만 그리스도교는 예루살렘을 벗어나 유대와 사마리아로 퍼져 나갔다.

> 그리하여 온 유대와 갈릴리와 사마리아 교회가 평안하여 든든히 서 가고 주를 경외함과 성령의 위로로 진행하여 수가 더 많아지니라.(행 9:31)

그리스도교는 그 후 바울 등 사도들의 활동으로 소아시아를 거쳐 로마 중심부까지 전파되었고 다신교적 전통의 그리스로마 세계 깊숙이 스며들었다. 그러나 로마의 평화 시기는 그리스도교에게 고난의 시기였다. 그리스도교는 불법 종교였고, 4세기 초에 공인되기까지 박해와 핍박 속에서 순교와 배교의 기로에 서야 했다.

그리스도교,
위기를 넘어 국교가 되다

8

들어가는 말

2세기는 로마의 평화 시대였지만 불법 종교인 그리스도교는 간헐적으로 박해에 시달렸고, 3세기에는 세속적 평화마저 흔들리면서 데키우스나 디오클레티아누스의 대박해가 기다리고 있었다. 이번 장에서는 그리스도교가 이른바 '3세기의 위기'를 극복하고 4세기 콘스탄티누스 치세에 공인되었다가 4세기말 로마제국의 국교가 되는 과정을 알아보자.

3세기의 위기

역사를 보면 전성기 다음에 반드시 위기가 오게 마련이다. 어느 시대도 번영이 끝없이 지속되지는 않는다. 2세기는 로마 제정기의 전성기라 할 수 있는 5현제 시대였다. 그러나 5현제 마지막 황제인 마르쿠스 아우렐리우스가 죽은 뒤 위기가 시작되었다. 특히 아우렐리우스 황제의 친아들이었던 코모두스의 등극은 '3세기의 위기'의 신호탄이 되었다. 코모두스의 본명은 루키우스 아우렐리우스 코모두스로 161년에 태어나 18세의 나이인 180년에 황제가 되었고, 31세 때인 192년에 죽었다. 12년 동안 황제 자리에 있었는데, 통치를 잘못해서 자신뿐만 아니라 5현제의 마지막 황제인 아버지 아우렐리우스 황제에게도 오명을 쓰게 했다. 그는 대체로 처음에는 무능했고 나중에는 잔혹했다고 평가된다.

5현제 시대의 마감

'5현제'(The five Good Emperors)라는 용어는 황제가 원로원의 권위를 인정하고 모든 문제, 특히 후계자 문제를 원로원 의원 중에서 유능한 자를 입양해 승계했다고 해서 부여된 명예 칭호다. 스토아 철학자이기도 했던 마르쿠스 아우렐리우스 황제는 《명상록》의 저자로도 유명했다. 그러나 그는 5현제 시대의 특징이었던 입양 대신 친아들에게 권력을 승계함으로써 전통을 깼다. 그 이유에 대해서는 이견이 있으나 마르쿠스 아우렐리우스가 자식에 대한 사랑 때문에 국가의 거대한 질서를 어지럽혔다는 평가가 있다. 그러나 결과가 좋았다면 그 자체는 문제되지 않았을 것이다. 사실 5현제 시대에 양자를 세워 후계자 문제를 해결했던 것은 선대의 황제들에게 적당한 아들이 없었기 때문이었다. 원래 로마인들은 자식이 없을 경우 양자 제도를 많이 활용했다. 그런 점에서 마르쿠스 아우렐리우스가 특별히 문제가 있었던 것은 아니다. 코모두스는 어려서부터 후계자 수업을 잘 받았다. 5세 때 이미 '카이사르'라는 후계자 칭호도 받았다. 그는 '루키우스 아우렐리우스 코모두스 카이사르'라는 이름을 갖게 되었고, 16세 때에 아버지 아우렐리우스 황제와 공동으로 통치하다가 19세 때인 180년에 황제로 즉위했으니 큰 하자는 없는 셈이었다. 아우렐리우스 황제는 코모두스와 함께 도나우강 건너 게르만족인 콰디인과 마르코만니인을 정복하고 새로운 속주로 편제하는 일을 하다가 전염병에 감염되어 빈도보나(오늘날의 오스트리아 빈)에 있던 군단 막사에서 죽었고 코모두스가 제위를 계승했다. 코모두스가 제위에 오르는 것은 자연스러웠고, 여러 면에서 '준비된' 황제였다. 아우렐리우스 황제가 죽어 가면서 남겼다는 "떠오르는 태양에게 가라. 내 태양은 지고 있다"라는 말은 코모두스에 대한 기대를 잘 보여 준다. 그러나 아버지의 기대와 달리 코모두스는 무능하고 잔혹했기 때문에 본인뿐만 아니라 철학자 황제 아우렐리우스의 명예를 크게 훼손했다. 훌륭한 황제도 '아들 바보'일 수밖에 없었나 하는 아쉬움이 남는다.

초기에 워낙 무능하고 문제가 많다 보니 누이 루킬라가 원로원과 협상해 그를 제거하려다가 실패했다. 음모자들은 처형되고 루킬라는 유배당한 후 죽었다. 암살 음모를 경험한 20대 초반의 젊은 황제는 더 강력한 황제의 권위를 보여 주기 위해 무리한 정책을 추진했다. 결국 원로원에 대한 공포와 증오심이 그의 통치에 계속 영향을 주었다. 문제는 강력한 리더십을 발휘해 위기를 극복해야 했는데, 통치에 별로 관심이 없어 해방노예 출신인 클리안데르에게 국정을 위임했다는 점이다. 그래서 위기가 커지기 시작한 것이다. 거기에다가 흑사병, 기근 등 내적으로 문제가 계속 일어났다. 에드워드 기번은 그를 '노는 것 외에 재능이 없는 황제였다'며 악평을 내렸다. 본인을 로마의 헤라클레스라고 하면서 이상한 복장을 하고 시민들 앞에 나타나거나 심지어 검투사 경기에 출전하기도 했다. 결국 재위 12년 만에 근위대장과 주위 측근들의 음모로 살해당하고 말았다. 살해된 뒤에 코모두스는 기억 말살형(damnatio memoriae)에 처해져 그에 관련된 기록이나 흔적을 모두 없애도록 했다. 그 뒤의 후계자들도 단명하고 만다.

마르쿠스 아우렐리우스 황제를 미화한 〈글래디에이터〉

2000년에 개봉된 〈글래디에이터〉는 아우렐리우스 황제와 아들 코모두스, 그리고 황제가 신임하는 막시무스 장군 이야기를 다루고 있다. 이 영화는 역사를 소재로 한 영화나 드라마가 대부분 그렇듯 역사적 인물이나 사건을 다루지만 내용을 많이 각색해서 역사적 사실과 차이가 크다. 영화는 게르만족과의 전쟁에서 많은 공을 세우는 막시무스 장군이 아우렐리우스 황제의 신임을 받는 것으로 설정되어 있다. 황제 자신도 전선에 나가 있었는데, 그는 막시무스를 신뢰할 뿐만 아니라 후임 황제 자리도 물려주려 하는 것으로 나온다. 그러면서 아우렐리우스 황제는 자기 아들에 대해서는 불만을 토로하고 결국 황제의 자질이 없다고 선언한다. 아들인 코모두스는 어려서부터 아버지가 자기를 인정하지 않은 것에 대해 분노와 미움이 쌓여 있었고, 결국 아버지를 죽이고 자기가 황제권을 찬탈하고 그다음에 막시무스와 그의 가족을 죽이라고 명령을 내린다. 막시무스는 탈출해서 가까스로 고향 히스파니아로 돌아갔는데, 가족들은 이미 코모두스가 보낸 군인들에게 살해된 뒤였다. 훗날 막시무스는 검투사가 되어 검투 경기를 좋아하던 코모두스 황제와 맞대결을 하고 두 사람이 함께 경기장에서 죽는 것으로 영화는 끝을 맺는다.

그러나 앞에서 살펴보았듯 아우렐리우스 황제는 아들 코모두스를 후계자로 잘 준비시켰고, 도나우강 전선에서 병사할 때 아들을 '떠오르는 태양'이라고 칭할 정도로 제위 계승을 원했다. 아우렐리우스 황제는 아들을 어려서부터 충분히 훈련시켰기 때문에 황제 노릇을 잘할 것으로 기대했을 것이다. 그런데 결과가 좋지 않다 보니 영화는 '아들 바보'였던 철학자 황제를 미화하기 위해 애초부터 아우렐리우스가 자기 아들에게 권력을 주지 않으려 했다고 포장한 듯하다. 또한 막시무스 장군은 시나리오 작가가 만든 가상의 인물이다. 역사적 사실과 재미를 위해 만든 역사 영화의 스토리는 꽤나 큰 차이가 있는 셈이다.

셉티미우스의 등극

코모두스가 암살된 이후 페르티낙스가 황제로 추대되었지만 석 달 만에 근위대에 의해 살해되었다. 이후 율리아누스가 제위에 올랐지만 그 역시 오래 버티지 못했다. 이처럼 황제권이 동요하자 속주에 나가 있던 군단들이 자신의 사령관을 황제로 추대하면서 내전을 펼쳤고, 판노니아 총독 셉티미우스 세베루스가 경쟁자들을 물리치고 마지막으로 승리하여 세베루스 황가 시대(193-235)를 열었다.

셉티미우스 세베루스(재위 193-211)는 146년에 현재

리비아의 수도 트리폴리에서 동쪽으로 133킬로미터 떨어진 렙티스 마그나에서 태어났다. 아프리카 출신 황제인 셈이다. 로마가 광대한 지중해 세계를 오래도록 통치할 수 있었던 비결 중에는 개방성도 한몫했다. 공화정 시기에 이탈리아 반도를 지배한 도시 로마의 혈통 귀족부터 평민 출신 신 귀족이 원로원에 새로운 활력을 불어넣었다면, 제정기에는 시간이 흐르면서 율리우스-클라우디우스 황가 시절 전통적인 로마 귀족 가문부터 이탈리아 출신(베스파시아누스)으로 지배 가문이 옮겨 가다가 2세기에는 히스파니아 출신(트라야누스), 그리고 3세기 들어서면서 드디어 아프리카 출신 황제(세베루스)가 나왔기 때문이다. 제국 중심부 도시 로마 출신 엘리트뿐만 아니라 제국 중심부에 와서 활동한 주변부 출신 엘리트에게도 원로원 의원이나 장군, 더 나아가 황제 자리가 열려 있었던 것이다.

셉티미우스 세베루스는 코모두스 사후의 내부 혼란을 수습하고 권력을 장악했다. 그는 권력 유지와 제국의 번영을 위해 군대의 중요성을 간파하고 많은 재원을 강력한 군대 육성에 투입했다. 특히 군단 병사들의 급여를 높여 주어 충성을 확보했고, 자신을 추종하는 병사들 중에서 새로이 근위대를 편성했다.

셉티미우스 세베루스는 두 아들 카라칼라, 게타와 함께 떠난 두 차례의 파르티아 원정에서 대승을 거두었다. 동쪽 국경을 두고 대립하던 파르티아는 로마 장군들의 명예욕을 자극했지만 이 지역을 제대로 정복한 사람은 셉티미우스 세베루스와 그의 아들들뿐이었다. 이 전쟁을 기념하기 위해 203년 로마 광장 북동쪽 끝 카피톨리움 언덕 입구에 개선문을 세웠다.

셉티미우스 세베루스는 말년에 브리타니아 원정에

나가 스코틀랜드의 중심부를 정복하고 하드리아누스 장벽을 재건했다. 그러나 전쟁 중에 중병에 걸려 211년에 에보라쿰(오늘날의 요크)에서 죽었다. 그는 죽어 가면서 자기 두 아들에게 다음과 같은 말들을 남겼다. "'싸우지 말고 잘 단합해라", "병사들을 잘 돌봐라", "다른 일은 신경 쓰지 마라." 군대만이 권력 유지에 중요하다는 것을 체험한 황제의 유언이었다. 카라칼라와 게타가 공동으로 제위를 계승했다. 기번은 "로마제국의 멸망이 시작되게 한 장본인이 바로 셉티미우스 세베루스다"라고 평가했다. 왜냐하면 그는 강력한 군대를 육성해서 로마의 국방을 든든히 했지만 군대가 정치권력의 실세가 되다 보니 내부적 혼란 해결에 군대가 중심적으로 활용되었기 때문이다. 이후 3세기 중엽 이른바 군인황제 시대는 셉티미우스 세베루스가 뿌린 씨의 결과라고 할 수 있다.

카라칼라 시대

그러나 세베루스의 바람과는 달리 형제간 반목이 너무나 심했다. 어머니가 중간에서 열심히 중재했는데도 결국 1년도 못 되어서 어머니의 처소에서 둘이 서로 회담하다가 카라칼라(재위 211-217)가 측근들을 시켜 동생 게타를 죽이고 단독 황제가 되었다. 카라칼라가 게타에게 "신이 될지어다. 그러나 살아서 신이 되지는 말라"라고 말했다고 한다. 한마디로 죽으라는 뜻이었다. 황제가 죽으면 후임 황제가 전임자를 신격화해 주는 전통이 있었다. 권력욕에 불타 동생을 죽이면서까지 권력을 잡다 보니 정신 상태가 정상은 아니었고 늘 죄책감에 시달려서 사람들에게 인정받고자 하는 정책들을 펼쳤다고 평가되고 있다.

파르티아 정복을 기념해 로마 광장에 세운 셉티미우스 개선문. 로마 광장에는 군사적 승리를 기념하기 위해 세운 개선문이 세 개 (티투스 개선문, 셉티미우스 개선문, 콘스탄티누스 개선문) 있다.

로마제국 내 모든 자유인에게 로마 시민권 개방

카라칼라는 212년에 로마 역사상 처음으로 제국 전역의 모든 자유인에게 로마 시민권을 개방하는 조치를 내렸다. 로마 시민권은 로마의 정치와 국가 운영에 참여할 수 있는 권리였다. 로마는 영토를 넓혀 가면서 외부인에게 시민권을 개방했다. 로마가 이탈리아 반도를 정복할 때에도 이탈리아 각 도시들에 시민권을 많이 개방했다. 그 지역의 유력한 사람들이 로마 시민으로서의 권리를 행사할 수 있는 기회를 준 것이다. 로마가 자신의 도시를 정복해도 자치를 하게 해주고 그곳을 지배하고 있던 엘리트에게 로마 시민권을 주기 때문에 로마의 통치가 늘 적대감을 일으키는 것은 아니었다. 피정복민에게 '나도 로마인이다'라는 인식을 심어 주어 로마의 일원으로서 정체성을 공유할 수 있게 하는 정치적 감각이 있었던 것이다. 이렇게 이탈리아 반도로 로마 시민권이 확장되었다.

물론 그 과정이 순탄했던 것만은 아니었다. 우리가 앞에서 보았듯이 공화정 후기인 기원전 90년부터 88년까지 3년여 동안 동맹국 전쟁이 있었다. 이탈리아 반도의 여러 동맹국과 도시들이 로마에 반기를 든 것이다. 그런데 로마 내부에서도 시민권을 이탈리아 반도의 모든 자유인에게 준다는 것은 상당히 부담스러운 상황이었다. 로마 안에서도 귀족과 평민 간에 갈등이 있었는데, 평민들도 이탈리아인 모두에게 시민권을 개방하는 것을 별로 좋아하지 않았기에 자꾸 지체된 것이었다. 결국 동맹국 도시들이 "그렇다면 우리는 동맹이고 뭐고 우리 이탈리아인들끼리 하나의 통일된 국가를 세우자"라며 로마에 대해 전쟁을 선포하고 새로운 국가, 즉 이탈리아를 만들기로 했던 것이다. 3년 만에 동맹국 전쟁은 로마의 승리로 끝났지만 동맹국 시민들

에게 로마 시민권을 주는 것으로 매듭을 지었다. 그래서 이
탈리아 반도에 있는 모든 시민은 로마 시민이라는 정체성
을 공유하게 되었던 것이다.

그리고 카라칼라 황제 때까지 거의 300년 동안 일부
속주의 엘리트들에게만 일종의 특권으로 로마 시민권을 개
방했다. 이 특권인 로마 시민권을 가지고 있던 사도 바울은
어려움에 직면할 때 시민권을 내밀어서 위기에서 벗어나
곤 했다. 그는 복음을 전하다가 유대인들에게 폭력을 당하
기도 했는데, 출동한 로마 군인들이 바울이 로마 시민권자
임을 알아차리고 당황해하기도 했다(행 22:25-29). 특히 바
울의 로마로 가는 마지막 전도 여행은, 폭력을 당한 바울
이 억울하다며 황제에게 상소하는 바람에 로마로 압송되
면서 떠난 것이다. 즉, 로마 시민권자는 황제에게 상소할 권
리가 있었다.

이처럼 1세기 중엽만 하더라도 시민권은 특권이었다.
그런데 212년 카라칼라 황제는 로마제국의 모든 자유인에
게 로마 시민권을 수여했다. 재정 위기에 처한 황제가 속주
민들에게까지 시민권을 확대해서 로마 시민에게만 부과되
었던 상속세나 노예해방세 등 조세 수입을 증대하려는 조
치였다는 해석도 있다. 그러나 시민권을 얻은 사람들 중에
조세 부담에 기여할 정도의 부자들은 많지 않았고, 재정
위기가 있었다 해도 이 방법이 유일한 해결책일 수는 없었
다. 따라서 10퍼센트를 넘지 않았던 로마 시민권을 제국 전
역의 모든 자유인에게 확대한 것은 로마제국이 명실상부하
게 정치적 평등을 실현한 것으로 평가될 수 있다.

카라칼라 목욕장
로마 시민들의 인기를 얻는 방법 중 하나는 거대한

공공 목욕장을 건설해서 시민들의 여가 시간을 즐겁게 해주는 것이었다. 지금도 로마에 가면 큰 목욕장 유적이 두 개 남아 있는데, 하나는 카라칼라 목욕장이고 다른 하나는 디오클레티아누스 목욕장이다. 카라칼라 목욕장은 콜로세움에서 남쪽으로 내려가는 길목인 아피우스 가도 출발점 지점에 있는데 1,600명을 수용할 정도로 아주 크다. 목욕탕을 왜 이렇게 크게 지었나 의아하겠지만 목욕탕은 목욕만 하는 곳이 아니었다. 온탕과 냉탕, 사우나실뿐만 아니라 소극장과 도서관 등도 있는 사교장이었다. 일종의 복합체육시설인 것이다. 이처럼 카라칼라 황제는 동생을 죽이고 정적들을 살해하는 등, 권력을 독점하고 공고히 하는 과정에서 생긴 잔인한 황제 이미지를 지우기 위해서 대내외적으로 많은 노력을 했다.

군인황제 시대

카라칼라 황제는 그나마 강력한 리더십으로 제국을 운영했다. 그러나 그가 파르티아 원정에 나갔다가 217년 친위대장의 음모로 암살된 뒤부터 로마는 다시 혼란에 휩싸였고, 결국 '군인황제 시대'(235-284)를 맞게 되었다. 군단을 배경으로 한 군사령관들이 황제로 옹립되었다가 축출되는 혼란이 거듭되면서 50년 동안 18명의 황제가 바뀌었는데 2-3년마다 황제가 바뀐 셈이다.

이러한 내적인 혼란은 외침과 무관하지 않았다. 황제권이 내부적으로 흔들리면서 라인강과 도나우강 중심으로, 그리고 셉티미우스 세베루스가 잠시 장악했던 파르티아 쪽에서 끊임없는 외적의 침입에 시달려야만 했다. 이미 3세기 중엽부터 고트족과 프랑크족이, 그리고 동방에서는 파르티아를 무너뜨리고 등장한 사산조 페르시아가 국경을 압박하기 시작했다. 4-5세기 대사건인 '게르만족의 이동'의 전조가 이미 3세기에 나타나기 시작한 것이다.

데키우스 황제의 그리스도교 박해

이처럼 3세기 중엽에 황제권이 흔들리다 보니 빈번해진 이민족의 침입에 대처하기는 쉽지 않았다. 셉티미우스 세베루스는 국경에 장기간 나가 있는 병사들이 현지 여자들과 혼인하는 것을 법으로 허용했다. 더 나아가 현지에서 징집된 보조군 병사들에게 부대 주변의 농지를 분배해서 농사짓게 함으로써 국경 수비에 더 힘쓰도록 했다. 이러한 조치 덕분에 일시적으로 국경 수비가 강화된 측면이 있었다. 그러나 군단들을 주둔 지역의 상비군처럼 고정시키는 바람에 국가의 이익보다는 주둔 지역의 이익을 우선하는 경향이 강해졌고, 다른 지역에 외적이 침입하는 등 긴급한 상황이 발생했을 때 주둔지를 떠나는 것을 원치 않았다는 문제가 있었다. 또한 동시다발적으로 전개되는 국경에서의 위기를 수습할 만한 인적·물적 자원도 충분하지 않았다.

이처럼 제국이 정치적, 군사적 위기에 직면하자 로마의 전통 종교를 인정하지 않고 평화를 외친 그리스도교는 내부의 적으로 여겨져 공격받기 십상이었다. 네로 황제를 시작으로 도미티아누스와 아우렐리우스 황제 때 그리스도교 박해가 있었지만 데키우스 황제(재위 249-251)는 제국 전역에서 그리스도교를 체계적이고 조직적으로 탄압한 황제로 기억되고 있다. 248년은 로마 건국 1,000년이 되는 해로서 옛 로마 정신을 고무하고 제국이 처한 대내외적 위기를 국가 종교와 황제 숭배를 통해 해결하려는 분위기가 팽배했다.

249년에 제위에 오른 데키우스는 모든 국내외의 위기가 그리스도교 신자들 때문이라고 비판하면서 250년 1월에 칙령을 발표해서 제국의 모든 주민이 정해진 날 각 지역의 신전에 나가 제물을 바치고 관리가 발급하는 참가확인서(libellus)를 받도록 했다. 참가확인서에는 그 사람이 제사에 참가해서 국가의 신들에게 제물과 제주를 바칠 뿐만 아니라 그것을 먹고 마셨다는 것을 국가 관리가 보증하는 내용이 적혀 있었다. 국가 제사의 참여를 거부한 자들에게는 재산 몰수, 고문, 처형 또는 추방의 벌이 내려졌다. 성경은 다신교적 전통에서 나온 국가제사들에 참여하는 것을 우상숭배라 하여 금지했기 때문에 이 칙령은 진정한 그리스도인들을 가려내는 기준이 될 수 있었다. 250년에는 때마침 전염병이 발생하여 20여 년 지속되었는데 로마에서 하루에 5,000여 명이 죽은 날도 있을 만큼 큰 피해를 입혔다. 이 전염병이 자신의 명령을 어긴 그리스도인들의 마술 때문에 일어났다고 믿은 데키우스는 그리스도교 박해를 더욱 가혹하게 진행했다. 이후에 이 전염병은 전염병에 대해 기록을 남긴 키프리아누스의 이름을 따서 키프리아누스 전염병으로 명명되었다.

데키우스의 박해로 예루살렘, 안티오키아, 알렉산드리아 등 그리스도교인이 집중적으로 거주하던 제국의 동방에서 많은 희생자가 나왔다. 돈 많은 부자 그리스도인들은 재산을 지키기 위해 국가 제사에 참여하거나 박해를 피해 도망가기도 했지만, 국가 제사를 거부하다가 교황 파비우스, 안티오키아의 바빌라스, 예루살렘의 알렉산드로스가 순교했고 오리기네스는 카이사리아에서 당한 고문과 박해의 후유증으로 2년 뒤에 티로스에서 죽었다. 데키우스의 박해는 짧았지만 그리스도인들에게는 신앙을 지키려면 죽임을 당할 수도 있다는 공포심을 불러일으키며 큰 충격을 주었다. 나중에 국가 제사에 참가했던 자들은 이후 박해를 감내한 그리스도인들의 따가운 시선을 받아야 했다.

 # 디오클레티아누스 시대

마르쿠스 아우렐리우스 황제가 죽은 180년부터 디오클레티아누스 황제가 등극한 284년까지 거의 100년 정도 로마 제국은 대내외적 위기에 처했다. 이 위기를 수습한 황제가 바로 디오클레티아누스, 즉 가이우스 아우렐리우스 발레리우스 디오클레티아누스(245-312, 재위 284-312)다. 달마티아의 살로나(오늘날의 크로아티아의 스플리트)에서 하층민으로 태어난 디오클레티아누스는 동방의 여러 속주에서 총독으로 근무하고 로마의 콘술을 지냈으며 황실 근위대 등을 역임하면서 권력을 쌓아서 황제가 될 수 있었다.

전제정(도미나투스)의 시작

로마 제정 시대는 아우구스투스가 시작했던 원수정 시대와 디오클레티아누스의 전제정 시대로 나눌 수 있다. 원수정 시대의 황제는 스스로를 '제1시민'으로 자처하며 원로원과 귀족들에게 가급적 권위주의적 모습을 보여 주지 않으려 애썼다. 그러나 '3세기의 위기'를 겪고 권좌에 오른 디오클레티아누스는 여러 가지 군사적인 내부 혼란을 수습하기 위해 '시민의 1인자' 이상의 막강한 권위와 권력이 필요했다. 따라서 황제는 보통 시민과 다르다는 뜻에서 '도미누스 에

---

1 —— 영화 제목으로도 유명한 표현인 "쿠오바디스, 도미네"(주여, 어디로 가시나이까?)에서 '도미네'는 '도미누스'의 호격으로 '주님'을 뜻한다. "쿠오바디스, 도미네"는 네로의 박해를 피해 로마에서 도망쳐 나가던 베드로가 로마 쪽으로 십자가를 지고 오는 예수를 만나게 되는데, 그때 예수께 물었다는 말이다.

트 데우스'(dominus et deus)로 부르게 했다. '도미누스'는 '주
인'이라는 뜻이고 '데우스'는 '신'이라는 뜻이다.[1] 로마 시민
들, 나아가 모든 제국민에게 '주인이자 신'으로 군림하겠다
는 뜻이었다. 이 디오클레티아누스의 체제를 도미누스의 체
제, 즉 도미나투스(전제정)라고 부른다. 이제 로마인들은 황제
를 만날 때에 시민이지만 마치 황제의 노예처럼, 그리고 신
에게 나아가듯이 몸을 낮추고 겸손한 자세를 취해야 했다.

4제통치

디오클레티아누스는 이처럼 황제의 권위를 신적 지
위로 끌어올렸을 뿐만 아니라 여러 가지 개혁을 단행했다.
군인황제 시대의 정치적 혼란을 근본적으로 수습하기 위
해 제국을 동서로 나누고, 동서 로마를 다시 둘로 나누어
네 명의 황제가 분할해서 통치하게 했다. 황제 한 사람이
통치하기에는 로마제국이 너무 광대했고, 무엇보다도 황제
권력을 두고 내전이 일어나는 것을 사전에 막자는 것이다.
즉 제국을 적절히 나누어서 다스리는 '4제통치'(tetrarchia)
를 제도화한 것이다. 또한 필요한 재정을 확충하기 위해 조
세 개혁과 화폐 개혁을 단행했다. 이런 일련의 개혁을 통해
서 디오클레티아누스는 대내외적인 위기를 수습하고 새로
운 시대를 만들어 가려고 했던 것이다.

동서 로마의 경계는 발칸반도로, 오늘날의 크로아티
아와 보스니아-헤르체코비나 지역이다. 로마제국은 로마에
서 시작하여 이탈리아 반도를 거쳐 동서 지중해로 팽창했
기 때문에 도시 로마와 이탈리아 반도가 제국의 중심이었
다. 그러나 문명은 오리엔트에서 시작해서 그리스와 로마
로 확대되었기 때문에 동쪽이 선진 문명 지역이었다. 카
이사르 시대나 아우구스투스 시대에도 동쪽이 물질적으로

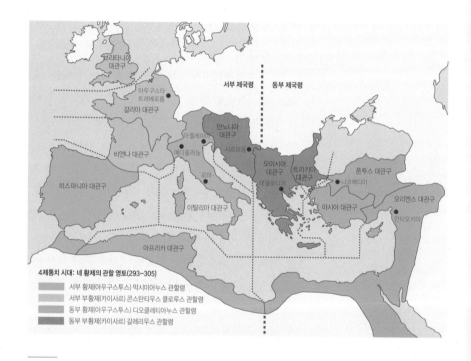

4제통치 시대: 네 황제의 관할 영토(293-305)

- 서부 황제(아우구스투스) 막시미아누스 관할령
- 서부 부황제(카이사르) 콘스탄티우스 클로루스 관할령
- 동부 황제(아우구스투스) 디오클레티아누스 관할령
- 동부 부황제(카이사르) 갈레리우스 관할령

4제통치 시대의 로마.

나 정신적으로 훨씬 앞서 있었다. 그래서 로마인들은 문화를 이야기할 때면 항상 그리스 문화를 받아들여서 로마화하는 작업을 했던 것이다. 언어도 이탈리아 반도를 포함한 서쪽은 라틴어 문화권이었다. 이베리아 반도와 현재의 프랑스 땅은 카이사르의 갈리아 정복 이후 지중해 문화권에 편입되어서 라틴어가 국제어로 통용되었다. 그러나 동부 지중해 세계는 알렉산드로스 대왕의 정복 이래로 그리스문명권이어서 헬레어가 국제어로 통용되었다. 로마가 그리스인에 의해 문명을 받아 발전시켰기 때문에 그리스 지역은 그리스 문명과 오리엔트 문명이 워낙 뿌리 깊게 박혀 있어서 로마가 통치는 했지만 로마 문화를 침투시키지는 못했다. 그래서 군인들만 라틴어를 썼고 일반인들의 언어는 모두 헬라어였다. 동쪽 지역이 더 중요한 대접을 받는 것은 당연한 일이었다.

동로마를 차지한 디오클레티아누스

디오클레티아누스는 로마를 동과 서로 나누고 양쪽을 한 번씩 더 나누어 정황제 2명과 부황제 2명이 다스리는 4제통치를 만들었으며, 정황제는 '아우구스투스'라 칭하고 부황제는 '카이사르'라 칭했다. 그동안은 황제에게 그 두 호칭을 같이 썼는데 카이사르가 약간 격이 떨어지는 칭호였다. 왜냐하면 카이사르 집안에 옥타비아누스가 입양되는 형식이었기 때문에 카이사르가 된다는 것은 후계자가 된다는 것으로, 선후 관계가 있었다. 반면 아우구스투스 칭호는 옥타비아누스가 기원전 27년에 원로원으로부터 처음으로 받은 칭호이며, 그 뒤 황제들이 전부 아우구스투스라는 칭호를 계승해 갔다. 그래서 좀 더 권위 있는 칭호였다. 이처럼 네 명의 황제가 광대한 로마제국을 4분해서 통치했다.

　4제통치의 수도는 니코메디아와 시르미움, 메디올라
눔과 아우구스타 트레베로룸이었다. 제국 서부의 수도가
로마가 아니라 메디올라눔(오늘날의 밀라노)으로 올라간 것
은 큰 변화다. 이는 아마도 국방의 필요성 때문인 것으로
보인다. 이미 3세기가 되면 로마는 끊임없이 외침에 시달린
다. 로마가 중심이긴 했지만 알프스 너머로 밀려오는 외세
를 막으려면 알프스에서 그리 멀지 않은 밀라노를 서로마
의 중심 도시로 발전시켜 외침에 대비하려 했던 것이다. 네
황제의 통치 구역이 정치적으로 새로운 질서처럼 보이지만
문화적으로나 지리적으로는 구별되던 지역이었다. 다만 디
오클레티아누스가 확실하게 4등분함으로써 이후 동로마와
서로마의 분리를 예견하는 조치가 되었다.

　제국 동부의 정황제(아우구스투스)인 디오클레티아누
스는 니코메디아를 수도로 하고 오리엔트 대관구라 부르
는 지역을 통치했다. 오리엔트라는 말은 이탈리아 반도를
중심으로 볼 때 '해뜨는 곳', 즉 동쪽 지역이란 뜻이고, 지금
의 터키나 팔레스타인, 이집트 등을 말한다. 부황제(카이사
르) 갈레리우스는 일리리쿰 대관구라고 해서 트라키아, 모
이시아, 판노니아 등 오늘날의 발칸반도와 동유럽을 관할
구역으로 맡았다. 제국 서부는 정황제 막시미아누스가 밀
라노를 중심으로 이탈리아와 에스파냐를, 부황제 콘스탄티
우스가 오늘날 영국과 프랑스 땅을 통치했다.

　4제통치는 광대한 제국에 대한 외침을 효율적으로
방어하고 황제권을 둘러싼 권력 투쟁을 완화하기 위해 나
온 실용적인 체제였다. 군인황제 시대로 본격화된 3세기의
위기에 대한 나름대로의 최선책이어서 디오클레티아누스
는 로마를 위기에서 건진 '구원투수'로 평가되고 있다. 물론

베네치아 마르코 성당의
네 명의 황제상.
4제통치를 잘 형상화했다.

4제통치가 그의 구상대로 이어지지는 않았지만 100여 년이 지난 뒤 동서 로마가 분리되면서 동로마제국이 1,000년 이상 더 유지될 수 있는 토대가 되었다. 이탈리아 반도의 로마를 중심으로 유지되던 로마제국의 수명이 3세기의 위기를 겪으면서 더 이상 효과적이지 않다는 것을 로마인들이 깨달은 것이다.

이탈리아의 베네치아에 가면 산 마르코 성당이 있는데, 성당의 한 구석 기둥에 네 명의 황제상이 있다. 4제통치를 잘 형상화해 놓은 작품으로, 앞에는 정황제끼리, 뒤에는 부황제끼리 협력과 우의를 다지고 있는 모습이다. 이렇게 권력을 나누어서 적절한 선을 지킨다는 것은 쉽지 않은 일이다. 이렇게 나눠 놓고 국가를 외침과 내란의 위험에서 건져 낸 디오클레티아누스가 참 대단하다. 그런데 이 상은 원래 디오클레티아누스가 통치하던 니코메디아의 궁전에 있던 것인데, 나중에 콘스탄티누스 황제가 건설한 새 수도 콘스탄티노폴리스의 카피톨리움 신전으로 옮겨졌다가 1204년 제4차 십자군이 콘스탄티노폴리스를 점령했을 때 베네치아로 약탈해 온 것이다.

디오클레티아누스의 퇴위

305년 5월 1일 니코메디아와 밀라노에서 특이한 행사가 거행되었다. 두 곳에서 동시에 디오클레티아누스와 막시미아누스의 황제 퇴임식이 진행된 것이다. 디오클레티아누스가 로마 황제 자리에 오른 지 21년째 되는 해였고, 4제통치를 시작한 지는 12년째 되는 해였다. 직접적인 원인은 디오클레티아누스의 급속한 건강 악화였다. 그럼에도 죽기 전에 스스로 퇴위를 선언한 것은, 또한 서로마 황제 막시미아누스에게 동반 은퇴를 요구한 것은 로마 역사상 이례적이

었다. 그들이 물러난 자리에는 부황제였던 갈레리우스와 콘
스탄티우스가 즉위했다. 디오클레티아누스는 이후 고향인
살로나(오늘날의 크로아티아 스플리트)에 마련된 궁전에서 여생
을 지냈다. 스플리트에 가면 디오클레티아누스가 말년을 보
낸 황궁터가 남아 있다. 당분간은 4제 통치가 잘 승계되는
듯했다. 그러나 얼마 지나지 않아 로마제국은 다시 한 번 권
력 투쟁과 내전에 휩싸였고 여러 차례 내전을 거쳐서 콘스
탄티우스의 아들 콘스탄티누스의 일인통치로 귀결되었다.

디오클레티아누스의 그리스도교 박해령

디오클레티아누스에 대한 평가 중에 가장 부정적인
것은 그리스도교를 마지막으로 탄압한 황제라는 것이다.
3세기 말 디오클레티아누스 치세에 그리스도교인의 비율
은 10퍼센트 정도였고, 제국 동부에서는 조금 더 비율이
높았던 것으로 추정된다. 디오클레티아누스의 등장으로 황
제권을 둘러싼 정치적 혼란은 어느 정도 수습했지만, 전염
병이나 외침 등은 끊이지 않았다. 로마인들은 나라가 위기
에 처할 때마다 자신들이 숭배하는 신들에게 더욱더 매
달릴 수밖에 없었는데, 디오클레티아누스가 볼 때 대내외
적 위기는 로마의 신들에 대한 제사를 소홀히 해서 일어난
일이었다. 그리스도교인들처럼 국가 제사에 참가하지 않는
세력은 신들의 분노를 초래하는 이들이므로 가만히 놔둬
서는 안 될 세력이었다.

유피테르의 대리인이며 로마 전통종교의 수호자임
을 자처한 디오클레티아누스는 로마의 전통 종교를 회복
시키기 위해 국가 제사를 강화해야 한다고 생각했다. 그래
서 299년 황궁을 시작으로 여러 국가 관리들과 병사들에
게 국가 제사의식에 반드시 참여하도록 명령했다. 거부하

살로나의 디오클레티아누스 궁정 상상도.
디오클레디아누스는 은퇴 후 이곳에서 살다

는 자들은 태형이나 무거운 형벌로 다스렸다. 이방신에 대한 제사는 그리스도교인들이 가장 싫어하는 것이어서 탄압을 받을 수밖에 없었다. 로마는 제사를 거부하는 교회를 파괴하고 집회를 금지하고 사제들을 체포하고 교회 집기들을 소각하며 핍박했다. 또한 그리스도교인임이 드러나면 관직을 박탈했다.

디오클레티아누스 연호(Anno Diocletiani)

284년에 등극한 디오클레티아누스는 303년에 그리스도교에 대한 박해 칙령을 내려 그리스도교를 파괴하려 했다. 이를 기억하기 위해 이후 교회에서는 디오클레티아누스 연호를 사용했다. 로마인들은 콘술 임기가 1년이기 때문에 두 명의 콘술 중 한 콘술의 이름으로 그해를 표시했다. 즉 '○○○이 콘술이던 해'라는 식으로 그해를 표기했다. 그러다가 제정 시대에는 황제의 제위 연도로 표기했다. 신약성경에도 "디베료(티베리우스) 황제가 통치한 지 열다섯 해"(눅 3:1)라는 표현이 나온다. 그런데 디오클레티아누스 연호는 그의 치세가 끝난 뒤에도 계속 사용되었다. 박해가 대단히 커 순교자가 많았기 때문에 디오클레티아누스 연호를 '순교자 연호'(Anno Martyrum. A.M.)라고 바꿔 계속 썼던 것이다. 즉 디오클레티아누스가 즉위한 284년을 원년으로 계산해서 순교자들의 연호로 쓴 것이다. 이로써 교회는 디오클레티아누스의 박해를 기억할 수 있게 되었다. 그러다가 6세기 디오니시우스 엑시구스가 예수가 태어난 해를 원년으로 하는 A.D. 연호를 쓰면서 서기(A.D./B.C.)가 나왔다.

그리스도교 박해에 대한 이견들

박해에 대한 정보는 대개 교회사에서 언급되다 보니 과장된 측면이 있다. 그래서 요즘 학자들은, 예를 들어 유세비우스(260-340) 같은 교회사가들의 박해에 대한 기록에 비판적이다. 그의 기록에 과장된 표현이 많다고 보는 것이다. 로마에 의한 그리스도교 박해가 항시적으로 일사불란하게 행해진 것은 아니었다. 황제에 따라, 그리고 지역에 따라 편차가 있었다. 어느 지역 총독이 특별히 그리스도교에 대해 강하게 반감을 가졌다면, 그곳에서는 박해가 심할 수 있었다.

에드워드 기번은 《로마제국 쇠망사》에서 "박해의 실상이 과장되어서는 안 된다"면서 "디오클레티아누스 박해 10년 동안 처형된 주교는 9명에 지나지 않는다"고 말한다. 그리고 역사적으로 2,000여 명 정도 순교했는데 교회사에서는 훨씬 많은 사람이 순교한 것으로 통계를 잡는다고 주장했다. 이러한 주장으로 인해 기번은 영국 국교회에서 많은 비판을 받았다. 그가 살았던 18세기는 계몽주의가 유럽 지성계를 장악하고 있었고, 반그리스도적인 성향을 기본적으로 지니고 있던 기번 역시 그러한 기조에서 교회사를 보았던 것이다.

그러나 그리스도교가 가진 유일신 사상과 예수를 그리스도로 믿지 않고는 구원이 없다는 구원론이 다신교적 전통의 지중해 세계에 끼친 영향과 그에 대한 반감의 정도는 결코 가벼운 것이 아니었을 것이다. 통계 수치 하나하나를 문제 삼을 수는 있지만 복음이 황제 숭배와 다신주의를 강조하는 로마 지배자들에게 결코 간단한 문제가 아니었을 것이고, 사회적 위기가 고조되었을 때 그리스도교가 박해받은 것은 그러한 반감의 표현으로 볼 수 있다. 지금도 복음이 전해지는 곳에는 정도의 차이는 있지는 반대와 반감이 여전히 존재하고 있다.

콘스탄티누스 시대

콘스탄티누스 황제의 출신 배경

이제 그리스도교 역사에서 커다란 전환점이 된 콘스탄티누스 시대를 알아보자. 그의 본명은 '플라비우스 발레리우스 아우렐리우스 콘스탄티누스'(Flavius Valerius Aurelius Constantinus)이고 황제가 되어서는 '임페라토르 카이사르 플라비우스 콘스탄티누스 피우스 펠릭스 이누이티우스 아우구스투스'(Imperator Caesar Flavius Constantinus Pius Felix Inuitius Augustus)가 되었다. 황제권의 권위와 전통을 강조하기 위해 '임페라토르, 카이사르, 아우구스투스'라는 세 용어가 다 들어가 있다. 콘스탄티누스는 다키아의 나이수스(오늘날의 세르비아 니쉬) 출신이다. 디오클레티아누스처럼 콘스탄티누스도 발칸반도 출신인 것이다. 로마에서 황제 통치가 시작된 이래 이탈리아 출신에서 히스파니아, 아프리카를 거쳐 이제 발칸으로 황제들이 배출되는 지역이 확장되었다. 아버지는 콘스탄티우스로 디오클레티아누스 아래에서 서로마의 부황제였다. 주로 브리타니아와 갈리아 그리고 라인강 남쪽 게르마니아를 통치했다. 콘스탄티누스의 어머니는 그 유명한 헬레나다. 헬레나는 그리스도교사에서 아주 중요한 역할을 한 황후로, 313년 그리스도교로 개종한 뒤 밀라노칙령이 반포되는 데 큰 역할을 했다. 325년에는 예루살렘으로 성지 순례를 떠나 예수의 십자가와 무덤을 발견하고 그 장소를 기념해서 성묘교회를 세웠다. 이후 성녀 헬

레나로 추앙되었다. 중세 때 예루살렘으로의 성지 순례가
성황을 이루게 된 것도 헬레나의 공로라 할 수 있다.

디오클레티아누스 퇴위 후 4제통치의 혼란상

305년 디오클레티아누스와 막시미아누스가 10년 만
에 정황제직에서 퇴위하고, 동로마에서는 갈레리우스, 서로
마에서는 콘스탄티우스가 정황제로 등극했다. 그러나 정황
제와 부황제의 계승이 매끄럽게 마무리된 것은 아니었다.
이해관계가 충돌하면서 다시 권력 투쟁이 시작되었다. 서
방의 정황제였던 막시미아누스와 새로 황제가 된 콘스탄티
우스의 자식들 사이에서 권력을 둘러싼 다툼이 시작되었
다. 막시미아누스는 디오클레티아누스가 은퇴하면서 함께
물러나기는 했지만 제위에 대한 미련이 많았다. 새로 등극
한 콘스탄티우스와 물러난 막시미아누스에겐 각각 콘스탄
티누스와 막센티우스라는 건장한 아들이 있었다. 권력 투
쟁이 자연스럽게 아들 대로 이어진 것이다. 특히 콘스탄티
우스는 아우구스투스가 된 다음에 얼마 살지 못하고 죽었
기 때문에 문제가 더 커졌다. 콘스탄티우스의 군인들은 아
버지가 죽었으니 콘스탄티누스가 아우구스투스가 되어야
한다고 주장하고 자기들 나름대로 권력을 세워 가려고 했
다. 그러자 막시미아누스의 아들 막센티우스가 그것을 인
정하지 않고 먼저 로마를 장악해서 자신을 정황제로 선언
한 것이다. 서로마에 두 명의 아우구스투스가 세워진 것이
다. 콘스탄티누스는 아버지가 물려준 군대의 힘으로, 반면
에 막센티우스는 아버지의 후광으로 로마를 장악해 우위
를 점하려 했다. 콘스탄티누스파 군대가 로마로 진군하면
서 내전이 전개되었다.

312년 10월에 로마 북방 15킬로미터 지점에 있는 밀

위: 〈밀비우스 다리 전투〉, 라파엘로 작.
아래: 콜로세움 앞에 있는 콘스탄티누스
개선문. 밀비우스 다리 전투 관련 내용이
부조로 조각되어 있다.

비우스 다리에서 콘스탄티누스 군대와 막센티우스 군대 간에 전투가 벌어졌다. 교회사가 락탄티우스(240?-320?)에 따르면 전투 전날 밤에 콘스탄티누스에게 환상이 보여 병사들의 방패에 옛날에 쓰이던 승리의 상징을 표시하라는 지시가 있었다고 한다. 그 상징이 '라바룸'(XP)이라 불리는 표식 즉, 헬라어 '크리스토스'($XPI\Sigma TO\Sigma$, Χριστός)의 첫 두 글자인 X(카이)와 P(로)의 결합문자였다.[2] 또 다른 교회사가 유세비우스는 《교회사》에서 하나님이 이 전투에서 콘스탄티누스를 도왔다고 밝혔다. 그러나 나중에 쓴 《콘스탄티누스 전기》에서는 콘스탄티누스가 낮에 행군하다가 하늘 위로 빛을 발하는 십자가와 헬라어 문구 "엔 투 토 니카(ἐν τού τῳ νίκα)", 즉 "이 표시로 이기리라"라는 문구를 보았다고 좀 더 자세하게 설명했다. 그리고 그날 밤에 예수가 콘스탄티누스의 꿈에 나타나 적과 싸울 때 그 표식을 사용하라고 설명했다는 것이다.

콘스탄티누스가 보았다는 환상의 사실 여부를 떠나서, 밀비우스 다리 전투에서 막센티우스와 그의 병사들은 불어난 티베리스 강물에 수장되었고 승리한 콘스탄티누스는 로마에 입성할 수 있었다. 콘스탄티누스는 이 전투의 승리를 계기로 새로운 시대의 황제로서 자신의 지배권을 공고히 하려 했고, 원로원은 콘스탄티누스의 승리를 기념해 315년에 로마 광장과 콜로세움 사이에 콘스탄티누스 개선문을 세워 그의 전공을 기념했다.

2——— '카이 로'(X, P)를 '라바룸'이라 부르는데, 헬라어 '크리스토스'의 첫 두 글자다. X는 영어의 'X'가 아니라 헬라어 'X'이고 '크리-'의 음가를 가진다. 크리스마스를 'X-mas'라고 하는 것도 헬라어 글자를 썼기 때문이다.

밀라노칙령

콘스탄티누스의 치세에 역사적으로 더 많이 거론되는 것은 313년의 밀라노칙령(Edict of Milan)이다. 밀라노칙령에 대해서 정확히 이야기할 필요가 있다. 보통 세계사 교과서에는 "콘스탄티누스의 밀라노칙령에 의해 그리스도교가 공인되었다"라는 식으로 쓰여 있는데 실상은 조금 다르다. 당시 서방에서는 콘스탄티누스 1세가 막센티우스를 물리치고 아우구스투스가 되었지만, 동방에서는 리키니우스가 권력을 잡고 있었다. 두 황제가 313년에 밀라노에서 만나 '밀라노칙령'을 반포한 것이다. 핵심 내용은 '로마제국 전역에서 그리스도교를 포함해서 모든 종교의 자유를 인정한다'는 것이었다. 이처럼 그리스도교만 공인된 것도 아니었다. 그러나 박해 시대에 몰수되었던 모든 교회 재산을 회복시켜 준다는 내용이 포함되어 있는 등 핵심은 그리스도교라는 것이 분명하다. 그러나 그리스도교'만' 공인했다고 하는 것은 맞지 않는 이야기이므로 내용을 정밀하게 볼 필요가 있다.

밀라노칙령 전문[3]

전부터 우리(콘스탄티누스와 리키니우스) 두 사람은 신앙의 자유를 방해해서는 안 된다고 생각해 왔다.

그뿐만 아니라 신앙은 각자 자신의 양심에 비추어 결정해야 할 일이라고 생각해 왔다. 따라서 우리 두 사람이 통치하는 제국 서방에서는 이미 기독교도에 대해서도 신앙을 인정하고 신앙을 깊게 하는 데 필요한 제의를 거행하는 자

3——— 출처: '밀라노칙령(Edic of Milan)', 《가톨릭 대사전》

유도 인정했다. 하지만 이 묵인 상태가 실제로 법률을 집행하는 자들 사이에 혼란을 불러일으켰고, 따라서 우리의 이런 생각도 실제로는 사문화되었다는 것을 인정하지 않을 수 없다.

그래서 정제 콘스탄티누스와 정제 리키니우스는 제국이 안고 있는 수많은 과제를 의논하기 위해 밀라노에서 만난 이 기회에 모든 백성에게 매우 중요한 신앙 문제에 대해서도 명확한 방향을 정해야 한다는 데 의견이 일치했다.

그것은 기독교도만이 아니라 어떤 종교를 신봉하는 자에게도 각자가 원하는 신을 믿을 권리를 완전히 인정하는 것이다. 그 신이 무엇이든, 통치자인 황제와 그 신하인 백성에게 평화와 번영을 가져다준다면 인정해야 마땅하다. 우리 두 사람은 모든 신하에게 신앙의 자유를 인정하는 것이 가장 합리적이며 최선의 정책이라는 합의에 이르렀다.

오늘부터 기독교든 다른 어떤 종교든 관계없이 각자 원하는 종교를 믿고 거기에 수반되는 제의에 참가할 자유를 완전히 인정받는다. 그것이 어떤 신이든, 그 지고의 존재가 은혜와 자애로써 제국에 사는 모든 사람을 화해와 융화로 이끌어 주기를 바라면서.

지령

우리 두 사람이 이렇게 결단을 내린 이상, 지금까지 발령된 기독교 관계 법령은 오늘부터 모두 무효가 된다. 앞으로 기독교 신앙을 관철하고 싶은 자는 아무 조건도 없이 신앙을 완전히 인정받는다는 뜻이다.

기독교도에게 인정된 이 완전한 신앙의 자유는 다른 신을 믿는 자에게도 동등하게 인정되는 것은 말할 나위도 없다. 우리가 완전한 신앙의 자유를 인정하기로 결정한 것은 그

것이 제국의 평화를 유지하는 데 효과적이라고 판단했기 때문이고, 어떤 신이나 어떤 종교도 명예와 존엄성이 훼손 당해서는 안 된다고 생각하기 때문이다.

그리고 지금까지 그것을 훼손당하는 일이 많았던 기독교 도에 대해서는 특히 몰수당한 기도처의 즉각 반환을 명하 는 것으로 보상하고자 한다. 몰수된 기도처를 경매에서 사 들여서 소유하고 있는 자에게는 그것을 반환할 때 국가로 부터 정당한 값으로 보상이 이루어진다는 것도 여기에 명 기한다.

A.D. 313년 6월 밀라노에서 로마의 두 황제 콘스탄티누스 와 리키니우스가 공표

지금부터 1,700여 년 전에 나온 것이지만 "신앙의 자 유"나 "신앙은 각자 자신의 양심에 비추어 결정해야 할 일" 이라는 표현은 아주 현대적이다. 마치 오늘날 모든 사람에 게는 저마다 신앙의 자유가 있다고 말하는 것과 같은 말 이기 때문이다. 밀라노칙령의 핵심은 그리스도교도만이 아 니라 어떤 종교를 신봉하는 자에게도 각자가 원하는 신을 믿을 권리를 완전히 인정하는 것이다. 어떤 신이든 평화와 번영을 가져다준다면 된다는 사고방식이다. 로마인들은 그 신이 누구든지 신들과의 평화가 있을 때 개인이든 사회든 국가든 평안하다고 믿었기 때문이다.

그런데 전문에 있듯 밀라노칙령은 서방 황제 콘스탄 티누스와 동방 황제 리키니우스가 합의한 내용이지 콘스 탄티누스 혼자 내린 칙령은 아니었다. 그리고 로마제국 동 방에서는 311년에 아우구스투스였던 갈레리우스의 관용령 에 따라 그리스도교가 합법화되어 있었다. 다만 밀라노칙

령은 311년의 칙령에서 한 발 더 나아가 모든 종교의 자유와 함께 적극적으로 그리스도교의 보호 또는 '장려'를 천명했다는 점에서 의미가 크다. 밀라노칙령으로 인해 그리스도교는 박해받던 불법 종교에서 로마 황제의 비호를 받는 공인된 종교가 되었으며, 콘스탄티누스 1세는 제국 서방에서 그리스도교를 장려한 최초의 로마 황제가 되었다.

현재 칙령 자체를 기록한 문서는 전해지지 않으며 락탄티우스와 유세비우스의 글에 그 내용이 언급되어 있을 뿐이다. 락탄티우스의 〈박해자들의 죽음에 대하여〉에는 311년에 갈레리우스가 니코메디아에 공시했던 관용령과 제국 동부의 황제 리키니우스가 비티니아 총독에게 보내고 313년에 니코메디아에 공시했던 내용이 담겨져 있다. 유세비우스는 《교회사》에서 두 문서를 헬라어로 번역해서 전해 주고 있다. 만일 밀라노칙령이 말 그대로 칙령이었다면 공식 문건으로 제국의 모든 신민에게 구속력을 가지고 비문 형식이든 단독 문서로 남아 있어야만 한다. 그러나 우리에게 전해지는 밀라노칙령은 락탄티우스와 유세비우스의 책에 언급되어 있을 뿐이기에 칙령 자체를 두 사람이 발표한 것은 아니라는 것이 분명해졌다. 즉, 동서 로마를 대표하는 리키니우스와 콘스탄티누스 두 황제가 313년 6월에 밀라노에서 만나서 2년 전에 동로마에서 나온 갈레리우스의 관용령을 재확인한 것으로 정리된다. 콘스탄티누스와 리키니우스가 어떤 종교든지 신앙의 자유를 인정한다고 재차 천명한 것이다.

여러 가지 후속 조치가 나왔다. 그리스도인들은 디오클레티아누스 치하에서 박해받으면서 재산을 빼앗기거나 죽었는데 빼앗긴 재산을 모두 돌려받았다. 교회 재산도 돌려받았는데 제3자로 넘어간 경우에는 국가가 전부 보상해 주었다. 교회 재산을 돈 주고 산 사람에게도 국가가 보상했다. 어떻게 보면 대단한 일이다. 국가 권력이 행한 일이 나중에 잘못된 것이라고 판명되면 피해를 입은 국민에게 보상해 주어야 하지만 오늘날에도 쉽지 않은 일이기 때문이다. 이처럼 법의 통치로 그런 공적 질서가 엄밀하게 유지되어 온 것이 아마 로마의 힘일 것이다.

밀라노칙령 이후 교회의 위상 강화

밀라노칙령으로 그리스도교가 공인되고 교회가 원상 회복되자 교회에 재산을 기부하는 사람도 많아져 교회 재산이 늘어났다. 그리스도교인들에게는 당연한 일일지도 모른다. 재산이 많은 사람들은 살아 있을 때에든지 죽을 때에든지 돈을 의미 있는 곳에 쓰기를 원한다. 전에는 신전을 짓는 데 돈을 바쳤는데, 그리스도교인이 된 다음에는 그 돈을 교회에 바친 것이다. 이로 인해 콘스탄티누스 이후 교회가 부유해지기 시작했다. 이러다 보니 당연히 교회를 관리하는 주교와 사제들의 힘이 커졌다.

원래 교회는 하나님의 말씀을 가르치고 예배를 드리는 영적인 곳인데, 교회가 부자가 되고 주교들이 돈을 관리하면서 힘이 커지자 교회와 국가의 관계도 변하기 시작했다. 힘이 없을 때에는 교회가 관리들의 눈치를 봤지만 이제는 역으로 교회가 부유해지면서 국가 관리가 교회의 눈치를 보게 되었다. 만약에 그리스도교인인 고위 관리가 문제를 일으켰다면 교회는 파문을 비롯한 여러 징벌권을 행사했다. 이처럼 교회의 영적 권한이 실제로 세속 권한과 갈등을 일으킬 소지가 생겼던 것이다.

콘스탄티노폴리스의 위치. 콘스탄티누스는 중심이 될 수 있는 새로운 수도를 원했다.

황제의 교회, 교리 문제 관여

그리스도교가 공인되고 나서 이제 그리스도교 교리를 둘러싼 갈등이 수면 위로 올라오기 시작했다. 교회 안에서 예를 들어 '예수는 어떤 존재인가', '성령은 어떤 존재인가'와 같은 이성적으로 설명하기 어려운 문제들에 대해 주교나 신학자들 사이에 견해차가 두드러지게 나타났고 다수파와 소수파 사이에 이른바 정통과 이단 논쟁이 일기 시작한 것이다. 이러한 논쟁이 이론적인 토론을 넘어서서 지역 단위로 또는 학자나 주교들 사이에 정통과 이단이라고 하는 이원적인 세력 구도가 나타나면서 분란이 일어나게 되었다. 이를 해결하기 위해 절충점을 찾아야 했는데 그것을 누가 조정할 것인지에 대한 문제도 생겼다. 교회가 공인되기 전에는 내부적으로 해결할 수밖에 없었는데, 공인 이후로는 이러한 갈등이 곧 사회문제가 되었다. 따라서 교회 문제나 교리 문제를 조종할 책임과 권한이 황제에게 있다고 판단한 콘스탄티누스가 325년에 소아시아의 도시 니케아에 주교들을 모아서 당시 문제가 된 삼위일체론에 대한 토론을 하게 했다. 이게 바로 니케아 공의회였다. 공의회에서는 삼위일체설을 정통으로 인정하면서 삼위일체에 반대하는 세력을 이단으로 규정했다.

새 도시 콘스탄티노폴리스 건설

콘스탄티누스 업적 중 하나는 수도 이전이다. 로마는 천 년 이상 이어 온 전통적인 고대 다신주의 신앙의 중심지였다. 로마 광장에는 신전들이 매우 많았다. 그런 분위기 속에서 그리스도교가 새로운 문화를 만들어 가기는 어려웠을 것이다. 그래서 콘스탄티누스는 새로운 시대, 새로운 문화의 중심이 될 수 있는 새로운 수도를 원했다. 앞서 발칸반도 출신 디오클레티아누스가 황제가 되면서 동서 로마를 나누고 제국의 중심을 동쪽에 두려는 시도가 있었다. 디오클레티아누스는 니코메디아를 동로마제국 중 정황제의 거점으로 삼았다. 콘스탄티누스는 그런 입장을 이어받아 새로운 중심지를 찾았는데, 에게해에서 흑해로 들어가는 보스포루스해협 입구에 있던 비잔티움을 새 수도로 선정했다. 비잔티움은 기원전 6세기에 헬라인이 세운 식민시였다. 그곳에 '노바 로마'(Nova Roma, 새 로마)를 건설했다. 새로운 시대를 '새로운 수도'에서 시작하겠다는 뜻이었다. 이 도시는 훗날 '콘스탄티누스의 도시'라는 뜻의 '콘스탄티노폴리스'로 불리게 된다.[4]

이 도시는 유럽의 동쪽 끝이고 좁은 해협을 건너면 바로 아시아다. 해협은 가까운 곳은 1킬로미터도 되지 않는다. 유럽이 아시아와 만나는 곳이라 지정학적으로 굉장히 중요한 곳이어서 콘스탄티노폴리스에 수도를 정했던 것이고, 동서 로마가 분리되고 나서도 1,000년 이상 동로마의 수도로 유지되었다. 키케로가 "로물루스가 로마라는 터를 잘 잡아서 로마가 융성해졌다"라고 말한 것처럼 동로마의 번영도 터를 잘 잡은 콘스탄티누스의 혜안 덕분인 듯싶다. 이전에 디오클레티아누스는 비잔티움에서 86킬로미터 떨어진 니코메디아(오늘날의 터키 이즈미르)를 수도로 정해 동로마를 통치했다. 그런데 콘스탄티누스는 흑해 입구에 새 도시를 만듦으로써 그곳이 역사적으로 아주 중요한 도시로 자리 잡을 수 있게 했다. 6세기 중엽 유스티니아누스 때

---

4 —— 1453년에 오스만투르크가 콘스탄티노폴리스를 점령하면서 이름을 '이스탄불'로 개칭했다. 이스탄불이라는 말은 '그 폴리스로'라는 뜻의 그리스어 'eis tin 'polin'에서 나왔다. '콘스탄티노폴리스로'라는 뜻이다.

만들어진 그리스정교회 소속의 성 소피아 성당이 있는 곳
으로도 유명하다.

배교자 율리아누스 황제

콘스탄티누스 이후 로마제국에서 그리스도교는 점
차 제국 종교로 발전해 갔다. 다만 4세기 중엽 율리아누스
황제(재위 361-363)가 약 3년 동안 다시 그리스도교를 박해
하면서 로마 전통 종교에 대한 충성심을 회복하려 한 적이
있었다. 이로 인해 '배교자'라는 오명을 가진 율리아누스는
콘스탄티누스 치세 때 교리 논쟁에서 이단으로 추방당한
종파를 복귀시키고 종교의 자유를 약속했다. 또 콘스탄티
누스가 폐쇄한 많은 이교 신전이나 종교 의식을 복구하고
그리스도교 성직자에게 주었던 명예 면책특권도 철회하는
등 여러 반그리스도교적인 정책을 썼다.

그는 사산조 페르시아 원정에 나갔다가 퇴각하면서
적의 창에 찔려 결국 전사했다. 그런데 이때 "오, 갈릴리인
이여. 그대가 승리했도다!"라고 유명한 말을 남겼다고 전해
지고 있다. 여기서 갈릴리인은 예수를 가리킨다. 아마도 율
리아누스가 더 오래 살았다면 그리스도교는 조금 더 어려
운 상황을 맞았을 수도 있다. 기번은 율리아누스가 일찍 죽
는 바람에 "로마제국에서 '종교전쟁'이 일어나지 않았다"라
고 평가했다. 배교자 율리아누스가 오래 살았다면 지속적
으로 추구했을 이교 정책은 그렇게 에피소드가 되었다.

테오도시우스 황제, 그리스도교 국교화 선언

379년에 집권한 테오도시우스 황제는 391년에 로마
제국 내에서 모든 종류의 다신교적 전통 종교 행사나 의식
을 금지시키는 조치를 취했다. 이는 다른 말로 하면 그리스

도교의 국교화 선언이라 할 수 있다. 제우스 숭배의 한 행사였던 고대 올림픽도 금지되어, 393년에 개최된 293회 올림픽을 끝으로 더 이상 열리지 못했다. 그리스로마적 전통의 다신교적 문화는 로마제국 내에서 더 이상 지속될 수 없었기 때문이다. 이러한 테오도시우스 황제의 여러 이교 금지 조치가 나온 뒤 얼마 지나지 않아 제국은 동서 로마로 분리되었다. 그가 죽으면서 두 아들에게 동로마와 서로마를 나누어 준 것이다. 이후 서로마는 로마 교황이 이끄는 가톨릭교회의 영향권하에서 그리스도교화되어 중세 1,000년이 유지되나, 동로마는 황제교황주의에 따라 황제가 정교회의 수장이 되었고 콘스탄티노폴리스를 수도로 해서 1,000년 이상 지속되었다. 양 교회는 교리적 다툼과 정치적 다툼이 반복되면서 1054년에 완전히 갈라서고 만다.

맺음말

예수께서 승천하시며 약속하신 대로 오순절 성령이 임한 뒤 복음은 예루살렘을 시작으로 지중해 중심부인 로마까지 확산되었다. 간헐적이긴 하지만 그리스도교에 대한 박해가 진행되어 순교와 배교가 반복되었다. 그러나 밀라노칙령과 테오도시우스 황제의 국교화로 그리스도교가 최종적으로 승리했다. 박해 속에서도 신앙을 지키려는 초기 그리스도인들의 헌신으로 그리스도교는 지중해 세계의 유일한 종교가 되었다. 이제 그리스도교 외의 다른 종교 또는 그리스도교 안에서도 정통파 외의 이단들이 탄압받는 역전된 상황이 전개되었다.

성경의 정경화에서
아우구스티누스의 신국론까지

9

들어가는 말

앞에서 보았듯이 예수 그리스도의 공생애 활동으로 시작된 그리스도교는 사도들의 복음 전파로 세력권을 확대해 갔다. 그러나 그 과정은 유대인들의 반대 그리고 로마 당국의 박해로 순조롭지 않았다. 더욱이 1세기 중반부터 이미 교회들에 보낸 사도들의 편지나 예수의 공생애 활동을 기록한 문서들이 교회들에 보내지고 회람되고 교류되었다. 시간이 흐르면서 교회가 확산되고 글을 남긴 사도들이나 그의 제자들, 그리고 여러 교회의 교인들이 세상을 떠나자 교회에 흩어져 있던 문서들이 모아지고 분류되면서 정경으로 확정되는 과정이 진행되었다. 이번 장에서는 초기 그리스도교의 정경화 과정, 초기부터 등장한 이단 사상과의 싸움, 이후 아우구스티누스에 의해 주요 교리들이 확정되는 과정을 알아본다.

70년의 예루살렘 파괴와
성경의 정경화

신약성경의 정경화를 알아보기 전에 구약성경의 정경화가
어떻게 이루어졌는지 알아보자. 66년의 로마-유대 전쟁은
유대교뿐만 아니라 그리스도교에도 중요한 전환기가 되었
다. 70년에 예루살렘이 함락되었고, 예수의 예언대로 성전
이 돌 위에 돌 하나도 남지 않고 철저히 파괴되었다. 이제
유대인들은 예루살렘에서 살 수조차 없었다. 마사다 항전
이 이어졌지만 그곳에서도 결국 3년 이상 버틸 수 없었다.
66년의 로마-유대 전쟁과 70년의 예루살렘 성전의 파괴
는 결국 유대교나 그리스도교에 큰 영향을 끼쳐서 각자 자
기 길을 가면서 정체성을 재수립하는 계기가 되었다. 그리
스도교 입장에서는 그리스도인을 가장 크게 박해하던 동
족 유대인들의 힘이 약화되면서 세계 종교로 나아갈 수 있
는 기회가 열린 셈이었다. 한편 주요 교리가 확정되어 있지
않았기 때문에 그리스도교는 정체성의 공유를 위해 모임
을 어느 정도 정례화하고 의식을 다듬어야 할 필요성이 생
겼다.

90년 유대인들의 얌니아 총회

예수의 복음 사역은 구약성경의 예언과 약속의 성취
로 이해되었다. 그런데 유대교 입장에서 보면, 70년에 예루
살렘 성전이 파괴되면서 정체성의 구심점이 사라져 버리고
만 것이다. 예루살렘 성전은 유대인들에게 가장 신성한 곳
이었다. 하나님의 언약궤가 모셔져 있고, 1년에 세 번 명절
때마다 하나님께 제사를 드리는 곳이었다. 이런 성전이 사

라졌으니 어찌할 것인가? 그리스도교인에게 교회당은 예배드리는 공간 정도의 의미이지만 유대인들은 예루살렘 성전에 여호와 하나님이 계신다고 생각했다. 그러다 보니 파괴된 성전을 대신해 나름대로의 정체성을 유지해야 할 대책이 필요했을 것이다. 그래서 유대인 지도자들은 90년에 욥바 남쪽에 있는 얌니아(Jamnia)에 모여 두 가지 주요한 결정을 내렸다.

하나는 자기들은 이미 위축되어서 더 이상 그리스도교의 확대를 막을 수 있는 입장은 아니지만, 그럼에도 불구하고 그리스도교는 이단이라는 결정이다. 또 하나는 구약성경의 정경화 확정이다. 이미 기원전 400년 이후부터 율법사를 시작으로 구약의 정경화 작업이 진행되었으나 얌니아 총회에서 39권으로 된 구약성경이 최종적으로 확정되었다. 이후로 유대인들은 종교 생활에 있어 중요한 사상의 핵심으로서 구약성경 39권의 내용만 자녀들에게 가르치면서 전통을 유지해 갔다. 그런 식으로 유대교를 재건하고 선민으로서의 정체성을 고수하려 했던 것이다.

신약성경의 구성

그리스도교도 2세기에 이 39권의 구약성경을 정경으로 받아들였다. 그런데 오늘날 27권에 달하는 신약성경은 어떻게 경전으로 확정되었는가? 1세기 하반기에는 사도들이 쓴 복음서나 서신서, 예언서와 같은 것들이 교회에서 회람되었다. 서신서는 실제로 수신자로 거명된 교회에 보낸 편지였는데, 그것이 다른 교회들에서까지 회람되면서 점차 경전으로서의 권위를 갖게 되었다. 물론 이 과정에는 많은 논란이 있었다.

신약성경은 대체로 서기 50년대부터 시작해서 약

옛 예루살렘 성전의 서쪽 벽인 통곡의 벽. 예루살렘 성전터에는 691년에 완공된 모스크 '황금 사원'이 자리하고 있다.

100년경까지 쓰여진 것으로 알려져 있는데, 크게 세 부분으로 나뉜다. 복음서와 사도행전을 포함하는 역사서, 로마서부터 시작하는 서신서, 마지막으로 요한계시록, 즉 예언서로 대별할 수 있다. 복음서는 예수께서 복음을 전하신 내용을 기록한 것이고, 사도행전은 예루살렘에서 복음이 전파되어 지중해 세계로 확장되어 간 과정을 기록한 것이다. 서신서는 각 지역에 세워진 교회에 보낸 편지로 구성되어 있다. 어떤 때에는 교회가, 어느 때는 개인이 수신자인 경우도 있었으나 동일하게 서신의 형식을 취했다. 예언서는 앞으로 벌어질 일에 대한 예언을 담은 책이다. 이런 것들을 모아 경전으로 정리했는데, 그것들을 경전으로 확정하는 일은 쉽지 않았다. 왜냐하면 각각의 내용들은 체계적으로 쓰인 게 아니라 여러 저자가 각자가 처한 상황 속에서 쓴 것이기 때문이다. 그래서 오늘날까지도 신약성경의 각 책들은 언제 누가 쓴 것인지, 어디에서 쓴 것인지에 대한 논란이 많다.

　　복음서만 하더라도 내용에 서로 유사점이 많아 공관복음(共觀福音)으로 불리는 마태복음·마가복음·누가복음과, 그다음으로 요한복음까지 네 권이 있는데, 사실 동일한 사건이나 주제에 대한 내용이라도 조금씩 달리 기록된 부분이 있다. 그래서 어떤 사람들은 성경 내용이 정확하지 않다고 비판하기도 한다. 서신서도 마찬가지 문제가 있다고 보는 것이다. 그러나 복음서와 서신서와 예언서 안에서의 예수의 복음 사역과 그 이후 제자들이 예수의 증인으로 활동했던 여러 기록의 내용들은 통일성을 갖추고 있다. 그래서 성경은 '성령의 감동으로' 쓰였다거나, 기록한 사람은 있지만 저자는 성령이라고 주장하기도 한다.

　　한편 신약성경의 정경화 작업을 촉진시킨 것은 1세기

말부터 교회 내에 성경의 권위를 부정하는 이단 사상들에 대한 대응의 필요성이었다. 이단 사상의 공격에서 신앙의 순수성을 지키고 이단 사상의 확대를 막기 위해 성경의 정경화 작업이 시작된 것이다.

신약성경의 정경화

이미 110년경 시리아 안티오키아의 교회 지도자인 이그나티우스(Ignatius of Antioch)는 마태복음을 하나님으로부터 온 거룩한 문서라고 주장했다. 이처럼 각각의 복음서나 서신서가 권위가 있는, 즉 하나님의 말씀이라고 하는 증언들이 2세기에서 3세기에 그 당시의 교부, 또는 사도들의 후예들의 기록에 쓰여 있다. 사복음서와 사도 바울의 13개 서신서와 사도행전이 교회에서 회람되고 있다는 내용도 이그나티우스가 언급하고 있다.

그러나 신약성경 27권이 확정되기 전에 가장 먼저 문제가 되었던 이단 사상은 마르키온의 사상이었다. 교회가 구약성경을 정경으로 인정했음에도 그는 사랑의 하나님이 예수 그리스도를 통해서 사랑을 이야기했다며, 구약성경에 나오는 심판자로서의 하나님을 인정하지 않는 이단 사상을 제시했다. 그는 신약성경에서도 누가복음과 바울의 서신 10개만을 하나님의 말씀으로 인정하고 나머지는 받아들이지 않는다고 선언했다. 이에 대해서 유스티누스(Justinus)나 이레니우스(Irenaeus)가 반박했고, 격렬한 논쟁이 있었다. 결국 신약성경 27권의 정경화는 오리게네스(Origenes)에 와서 구체적인 모습을 드러내기 시작하고, 4세기 말에 삼위일체설을 정립한 아타나시우스(Athanasius)의 단계에 와서야 27개 신약성경 목록이 확인되었다. 다음으로 382년 로마 공의회에서 27개의 신약성경이 확정되었고, 397년 카르타

그리스의 호르시오 루카스 수도원에 있는 이그나티우스 프레스코화. 이그나티우스는 마태복음을 하나님으로부터 온 거룩한 문서라고 주장했다.

고 공의회에서 구약성경 39권과 함께 신약성경 27권이 그리스도 교회의 정본, 즉 카논(Canon)으로 확립된다.

이 시기는 사실 지난 장에서 살펴봤듯 313년 콘스탄티누스 시대에 밀라노칙령을 통해 그리스도교가 공인이 되고, 391년 테오도시우스 황제 시대에 그리스도교의 국교화가 추진된 시기인데, 바로 그 즈음에 성경의 정경화도 확정된 것이다. 그래서 그리스도교는 형식적으로든 내용적으로든 국가종교가 되었고, 또한 정경(구약성경과 신약성경)이 완전한 하나의 신앙의 표준으로 확립되면서 4세기 말에는 그리스도 교회가 400년의 짧은 시간 안에 로마제국의 강력한 지원 아래 경전과 의식을 갖춘 종교로 세워진 것이다. 많은 순교자와 배교자가 있었지만, 결국 예수의 복음 사역이 뿌린 씨가 성경의 정경화로 열매를 맺게 되었다.

정경의 원칙

이렇듯 이 시기에 카르타고 공의회에서 신약성경이 확정되었는데, 정경화 과정에 몇 가지 원칙-보편성(catholicity), 정통성(othodocity), 사도성(apostolicity)과 같은-이 적용되었다. 먼저 보편성은 "모든 교회에서 하나님의 말씀으로 인정받아 가르쳐지고 있는가", "보편적인 가르침인가"에 대한 것이다. 다음으로 정통성은, 예수 그리스도의 십자가 구원에 대한 신학적 진리에 부합하는지가 특히 중요했다. 즉 예수가 그리스도이시고 십자가를 통해 구원이 성취된다는 가르침에 부합해야 된다. 또한 역사적 사실, 가르침과 계명에 하자가 없는지도 중요했다. 마지막으로 사도성은 경전이 예수의 제자, 즉 사도들로부터 가르침을 받은 것이어서 복음의 순수성을 훼손시키지 않은 내용으로 되어 있어야 한다는 것이다. 그래서 성경의 저자가 사도 또는 사도와 관계

있는 사람인지가 중요한 근거가 되었다.

헬라어 번역 구약성경, 70인역

구약성경은 히브리어로, 그리고 신약성경은 헬라어로 쓰였다. 소아시아와 팔레스타인, 이집트 등 동지중해 세계는 로마가 지배했지만 헬라어 사용권이었다. 알렉산드로스 대왕의 동방 원정 이후로 시작된 헬레니즘 시대에는 국제 공용어가 된 헬라어를 통해 그리스의 철학, 문학, 역사 등이 보급되었다. 그래서 바빌론 포로 사건 이후 독립된 조국을 가지고 있지 못하던 유대인들의 구약성경도 헬라어로 번역되었다. 이미 이집트나 동부 지중해 세계 여러 지역에 흩어져 살고 있던 유대인들의 자손들은 히브리어를 모르고 헬라어를 사용하는 경우가 더 많았다. 그래서 셉투아긴타(Septuaginta)라 부르는 70인역 헬라어 성경이 기원전 3세기에 이미 번역된 것이다. 이러한 언어 환경을 고려해서 신약성경은 처음부터 헬라어로 쓰였다.

히에로니우스의 라틴어역 불가타 성경

그러나 이탈리아 반도를 중심으로 한 서로마 지역에서는 귀족들이나 문인들 일부만 헬라어를 할 줄 알았지 대부분의 로마인들은 라틴어로 문자 생활을 했다. 따라서 헬라어로 된 성경을 라틴어로 번역하는 작업이 필요했는데 이를 성공적으로 수행한 것이 히에로니무스(Eusebius Hieronymus, 345?-419?)였다. 히브리어, 헬라어, 라틴어에 모두 능숙했던 히에로니무스는 382년에 70인역 구약성경을 라틴어로 번역하기 시작했고, 나중에 신약성경도 라틴어로 번역했다. 그는 키케로 시대에 확립된 고전 라틴어가 아니라 당시 일반인이 사용하는 서민용 라틴어, 즉 불가타(Vulgata) 라틴어로 번역했기 때문에 그가 번역한 성경을 불가타 성경(Biblia Sacra Vulgata)이라 부른다. 이를 통해 로마 가톨릭교회는 자기들의 신앙과 정체성을 라틴어 성경으로 꾸려 갈 수 있게 되었다.

 ## 초기의 이단 사상들: 영지주의, 마니교

그리스도교 역사를 보면 교리를 둘러싼 이단 논쟁은 1세기 후반부터 존재했다. 이른바 정통과 이단 사상의 다툼이다. 이단으로 몰린 세력은 대개 자신들이 오히려 진리의 수호자라고 주장한다. 일시적으로 유행하다 사라지는 이단도 있지만 어떤 이단들은 그 자체가 하나의 흐름을 형성해서 계속 이어지기도 한다. 초기의 이단 사상 중에는 그노시스파(Gnostism)라고 하는 영지주의 이단이 그랬다. '그노시스파'라는 이름은 '참된 지식' 또는 '신령한 지식'을 뜻하는 헬라어 'gnosis'에서 나왔다. 그들은 선한 영적인 세계와 악한 물질적 세계를 구별하고, 오직 참된 지식인 영적인 지식에 의해서만 하나님께 도달할 수 있다고 주장했다. 이를 바탕으로 영지주의자들은 예수의 성육신 사건, 즉 예수가 인간의 몸으로 오셔서 십자가를 지심으로 고난을 받았고, 그것을 믿는 이에게 구원이 임한다는 것이 그리스도교의 핵심 사상인데, 그리스도의 인간적 생활이나 십자가 속죄는 영혼 구원에 도움이 되지 않는다고 주장하는 바람에 이단으로 낙인찍혔다.

그다음으로 마니교가 있었다. 마니교도 영적인 세계와 물질적인 세계를 나누는 이원론을 전개했다. 인간은 원

래 영적인 존재였는데, 물질적인 존재인 어둠의 영에게 속
아서 육체라는 감옥에 갇히게 되었다는 것이다. 따라서 마
니교에서는 구원의 초점이 육체라는 감옥에 갇힌 인간들
을 해방해 빛의 영역을 재건하는 데 있었고, 그리스도교
처럼 개인의 구원과 영생에 관한 교리는 없었다. 아우구스
티누스 역시 한때는 마니교에 심취했던 것으로 알려져 있
다. 그만큼 당시 많은 지식인에게 마니교는 굉장한 매력을
끌기도 했다.

이외에도 이단이 많이 나오는데, 그들은 대부분 하나
님께서 인간의 몸으로 오신 성육신 사상과 예수 그리스도
의 십자가 구원을 부정했다. 그래서 당시 초기 그리스도 교
회에서는 성경의 정경화가 시급했던 것이다. 교회는 또한
계속 예수의 말씀과 사도들의 가르침에 대해 통일성을 이
루고, 사도신경과 같은 신앙고백을 통해 정체성을 공유해
가면서 이단에 대항했다.

 ## 아우구스티누스의 《신국론》

로마 제정 시기의 아프리카

오늘날 아프리카는 아프리카 대륙 전체를 지칭하는
용어이나, 로마 시대에는 한때 카르타고의 중심이었던 튀니
지와 동알제리의 해안 지역만을 가리켰다. 카르타고는 서부
지중해 세계의 패권을 두고 로마와 세 차례에 걸친 포에니
전쟁(기원전 264-기원전 146)을 치렀고, 3차 포에니전쟁에서
로마에 패해 아프리카 속주로 편입되었다. 로마의 무자비한
약탈과 파괴로 카르타고의 인구는 격감했지만 가이우스 그
라쿠스가 식민시 건설 운동을 시작한 이후 로마 식민자들

의 관심이 고조되었다. 그리고 마리우스가 유구르타 전쟁을 승리로 이끈 후 그 변경이 남서 방향 누미디아 쪽으로 확대되었다. 기원전 1세기 중엽에 카이사르와 그를 이은 아우구스투스가 19개의 식민시 건설을 추진함으로써 인구가 늘고 이후 4세기 동안 번영을 누렸다. 지중해성 기후, 집약 농법과 관개 농업을 통해 밀 생산량이 높아 로마와 다른 이탈리아 도시들의 주요 식량 공급지 중 하나였다. 고고학적 발굴의 성과는 5현제 시대부터 아프리카에서 계속해서 온갖 공공건물과 시설을 갖춘, 잘 계획된 도시들이 번영을 누렸음을 보여 준다.

아프리카 교회는 이미 3세기 초 테르툴리아누스에 의해 알려지기 시작했는데, 그는 "예루살렘과 아테네가 무슨 상관이 있는가"라면서 그리스 철학과 그리스도교는 아무 상관이 없다고 극단적으로 비판했던 교부였다. 3세기 중반의 키프리아누스(Cyprianus)도 아프리카 출신이었다. 아프리카와 그 수도 카르타고는 서로마제국에서 로마 다음으로 중요한 그리스도교 중심지가 되었다. 250년대에 90명이나 되는 주교들이 참석해서 이단 논쟁을 했던 중요한 공의회가 열렸는데, 아프리카 교회는 로마 주도의 제국종교에 대해 거부감을 나타내기도 했다. 바로 이곳에서 4세기 말 아우구스티누스가 탄생하고 활동하면서 그리스도교 역사에 큰 영향을 끼쳤고, 397년 카르타고 공의회에서 성경의 정경화가 확정 발표되었다.

도나투스파

아프리카 교회는 도나투스파(Donatists)로 인해 갈등과 분열을 겪었다. 도나투스파는 카르타고의 주교 도나투스(311-355)의 교리를 따르는 사람들을 말한다. 도나투스는 북아프리카에서 디오클레티아누스 박해 때 변절한 사제들의 성사 집전은 무효라고 주장했고, 배교했던 사람들의 성찬식 참여를 금지했다. 반도나투스파가 베푸는 성직 서임식과 세례의 유효성을 부정하며 도나투스파만이 순수하고 진정한 교회라고 주장한 것이다. 348년 카르타고 지역 공의회는 도나투스파를 이단으로 판정했지만 이에 불복하는 도나투스파로 인해 1세기 이상 아프리카 교회가 분열했다. 작은 교구에서 두 명의 대립된 사제가 서로 다투기도 했고, 양 세력이 충돌해 폭력이 발생하기도 했다. 도나투스파는 주로 토착인 교회에 세력을 가지고 있었는데, 로마 지배에 관한 혐오감이나 경제적인 동기가 저변에 있었는지는 아직도 논쟁거리다.

아우구스티누스의 초기 생애

4세기는 그리스도교 역사에서 격변의 시대였다. 특히 아프리카 교회는 도나투스파 문제로 교회가 양분될 위기에 처해 있었다. 이때 우리에게 영어식 이름인 '어거스틴'으로 많이 알려져 있는 아우구스티누스(Augustinus, 354-430)는 격변하는 현장의 중심에 있었기에 시대적 사명을 잘 느낄 수 있었다. 그는 속주 아프리카의 내륙도시 타가스테(Thagaste, 오늘날의 알제리 수크아라스)에서 출생했는데, 어머니 모니카(Monica)는 그리스도교인인 반면 아버지 파트리키우스[1]는 난폭하고 부도덕한 이교도였다. 아버지의 영향 때문인지 아우구스티누스는 어려서부터 향락에 빠져 모니카의 마음을 아프게 했다. 그는 《고백록》에서 청소년기의

위: 1480년 산드로 보티첼리가 그린 아우구스티누스 프레스코화.
아래: 아우구스티누스가 주교로 활동했던 히포 레기우스의 교회 유적지.
(오늘날의 알제리, 안나바 근교)

---

1 —— 파트리키우스(Patricius)는 '귀족'이라는 뜻으로, 아마도 로마 전통 귀족 가문인 것으로 보인다.

방탕한 삶과 청년기의 지적 편력을 잘 보여 주었다.

아우구스티누스는 한때 약 7년 동안 이원론적 세계관을 가진 마니교에 심취했었으나 그것에 회의를 갖고 로마에 가서 당시 엘리트들이 늘 공부하던 수사학, 웅변술과 철학, 특히 키케로와 같은 로마 고전을 공부했다. 나중에 밀라노로 갔는데, 밀라노는 알프스와 가까워서 북쪽에서 내려오는 이민족들을 막아야 할 전략적인 문제 때문에 디오클레티아누스가 4제통치를 할 때 서로마제국의 수도로 삼은 곳이었다. 그곳에서 아우구스티누스는 암브로시우스(Ambrosius) 주교를 만난 후 그리스도교를 긍정적으로 생각하기 시작했다. 그러던 그가 386년 친구 폰티키아누스(Ponticiannus)로부터 이집트의 수도사 성 안토니우스의 얘기를 듣고 그동안의 자신의 삶에 대해 회의에 빠지게 되었다. 그때 갑자기 밖에서 "들고 읽어라, 들고 읽어라"(tolle lege, tolle lege)라고 외치는 어린이들의 말이 들려와서 서재에 들어가 성경을 폈는데, 로마서 13장 13-14절 말씀이 나왔다는 것이다.

> 낮에와 같이 단정히 행하고 방탕하거나 술 취하지 말며 음란하거나 호색하지 말며 다투거나 시기하지 말고 오직 주 예수 그리스도로 옷 입고 정욕을 위하여 육신의 일을 도모하지 말라.

자신의 삶을 정확히 지적한 말씀에 큰 충격을 받은 아우구스티누스는 철저하게 회개했으며, 그때부터 그리스도의 자녀로서 충실한 생활을 하기 시작했다. 그는 훗날 《고백록》에서 자신의 회심은 어머니 모니카의 기도 덕분이라고 말했다. 그는 동거녀를 떠나보낸 후 아들과 함께 암브로시우스에게 세례를 받았다. 그리고 34세에 고향 아프리카 타가스테로 돌아가 수도원에 들어갔으며 37세(391년)에 히포의 주교로 임명되었다. 그곳에서 마지막까지 약 37년간 주교로서 교회사에서 아주 중요한 사상적인 보고가 된 저서들을 썼다. 특히 도나투스파, 마니교, 펠라기우스파 사상에 대해 비판했으며, 펠라기우스의 자유의지론, 즉 구원에 있어서 개인의 의지를 강조하는 사상을 비판했다.

《신국론》

아우구스티누스의 대작 《신국론》(De civitate Dei contra paganos)의 정확한 명칭은 '이교도들을 반박하며 하나님의 나라에 대하여'다. 이 책은 413-426년까지 13년간 저술되었는데, 알라리크가 이끄는 서고트족이 410년 8월에 로마를 침입하여 약탈한 사건을 배경으로 하고 있다. 북부 이탈리아에서 내려온 갈리아인들에 의해 로마가 기원전 390년에 7개월 동안 점령당한 이래 한 번도 경험한 일이 없는 대치욕이었다. 위세 당당했던 한니발이 약 15년간 이탈리아를 점령했어도 주로 남부 이탈리아에 머물다 돌아갔고, 스파르타쿠스가 반란을 일으켰을 때도 이탈리아 북부까지 북상했지만 로마로 진격하지는 못했다. 로마는 지중해의 중심이자 제국의 수도였다. 디오클레티아누스의 4제통치 때 서로마제국의 수도가 밀라노로 올라가면서 로마의 위상이 많이 약화된 것은 사실이나 기원전 753년 건국 이래 로마인들의 심장과도 같은 로마의 상징성 때문에 명성은 유지되었다. 그런 상황에서 서고트족이 로마까지 와서 약탈한 사건이 일어난 것이다.

알라리크가 죽자 같은 해에 서고트족은 로마를 떠났지만 이 사건은 전통적인 다신교도 로마인뿐만 아니라 그

410년 서고트족의 로마 약탈 상상도. 야만인들의 약탈 사건은 로마인뿐만 아니라 그리스도교인에게도 큰 충격이었다.

리스도교인에게도 큰 충격이었다. 다신교적 전통 종교를 믿는 로마인들이 그리스도교의 국교화 때문에 이런 일이 일어났다고 비판하고 나섰기 때문이다. 그리스도교를 국교로 하고 다른 모든 신에 대한 제사를 금지시킨 행위가 '신들의 분노'를 낳았고, 그 결과 알라리크의 침입과 약탈이 벌어졌다는 것이다.

그뿐이 아니었다. 이 역사적 참극을 경험한 그리스도교인들은 스스로도 큰 충격을 받았다. '가톨릭교회의 우두머리인 교황이 존재하는 성스러운 도시 로마를 어떻게 야만족들이 와서 약탈할 수 있는가', '도대체 하나님이 계시다면 어떻게 이런 일이 일어날 수 있는가' 하는 자괴감이 그리스도교인들 내부에서도 일어났던 것이다. 초기 그리스도교의 역사는 고난의 승리라는 말로 요약될 수 있었다. 진리에 맞서 순교를 택한 신앙의 선조들 덕분에 300여 년 만인 4세기 초 그리스도교가 공인되었고, 391년 테오도시우스 황제 때에는 국교가 되었다. 이 최후의 승리에서 불과 20년밖에 지나지 않았는데 로마가 이민족에게 약탈을 당하니 큰 충격을 받을 수밖에 없었다.

제국 신학의 문제

한때 제국 신학(imperial theology), 즉 로마가 그리스도교 국가가 되었으니 더욱 번영할 것이라는, 요즘으로 말하면 믿으면 모든 것이 다 잘될 것이라는 현세적 '기복신앙'을 정당화하는 신학이 유행하고 있었다. 시인 프루덴티우스(Prudentius)는 "로마를 위대하게 만든 것은 그리스도이며, 그리스도는 친히 이 세상에 오기 위하여 로마로 하여금 세계 통일을 이루게 했다. 그리스도를 전심전력으로 섬긴 테오도시우스 시대야말로 새로운 시대다"라고 노래했다. 그런데 불과 20년 만에 로마가 점령당한 것이다. 그러나 제국 신학은 전통 로마 종교관의 그리스도교판이라 할 수 있었다. 신들에 대한 예배는 곧 신들과의 평화를 가져오고 신들이 축복을 내린다는 다신교적 전통의 로마인들의 종교 사상, 즉 신과 인간이 서로 주고받는(give and take) 사상과 맞닿아 있었기 때문이다. 어느새 그리스도교도 그런 사상에 물들었던 것이다. 하나님의 은혜는 거저주어진 것이지, 우리가 무엇을 해서 대가로 받는 것이 아니다. 이처럼 잘못된 사상이 유행했기에 로마 점령으로 인한 충격이 극심했다. 이런 상황을 누군가가 해명해야 했다.

《신국론》 저술의 직접적인 동기

아우구스티누스가 《신국론》을 완성한 다음 427년에 다음과 같이 소회를 밝혔다. "이 당시에 로마는 알라리크가 이끄는 서고트족에 의하여 약탈당함으로 입은 재앙에 대해 크게 상심하고 있었다(410년 로마 약탈 사건). 거짓 신들을 섬기는 사람들, 즉 우리가 보통 이교도라고 부르는 사람들은 이 재앙에 대해 그리스도교에 책임을 돌리려 하고, 예전보다 더 격렬하고 심하게 참된 하나님을 모독하기 시작했다. 이로써 나는 하나님의 집에 대한 열정에 불타서 그들의 모독과 거짓말을 반박하기 위해 《신국론》을 저술하기 시작했다. 다른 작업들이 개입되었기 때문에 이 일에는 오랜 시간이 걸렸다. 그러나 《신국론》에 담긴 엄청난 작업은 결국 22권으로 완성되었다"라고 말했으며, 또한 이 책을 쓴 동기는 친구이자 로마제국의 행정관 마르켈리누스(Marcellinus)와 한 약속에 대한 이행이라고 밝혔다. 아우구스티누스는 최후 승리와 함께 실현될 신국을 소망하는 신자들을 위로하고, 이교도들의 비난과 공격을 논박하기 위해 이 책을 쓴 것이다. 더 나아가 그는 신국과 대립되는 지상국의 정체성에 대해서도 함께 논하고 있다.

《신국론》의 구성

413년부터 426년까지 13년에 걸쳐 22권으로 쓰인 《신국론》은 1부와 2부로 나뉘는데 1부는 10권, 2부는 12권으로 되어 있다. 1부의 전반부인 1-5권은 전통적 로마식 신관, 즉 현세에서 인간사의 번영과 고난을 신들의 숭배 여부에 대한 신들의 반응의 결과로 보는 견해에 대한 논박이다. 후반부인 6-10권은 신들을 숭배하면 내세에 도움이 된다고 주장하는 사람들에 대한 반론이다. 다시 말해, 1부에서는 신들에게 제사를 잘 지내면 현세에서도 복을 받을 뿐만 아니라 죽어서도 복을 받는다는 식의 사고를 가진 사람들을 비판한 것이다. 12권으로 구성된 2부에서는 인류 역사의 진행을 신국과 지상국의 대립으로 보면서 두 나라의 탄생, 전개, 마지막 운명에 대해 각각 네 권씩 다루었다.

신국과 지상국

아우구스티누스는 《신국론》 1부에서 로마 약탈에 대한 책임이 그리스도교에 있다는 비난은 잘못된 것이라고 논박하면서 인류 역사라는 것은 신국과 지상국의 투쟁의 역사라고 해석했다. 신국은 하나님에 대한 사랑(amor Dei)이, 지상국은 자신에 대한 사랑(amor sui)이 그 정체성을 구성한다. 즉 신국은 하나님을 사랑하는 자들의 나라이고 지상국은 자신을 사랑하는 자들의 나라다. 로마가 그리스도교를 국교로 정했다고 해서 신국이 되는 것은 아니다. 특히 지상의 나라의 성쇠를 신의 책임, 또는 신들의 책임으로 돌리는 것은 잘못이다. 신들이 잘 보호해 주면 잘되고, 그렇지 못하면 망하는 것이 아니라는 것이다. 국가를 사랑하고 지키려는 국민의 마음에 나라의 흥망성쇠가 달린 것이지, 그 나라의 수호신과 관계된 문제는 아니라고 논리적으로 지적했다. 만약 신들로부터 버림받은 것이 제국 쇠퇴의 원인이라면, 신들을 잘 섬긴 로마 초기는 더욱 위대했어야 한다고 반박한 것이다. 사실 그리스도교 이전의 로마, 즉 예수 탄생 이전의 로마는 신들에 대한 제사가 잘 유지되었지만, 공화정 마지막 세기는 내전의 고통으로 로마 역사에 최악의 상황이 전개된 시기였다. 아우구스티누스는 그리스도교가 탄생되기 이전이었는데도 많은 로마인이 자기들끼리 파벌에 따라 살육을 반복했고, 옥타비아누스가 결국 로마를 장악했는데도 100년 이상 내전이 있었다는 점을 들어 반박했다. 그때 그리스도교는 아예 없었다. 즉, 그리스도교 때문에 분노를 샀다고 주장하는 것은 전혀 근거가 없다고 논박했던 것이다.

로마의 그리스도교화와 신국의 관계

그렇다면 그리스도교가 국교가 되면 로마는 번영해야 하는데 왜 이런 일이 일어났는가. 사실 로마에서 그리스도교가 국교가 되었어도 아우구스티누스의 표현을 빌리자면, 로마는 그냥 지상의 한 나라일 뿐이었다. 그는 그리스도교가 국교였어도 지상의 나라의 속성이 달라지는 것은 아니라고 본 것이다. 그래서 이 땅에 있는 나라는 아무리 신앙적으로 통일을 해도 신의 나라가 될 수 없다는 것이다. 그리고 이 땅의 나라는 그 나라를 구성하는 사람들의 충성심에 의해 유지되는 것이지 어떤 종교적인 외피에 의해서 잘되고 안 되는 것은 아니라고 봤다. 즉 로마는 1세기에 그리스도인들이 매도했던 것처럼 악의 제국 바빌로니아도 아니고 그저 이 땅에 일정 기간 존재하는 한 나라일 뿐이라는 것이다. 그곳에 악한 세력이 많으면 악의 나라가 되는 것이지만, 그리스도교가 국교로 선언되었다 해서 거룩한 나라인가 하면 그렇지 않다고 정리했다.

또한 이 지상에 있는 만물에는 모두 두 가지 면이 있다고 보았다. 정도를 걷는 자도 어느 정도 신에게서 벗어남이 있고, 신을 배반한 자에게도 어느 정도 진리의 모상이 있다고 보았다. 이는 로마도 마찬가지다. 만일 로마가 회개하여 신에게로 향한다면 그것은 하나님 나라로 접근하는 것이지만, 그것이 진짜 하나님 나라는 아니라고 본 것이다. 그리고 만약 하나님을 배반한다면 그것은 지상의 나라로서의 운명에서 망하는 것이라고 이야기했다. 그래서 그는 명확하게 그 당시 로마는 더 이상 로마 시민들에 의해서 방어가 안 될 만큼 취약한 나라가 되어 버린 것이라고 지적했다.

《신국론》 2부

《신국론》 2부 12권에서는 아주 중요한 질문을 던졌다. '우리는 역사를 어떻게 봐야 할 것인가'라는 것이다. 물론 아우구스티누스는 역사는 하나님의 섭리 아래 있다고 봤는데, 특별하게 인류 역사는 첫 사람 아담 때부터 두 개의 나라로 나뉘어 있다고 본 것이다. 그는 두 나라를 하나님의 나라(Civitas Dei)와 지상의 나라(Civitas terrena)로 구별했다. 먼저, 하나님 나라는 현세의 어떤 특정한 나라가 아니라 하나님에 대한 사랑(amor Dei)으로 뭉친 나라이며 하나님의 말씀을 따르는, 그래서 하나님의 통치에 복종하고 하나님을 사랑하는 자들이 구성원이 되는 나라다. 그에 대비되는 나라는 지상의 나라다. 즉, 이 세상의 나라는 하나님을 거부하고 자신에 대한 사랑(amor sui)만을 가진 자들의 나라다.

이 땅에 존재하는 모든 나라 안에는 하나님을 사랑하는 하나님 나라 백성도 있고, 반면 이 땅에 존재하는 나라의 백성으로 끝난 사람도 있다는 것이다. 그런데 이는 로마뿐 아니라 에덴동산 이후의 모든 나라에 해당한다. 그리고 아우구스티누스는 아담의 두 아들인 가인과 아벨 중 가인은 지상국의 원조가 됐고, 아벨은 신국의 원조가 됐다고 보았다. 창세기를 보면 이 두 인물은 각자 계통을 밟아 내려간다. 아벨 이후는 아담의 또 다른 아들 셋이 이어받고, 노아까지 내려갔으며, 아브라함으로 계승되었다. 그리고 이와 대비되는 가인의 계보가 이어진다. 이렇듯 성경에 이미 두 나라가 분리되어 내려왔는데, 이 구도는 역사가 끝날 때까지 이어진다고 본 것이다. 그러므로 로마가 국교로 그리스도교를 삼았는가 안 삼았는가가 중요한 것이 아니라, 그 안에서 진짜 하나님을 사랑하는 자들로 살아가는지 아닌지가 중요한 것이었다.

결론적으로 그는 그리스도교를 탄압하던 로마가 그리스도교를 공인하고, 나아가 다른 종교를 믿지 못하게 한 것은 형식적으로는 좋은 일이나, 실제로 믿음은 형식적인 면에 있는 것이 아니라 진정 하나님을 사랑하는지에 대한 개별 시민들의 마음 상태에 따라 결정되는 것이라고 말한다. 그래서 두 나라의 구분은 국경에 있는 것이 아니고, 시공을 초월해서 아담으로부터 내려오는 두 계보에서 내가 어디에 서 있는지가 기준이라고 본 것이다. 그리고 최후에 주님이 심판하는 날이 오면 두 국민은 정확하게 구별되겠지만, 땅에 살 동안은 같은 로마 시민으로 섞여 살며 구별되지 않는다고 정리했다.

이처럼 아우구스티누스의 역사관은 그리스도교의 역사, 나아가 인류 역사를 성경의 가르침에 근거해서 해명한다. 역사는 신국과 지상국의 대립으로 이어지지만 하나님의 섭리 아래 있음을 증언한다. 410년 서고트족의 로마 약탈은 하나의 에피소드이고 '영원한 로마'라는 것은 헛된 희망일 뿐이다. 오직 신국, 즉 하나님의 나라만이 영원하다는 아우구스티누스의 역사관은 로마제국이 외침과 분열로 혼란에 빠져도 당대를 살아가는 그리스도인들에게 큰 소망을 주었다. 그것은 또한 이후 그리스도교 역사관의 기본 틀이 되었다.

맺음말

아우구스티누스의 《신국론》은 그리스도교가 국교가 되면서 로마의 전통적인 신들에 대한 숭배를 금지한 조치 때문에 신들이 분노해서 로마가 약탈당한 것이라는 비난 여론에 대한 일종의 반박이었다. 그런 논리라면 그리스도교가 태동하기 전인 공화정 말기에 내전으로 인해 겪은 엄청난 참극을 어떻게 설명할 것인가 하고 논박했다. 한편 제국 신학에 물들어 있던 그리스도인들에 대해서는 이교도들의 공격과 비난에 위축되지 말고 지상국 로마가 아니라 최후의 심판 후에 환히 드러날 영원한 하나님 나라에 소망을 품고 당당하게 살아가야 한다고 격려했다.

이는 '천국이 가까웠다'고 선포하면서 복음 사역을 시작하신 예수의 가르침의 연장선상에 있는 역사관이었다. 로마제국이 그리스도교를 국교로 선포했다 해도 그 안에는 신국(또는 천국)과 지상국의 대립이 여전하다는 것이 그의 결론이었다. 즉 하나님을 사랑하지 않는 이 세상 사람들의 나라는 앞으로도 흥망성쇠를 거듭하며 반복될 것인데, 하나님의 자녀들은 예수께서 다시 오실 때까지 영원히 이어질 나라(신국)를 소망하며 인내하며 살라는 것이다. 이러한 아우구스티누스의 가르침은 오늘을 살아가는 우리에게도 유의미하다. 로마 옥중에 갇힌 사도 바울이 빌립보 교회에 보낸 편지에서 "그러나 우리의 시민권은 하늘에 있는지라 거기로부터 구원하는 자 곧 주 예수 그리스도를 기다리노니"(빌 3:20)라고 말했듯이 오늘날 그리스도인들은 영원한 하나님 나라 시민으로서의 정체성을 잊지 말고 주님 오실 때까지 희망을 가지고 살아가야 할 것이다.

공의회와 로마 교황권

10

들어가는 말

이번 장에서는 그리스도교가 공인된 이후로 오늘날 소위 정통 신앙이라고 불리는 그리스도교의 교리가 어떻게 완성되었는지 살펴볼 것이다. 초기 그리스도교가 확립되는 과정에서는 교리 논쟁이 심각했다. 예를 들면 삼위일체론이나 양성론, 성령론 등은 여러 차례 논란을 거듭한 끝에 정통론으로 확립되었고 교회의 주류 신앙으로 정착했다. 그러나 당시뿐만 아니라 지금도 여전히 삼위일체 이론을 받아들이지 않는 이단 교파들이 있다. 이단들에도 역사적인 형성 과정이 있었음도 확인해 볼 것이다.

공의회의 등장 배경

오늘날 많은 그리스도교인은 대한민국의 복음화를 위해 기도한다. 그러나 모든 국민이 그리스도교를 믿는 일이 일어날 가능성은 없다. 현대 사회에서 한 나라가 어느 한 종교를 국교 또는 유일한 절대적 가치로 선언하는 일은 현실적으로 불가능하기 때문이다. 현대 국가는 저마다 신앙의 자유, 종교의 자유, 사상의 자유가 있다. 예를 들어 공산주의 국가는 공산주의라는 하나의 이념으로 정체성을 유지하지만 형식적으로는 종교의 자유를 인정한다. 이슬람 국가의 경우도 실질적으로는 다른 신앙을 믿으려면 엄청난 희생을 각오해야 하지만 표면적으로는 신앙의 자유가 있다고 말한다.

그런데 로마 제정기에 그리스도교가 공인되고 또 국교화되는 과정은 신앙의 자유를 인정하는 현재의 관점에서 보면 굉장히 극적인 사건이다. 지금까지 우리에게 영향을 끼치고 있는 그리스로마 문명의 핵심에는 다신교적 전통이 깔려 있었다. 많은 신을 섬기기 위해 신전을 짓고 제사를 드리는 종교 의식이 지중해 세계에서는 자연스러운 삶의 부분이었다. 그런 곳에서 그리스도교는 불법 종교로 박해를 받다가 결국 4세기 초에 공인되었고 4세기 말에는 오히려 다른 신앙을 금지시키는 유일한 종교, 즉 국교가 되었으니 그 얼마나 커다란 반전인가.

사실 디오클레티아누스 황제 때 그리스도교에 대한 마지막 대박해로 인해 많은 신자가 순교를 당했고, 또 핍박을 피해 배교를 택할 수밖에 없었다. 그러나 그로부터 얼마 지나지 않아 밀라노칙령이 발표되어 그리스도교를 포함한

모든 종교의 자유가 보장되었다. 밀라노칙령 발표에 중요한
역할을 했던 콘스탄티누스 황제의 동기가 신앙적인지 또는
정치적인지에 대한 논란은 있다. 황제로서 하나님만을 믿
는 그리스도교가 신앙적으로뿐만 아니라 정치적으로 유리
하다고 판단했을 것은 자명하다. 하나님을 절대적으로 경
배하는 그리스도교 신앙은 황제를 중심으로 하는 강력한
국가 로마의 통치 이데올로기에 도움이 되었을 것이기 때
문이다. 동기야 어찌되었든 밀라노칙령이 공포되면서 그리
스도교는 공인된 종교로서 법적 지위를 얻게 되었고 이후
그리스도교가 성장하는 데 크게 기여한 것만은 분명하다.

교리의 통일을 위한 노력으로서의 공의회

이처럼 그리스도교가 국가로부터 공인됨으로써 합법
적 지위를 얻게 된 것은 교회가 로마 당국의 박해에서 벗어
났다는 점에서 좋은 일이었다. 그러나 교회 내부적으로는
예수의 가르침을 계승하면서 신앙의 정체성을 공유하기 위
해 교리를 통일하는 문제가 남아 있었다. 교리가 통일되어
있지 않으면 교회가 분열되어 예수의 복음이 왜곡될 수도
있었고 그로 인한 혼란은 더 큰 문제를 일으킬 것이기 때문
이었다. 이미 2세기에 로마 당국의 박해를 받는 상황에서
내부적으로는 정통과 이단의 대립이 생기기 시작했다. 따
라서 밀라노칙령으로 그리스도교가 공인되자 교회는 더욱

---

1 ——— 그리스도교 교회는 1054년 로마 가톨릭과 동방정교회가 분리되고, 16세기
종교개혁 이후 로마 가톨릭과 프로테스탄트(개신교)가 분리되어 오늘날 동방 정교
회, 로마 가톨릭교회, 프로테스탄트 교회가 공존하고 있다. 이들 세 부류 모두 4세기
초 1차 공의회부터 8세기 말 7차 공의회까지 니케아, 콘스탄티노폴리스, 에페소스,
칼케돈 등에서 열린 공의회들을 보편공의회로 인정하고 거기에서 나온 결정들을 대
체로 정통 교리로 수용하고 있어 이 공의회들을 보편공의회라고 부른다.

더 교리적 통일을 위해 적극적으로 노력할 필요가 있었다. 콘스탄티누스 황제 때에 개최된 공의회(公議會, Concilium)가 바로 그러한 노력의 출발점이었다.[1]

7대 보편공의회

	공의회 명칭	연도	소집자	쟁점	결정 사항	기타
1	니케아(1차)	325	콘스탄티누스	아리우스주의 배격	성부와 성자의 동일본질 (homoousios) 확정, 성령의 신성 명문화, 삼위일체 이론 확정, 니케아 신경 제정	
2	콘스탄티노폴리스(1차)	381	테오도시우스	아리우스주의 배격	니케아 신경 재확인, 성령의 기원과 역할 정의	
3	에페소스	431	테오도시우스 2세	인간으로서의 예수와 신으로서의 예수를 구분한 네스토리우스주의 배격	절차상의 문제 제기됨	
4	칼케돈	451	마르키아누스	예수에게는 신성 밖에 없었다는 단성론 (유티케스주의) 배격	1, 2차 공의회 결정 재확인, 그리스도 본성의 이중성 (신성과 인성)과 인격의 통일성 예수는 "참 하느님이시자, 동시에 참 사람이시다" 칼케돈 신조 제정	동방 정교회, 로마 가톨릭, 프로테스탄트 교회에서 정통교리로 인정됨
5	콘스탄티노폴리스(2차)	553	유스티니아누스 1세	단성론(단일의지론) 정죄		
6	콘스탄티노폴리스(3차)	680-681	콘스탄티누스 4세	단성론 비판	그리스도의 두 의지에 관한 교리	
7	니케아(2차)	787	콘스탄티누스 6세	성화상 폐지론자 정죄	성화상 숭배 인정	

위 표에서 보듯이 325년에 열린 니케아 공의회를 시작으로 787년 두 번째 니케아 공의회까지 7번의 공의회가 열렸다. 니케아, 콘스탄티노폴리스, 에페소스, 칼케돈 등 모든 공의회가 동로마 지역에서 열렸고, 황제들이 공의회를 소집해서 교회 문제에 직접적인 역할을 했다는 점에 주목할 필요가 있다. 반면에 서로마 지역에서

는 교황권이 확립되고 로마 교회가 교회 문제의 최종 권한을 가지는 전통이 구축되었으며 이 과정에서 교회의 분열, 제국 종교화한 그리스도교의 세속화 문제, 나아가 그리스도교의 로마화라는 또 다른 문제도 낳았다.

그리스도교 교회는 아우구스티누스의《신국론》에서 보았듯이 '지상국'에 존재하고, 그래서 지상국의 시민이기도 하지만, 또한 신국의 정체성을 가진 신자들의 신앙공동체였다. 신국과 지상국은 역사의 출발부터 종말에 이르기까지, 즉 예수께서 재림하실 때까지 계속 공존하면서 투쟁하는 두 나라인 것이다. 로마제국과 교회는 지상국과 신국의 실체가 될 수는 있지만 그렇다고 해서 완전히 일치되는 것은 아니었다. 그리스도교가 로마제국의 국교가 되었다 해서 신국과 지상국이 통합되는 것은 더더욱 아니었다. 하지만 로마 황제의 주도로 그리스도교가 공인되고, 나아가 국교로 선언되어 로마가 그리스도교 국가가 되면서 두 나라 사이의 경계가 무너지고 황제가 자신의 권력을 가지고 교회의 중요한 결정 사항에 영향을 행사할 수 있는 계기가 마련되었다. 7차례의 공의회를 거치며 소위 정통 신앙이라고 하는 틀이 마련된 것 또한 사실이다. 그러나 세속권력이 교회 문제에 관여하면서 많은 부작용이 나왔다.

여기서는 이 책이 다루는 시대적 범위를 고려해서 오늘날 우리가 가지고 있는 신앙고백의 대부분의 틀이 결정된 1-4차 공의회의 주요 내용만을 다룬다.

공의회가 열린 주요 도시들.

✛ 1차 니케아 공의회(325)

첫 번째 공의회는 니케아에서 열렸다. 오늘날 이스탄불에서 동남쪽으로 140킬로미터 지점에 위치한 니케아(오늘날의 이즈니크)는 한때 비티니아 왕국의 중요 도시로, 갈라티아와 비티니아를 잇는 요충지였으며 콘스탄티누스 황제의 별궁이 있는 곳이었다. 아직 콘스탄티노폴리스가 건설되지 않을 때였기에 콘스탄티누스 황제는 이곳에서 첫 번째 공의회를 소집했다. 그렇다면 콘스탄티누스는 어떻게 첫 번째 공의회를 소집하는 주역이 되었을까?

가장 큰 문제는 '예수는 누구인가?'라는 문제에 대한 것이었다. 복음서에 예수가 그리스도라는 베드로의 위대한 고백이 나온다. "주는 그리스도시요, 살아 계신 하나님의 아들이십니다."(마 16:16) 즉 예수가 그리스도이시며, 하나님의 아들이시라는 선언이다. 그런데 예수가 하나님의 아들이라면, 하나님과 아들 예수를 연결 짓는 것이 조금 복잡하게 된다. '하나님이 무슨 아들이 있는가', '하나님은 영이신데 어떻게 아들이 있나'라는 질문이 생기게 되고 인간의 이성으로는 답을 구하기 어려워진다. 그러나 베드로는 이 진리를 고백하고 예수에게 칭찬받았다. 그리고 제자들은 오순절 성령 강림 사건 이후에는 이를 아주 명확하게 알게 된다. 그래서 베드로는 또 "너희가 십자가에 못 박은 이 예수를 하나님이 주와 그리스도가 되게 하셨느니라"(행 2:36)라고 선언한 것이다. 그런데 이렇게 되고 보니 예수가 하나님의 아들이라는 말을 이론적으로 설명해야 하는데 그게 굉장히 어려운 문제였던 것이다. 분명한 것은 복음서에 나오듯 예수는 마리아의 몸에서 태어났다. 물론 성경은 마리아

흑 해

아르메니아

카파도키아

메소포타미아

시리아

가 요셉과 정혼했으나 동침하기 전에 성령으로 잉태되었다고 설명하고 있다. 그렇다 하더라도 여자의 몸을 통해 태어났다면 예수는 인간인데, 하나님의 아들이라고 하는 독특한 지위가 부여된 것이다.

삼위일체론의 등장

실제로 예수의 3년 공생애 이전의 삶에 대해서는 성경이 별로 언급하지 않고 있지만 요셉의 아들로 평범하게 살았을 것으로 추정된다. 그러나 공생애 동안에는 말씀을 가르치고 복음을 전하면서 물 위를 걷고 병자를 고치고 심지어 죽은 자를 살리는 등 많은 기적을 행했다. 이처럼 인간적인 면과 신적인 면이 같이 있었기 때문에 이를 설명해야 했던 것이다. 그런데 그리스도교에서 중요한 사건은 예수 그리스도의 탄생, 즉 하나님의 성육신 사건이다. 하나님이 직접 인간을 구원하기 위해 오셨다는 것이 그리스도교의 핵심 교리다. 그러다가 점차 교회에서 "성부 하나님, 즉 아버지이신 하나님과 성자 하나님, 즉 아들이신 예수 그리스도 그리고 성령 하나님, 즉 영이신 성령 하나님이 한 하나님이다"라는 삼위일체 이론이 정통 교리로 받아들여졌다. 즉 성자 예수는 마리아를 통해 태어났으며 인간의 본성과 신적인 본성을 모두 가지고 있다는 것이다.

그러나 성경에는 또 "모든 인간은 죄인이다"라는 교리가 있다. 그렇다면 예수의 인성을 이야기할 때 모든 인간이 죄인이면 예수의 인성은 어떻게 평가할 것인가 하는 문제가 생긴다. 이에 대해 교회는 예수는 인간이지만 죄가 없으신 분이라고 정리했다. 그다음으로는 신성 부분이다. 신성은 성부 하나님, 즉 아버지이신 하나님의 신성과 성자 하나님, 즉 아들이신 하나님의 신성을 동일한 본질로 볼 것인가, 아니면 그래도 아버지와 아들 관계이니 동일하지는 않고 비슷한 본질로 볼 것인가 하는 부분이 논란거리가 되었다. 이런 것 하나하나가 학문적으로 정립하기 어려운 것이다. 당시 교부들은 대개 그리스 철학과 여러 학문에 통달한 사람들이었지만 그렇다고 해도 이성적으로 해결할 수 있는 문제가 아니었다. 그런데 이런 문제를 완성도를 갖춘 이론으로 만들려고 하니 견해 차이가 생길 수밖에 없었던 것이다.

신플라톤주의자 아리우스의 문제 제기

먼저 성부 하나님, 성자 하나님, 성령 하나님 세 분이 한 하나님이라고 하는 삼위일체 이론에 문제를 제기한 사람은 아리우스(Arius)였다. 아리우스는 이집트 옆에 있는 리비아에서 태어났고, 이후 알렉산드리아에서 활동했다. 알렉산드리아는 헬레니즘 시대 이후 동부 지중해 세계에서 그리스 학문이 고도로 발전한 곳이었다. 그래서 그리스도교회가 발전해 갈 때 많은 교부가 알렉산드리아를 중심으로 활동했다. 그런데 당시 신학 이론의 주요 토대가 이 신플라톤주의였다. 신플라톤주의는 기원전 4세기 고전 그리스의 플라톤 사상이 로마 제정 시대의 상황에 맞게 발전한 사상이었다. 신플라톤주의의 중요한 핵심 중 하나는 신은 하나라는 절대적 단일성이었다. 신이 바로 완전성의 극치라고 생각했던 것이다. 아리우스는 바로 그 신플라톤주의의 신봉자였다.

알렉산드리아 교회의 주교 알렉산드로스의 삼위일체론

아리우스는 알렉산드리아의 여러 그리스도교 공동체에서 인기가 많은 사람이었다. 그 당시 알렉산드리아의 주교는 알렉산드로스(Alexandros)였는데, 그는 삼위일체 이론의 신봉자였다. 그래서 성부와 성자는 신성의 동일성, 즉 같은 본질의 하나님이라고 주장했다. 그런데 318년에 알렉산드리아에는 여러 교구가 있었는데 그중 한 교구의 사제였던 아리우스가 이에 대해 이의를 제기하기 시작한 것이다. '성부 하나님이 성자를 낳았다면 이는 아버지와 아들의 관계인 것이고, 그렇다면 성자는 시작을 가진 존재이니 성부와 달리 존재하지 않았던 때가 있지 않았겠는가?', '하나님이 무에서 유를 창조하셨다면 아버지가 계시고 성자가 나오셨는데 그러면 성부 하나님은 무(無)의 상태에서도 영원히 계신 분이고, 성자 예수는 아버지로부터 나왔으니 존재하지 않았을 때가 있었을 것이다'라고 이론적으로 문제를 제기한 것이다.

　　즉 아리우스는 "예수가 존재하지 않은 적이 있었다"고 전제한 뒤 성자가 출생한 시점을 따지며, 창조 이전에는 존재하지 않았으며 맏아들로서 모든 피조물 가운데 가장 먼저 난 자이고 모든 천사보다 뛰어난 분이지만 성부보다는 낮은 분이라고 주장했다. 성부 하나님과 성자 하나님은 본성에 있어서 완전히 같지는 않고, 다만 유사한 본성을 가진 것이라고 선을 그었던 것이다. 알렉산드리아 교회 내에서 아리우스 사상은 상당한 반향을 불러일으키게 된다. 아리우스는 삼위일체론을 주장한 대주교 알렉산드로스보다 낮은 사제였지만 삼위일체에 반대하는 타당한 이론을 주장하니 알렉산드리아 교회가 내분에 휩싸이게 된 것이다. 이것을 콘스탄티누스 황제가 알게 되었다. 그는 공인된 교회가 하나로 나아가야 하는데 둘로 나뉘어 다투자 분열을 막고 교리를 통일하기 위해 325년 6월에 첫 번째 공의회를 황제의 별궁이 있던 니케아에서 소집했다.

니케아 공의회에서 결정한 니케아 신조를 들고 있는 교부들. 콘스탄티누스(가운데)와 양편에 주교들이 381년에 공포된 니케아 신조를 들고 서 있다.

1차 니케아 공의회에서 삼위일체론을 정통 교리로 선언

니케아에서 논쟁이 계속되었으나 사도 시대 이후로 교회의 전승으로 이어져 내려온 삼위일체론이 정통으로 선언되었다. 즉 예수께서 성부와 동일한 본질이라고 하는 삼위일체론을 다시 인정한 것이다. 니케아 종교회의에서는 참석한 모두에게 삼위일체 이론을 인정하는 서명을 강요했다. 그러나 아리우스나 그를 지지하는 참석자들은 서명을 거부해 이단으로 선언되었고, 아리우스는 아우구스타 트리베리움으로 유배되었다. 그곳은 디오클레티아누스의 4제통치 시기에 갈리아 지방의 수도였다. 아리우스가 유배당한 후에도 아리우스의 사상을 지지하는 세력들이 주장을 굽히지 않았다. 결국 아리우스의 주장과 니케아 공의회의 결정이 상충했기 때문에 분열은 계속되었다.

아타나시우스와 아리우스의 재대결

흔히 니케아 공의회에서 아리우스와 아타나시우스 (Athanasius)가 맞대결을 해서 아타나시우스의 삼위일체 이론이 정통으로 인정받은 것처럼 인식하는 경우가 많은데, 아타나시우스는 아리우스보다 한 세대 뒤의 사람이다. 아타나시우스는 알렉산드리아 출신인데 아리우스만큼이나 그리스 철학과 신학에 굉장히 조예가 깊었다. 그는 318년에 알렉산드로스 주교의 부제로 활동했고, 니케아 공의회에도 참석은 했지만 주교가 아니었기 때문에 자신의 주장을 펼칠 수는 없었다. 그 후 아타나시우스는 328년에 알렉산드로스 주교가 죽자 그 자리를 이어받아 알렉산드리아의 주교가 되었다. 그는 스승의 전통을 이어받은 반면 아리우스파는 자신들의 주장을 굽히지 않고 있었으므로 갈등이 계속되었다. 한편 콘스탄티누스 황제는 사실 교리에 큰 관심이 있었던 것은 아니었고 교회의 통일성을 위해 소수파인 아리우스를 추방시켰던 것이었는데, 다시 생각해 보니 자신의 관점에서는 아리우스의 교리가 크게 문제가 있어 보이진 않아서 3년 만에 아리우스를 복귀시켰다. 그리고 아리우스주의자들이 계속 있었기 때문에 아리우스 한 사람을 추방해서 끝날 문제는 아니었고 알렉산드리아의 주교도 바뀌었으니 서로 타협해서 더 이상 시끄럽게 하지 말라는 입장에서 그를 불러들인 것이다.

그런데 아타나시우스는 스승보다 더 강력한 삼위일체 이론을 주장하고 나섰고, 아리우스도 평생 주장해 온 바를 말년에 돌아와서 타협할 리가 없었기에 삼위일체 이론을 둘러싼 갈등이 재현되었다. 그 당시 양 세력 간의 갈등이 심했고, 또 황제가 어느 편만 들지 않고 양쪽을 오고갔기에 45년 동안 알렉산드리아 주교로 있는 동안 아타나시우스는 주교직에서 쫓겨나기를 다섯 차례나 반복했고 17년간 유배생활을 하기도 했다. 그렇지만 아타나시우스는 평생 삼위일체 교리를 정착시키는 것을 포기하지 않았다. 이뿐만 아니라 아타나시우스는 367년 부활절에 교우들에게 보낸 편지에서 27권의 신약성경 목록을 확정함으로써 이후 신약성경 정경화에도 기여했다. 그는 삼위일체의 정립과 신약성경의 정경화를 통해 교회의 정체성과 통일성 유지에 크게 기여한 것이다.

아리우스는 328년에 유배에서 돌아온 지 얼마 지나지 않아서 죽었지만 아리우스를 계승한 사람들은 그의 주장을 고수했다. 아타나시우스의 노력에도 아리우스파는 완전히 사라지지 않았다. 그렇지만 삼위일체 교리는 니케아 공의회를 거쳐 정통 교리로 인정받은 상태였기에 교회의 정통 사상으로 자리 잡게 된다.

삼위일체 논쟁 이후로는 예수에게 인성과 신성이 같이 있고 그것이 성부 하나님과 본성에서 같은 것이라면 예수 안에서 신성과 인성이 어떤 식으로 공존하는지가 쟁점이 되었다. 이 문제는 다음 공의회들에서 정리되었다.

1차 콘스탄티노폴리스 공의회(381)

두 번째 공의회는 381년에 테오도시우스 1세에 의해 콘스탄티노폴리스에서 열렸다. 테오도시우스 황제는 391년에 그리스도교의 국교화를 이룩했고, 콘스탄티누스 못지않게 교회의 통일성을 확보하기 위한 강력한 의지가 있던 황제였다. 그는 니케아 공의회 이후 지속된 아리우스파와 아타나시우스파 사이의 삼위일체 논쟁이 니케아 신경으로 마무리되고, 제국이 안정되기를 원했다. 그래서 콘스탄티노폴리스 공의회는 "예수 그리스도께서는 성부 하나님과 유사하지만 동일 본체는 아니다"라고 주장한 아리우스파를 이단으로 확정했고 "성령은 성자에 의해 창조되었다"고 가르친 마케도니우스(Macedonius) 주교의 성령론도 비판했다. 성령을 어떻게 설명할 것인지도 하나의 쟁점이었는데, 마케도니우스 주교가 성령은 성자로부터 창조되었다고 주장함으로써 삼위일체 교리가 또 흔들리게 되었기 때문이다. 따라서 이를 비판하고 다시 삼위일체 교리를 정통 교리로 확정하는 공의회가 된 것이다. 당시 콘스탄티노폴리스 공의회에 로마 교황이나 교황의 대사가 참가하지는 않았으나 그 결정에 대해서는 모두 동의했다.

마리아의 호칭에 대한 논쟁

이로부터 50년이 지난 431년 예수를 낳은 마리아를 어떻게 지칭할 것인가를 둘러싸고 논쟁이 일게 되었다. 즉 예수 그리스도를 인성과 신성을 갖춘, 그러나 하나님과 동일한 분으로 인정했다면 그의 어머니인 마리아를 어떻게 부를 것인가에 관한 문제가 발생한 것이다. 마리아는 예수의 육신의 어머니인데, 예수가 하나님이시며 신성과 인성을 모두 가지고 있다면 마리아는 하나님을 낳은 분이라는 주장이 대두되었다. 알렉산드리아 주교 키릴루스(Cyrillus)와 콘스탄티노폴리스 주교 네스토리우스(Nestorius) 사이에 마리아를 어떻게 부를 것인가를 두고 견해차가 생겨났는데, 키릴루스는 예수가 하나님이기 때문에 예수의 어머니인 마리아를 '테오토코스'(Theotoskos, '하나님의 어머니'라는 뜻)라고 불러야 한다고 주장했다. 반면 콘스탄티노폴리스 교회의 주교 네스토리우스는 예수의 인성과 신성을 완전히 독립된 두 개의 위격(Hypostasis)으로 보고 마리아는 '하나님의 어머니'가 아니라 '그리스도의 어머니'로 불러야 한다고 주장했다.

에페소스 공의회(431), 교황 첼레스티노 사절 파견

네스토리우스가 이렇게 주장한 이유는 예수의 인성을 강조한 아리우스파와 예수의 신성을 강조한 아폴로나리우스파를 한꺼번에 논박하기 위한 것이었다. 예수는 완전히 독립된 별개의 개체로서 인성과 신성을 가진다는 게 네스토리우스의 주장이었고, 마리아를 '그리스도의 어머니'라고 불러야 합당하다고 본 것이다. 이러한 네스토리우스의 주장은 마리아를 '하나님의 어머니'로 칭해야 한다는 알렉산드리아 주교 키릴로스의 반발을 샀고, 양자의 견해를 조정하기 위해 테오도시우스 2세가 에페소스 공의회를 소집한 것이다.

이처럼 각각 두 의견을 지지하는 세력이 에페소스로 모여들었다. 그런데 네스토리우스 지지 세력이 회의장에 정해진 시간에 도착하지 못하자 먼저 도착했던 키릴로스와 그의 지지 세력이 개회를 선언하고 마리아를 '하나님의 어머니'로 불러야 한다고 결정했고, 논쟁에 참가하지 않은 네스토리우스를 이단으로 선언해 버렸다. 이러한 결정이 난 뒤에 네스토리우스를 지지하는 안티오키아 총대주교 요하네스를 비롯한 지지자들이 뒤늦게 나타나 앞선 결정을 인정할 수 없다며 키릴로스파를 비판했다. 그러자 이번에는 교황 첼레스티노 1세가 보낸 사절이 에페소스에 도착해서 요하네스 일파를 파문했다.

결국 에페소스 공의회에서는 니케아 신조를 재확인했고, 마리아의 테오토코스 칭호를 공인하고 네스토리우스 사상을 이단으로 선언하면서 마무리되었다. 예수의 인성과 신성이 완전히 별개의 두 성격으로 존재한다고 주장한 네스토리우스의 주장(양성론)은 동방교회나 로마 가톨릭이 주도하는 서방교회에서 배척된 뒤에 중동 지역의 일부 동방교회와 더 동쪽으로 당나라에까지 경교라는 이름으로 확산되었다. 오늘날에도 이라크의 아시리아 동방교회 및 그 분파들에서는 네스토리우스의 양성론이 유지되고 있다.

칼케돈 공의회(451)

그다음 공의회는 교황 레오 1세의 요청에 따라 451년에 칼케돈에서 동로마 황제 마르키아누스에 의해 소집되었는데, 그 배경에는 449년에 '강도공의회'로 낙인찍힌 제2차 에페소스 공의회가 있었다. 그 공의회에서 네스토리우스의 양성론이 이단으로 선언되고, 에우티케스의 단성론이 채택되었기 때문이다. 그리스도의 신성을 주로 강조한 에우티케스주의는 그리스도의 신성과 인성은 서로 밀접하게 결합돼 있고 특히 예수의 인성은 마치 신성이라는 바닷속에 떨어뜨린 '한 방울의 포도주'처럼 신성에 흡수되었다고 주장했다. 그러나 이 주장을 따라가면 성육신 사상과 그리스도의 구원 사역이 문제가 될 수밖에 없었다.

따라서 칼케돈 공의회에서는 그리스도의 신성과 인성을 분리하지 않고 예수 그리스도는 '완전한 인간이요, 완전한 하나님'이라고 선언했다. 그리스도 안에 신성과 인성이 구분되어 있다고 생각한 네스토리우스의 양성론적 이론과, 그리스도의 신성과 인성은 '속성의 상호 교류를 통한 인격적 실체를 구성하고 있다'는 키릴로스의 단성론을 함께 수용해서 "그리스도의 양성이 그분의 한 인격 안에서 혼합, 변함, 나뉨, 분리가 없다"고 정리하며 교리 논쟁을 마무리한 것이다. 칼케돈 신경의 전문은 다음과 같다.

> 우리는 거룩한 교부들을 따라서 다음 사항을 만장일치로 가르친다. 한 분이요 동일한 아들인 우리 주 예수 그리스도는 신성에 대하여 완전하시고 인성에 대해서 완전하시다. 그는 참 하나님과 참 인간 곧 이성의 기능을 지닌 영혼과 인

간 육체가 엄존하는 분이시며, 신성에 대해서는 성부와 동일본질(homoousios)이시고 인성에 대해서는 우리와 동일본질이시다. 모든 점에서 한결같으시되 죄는 없으시다. 그의 신성에 대해서는 모든 세계가 지어지기 전에 성부에게서 낳음을 입으셨고, 인성에 대해서는 이 마지막 날들에 우리 인간들과 우리의 구원을 위해서 하나님의 어머니(Theotokos) 동정녀 마리아에게서 낳음을 입으셨다. 그는 한 분이요 동일한 그리스도, 아들, 주, 독생자로서 두 본성으로 알려지시고 혼동도 없고, 변이도 없고 단절도 없고 분열도 없으시다. 본성들의 구분은 본성들의 연합에 의해서 결코 폐지되지 않고 각 본성의 독특성이 유지되며 두 본성이 하나의 인격과 위격 안에서 동시에 발생한다. 우리는 두 인격으로 구분되고 분리된 아들을 고백하지 않고 한분의 동일한 아들, 독생자 하나님-로고스, 우리 주 예수 그리스도를 고백하되 옛적에 선지자들이 그에 관해서 선언해 놓은 대로 그가 친히 우리에게 가르치신 대로 그리고 교부들의 신조가 우리에게 전해 준 대로 고백한다.

이 신앙고백문은 니케아 공의회와 콘스탄티노폴리스 공의회, 에페소스 공의회에서 언급된 신앙 고백들을 종합한 것이고 예수 그리스도의 위격과 본성에 대한 정통 교리의 핵심을 선포한 것이다. 또한 에페소스 공의회에서 단죄된 네스토리우스주의, 즉 예수의 인성을 지나치게 강조해 마리아를 하나님의 어머니로 불러서는 안 된다는 주장을 다시 한 번 단죄했고, 이 공의회의 도화선이 된 단성론(에우티케스주의), 즉 성자 하나님의 신성이 예수의 인성을 흡수해서 신성만 남았다는 주장이 논박되었다. 이외에도 칼케돈 공의회는 콘스탄티노폴리스 교회의 위상을 끌어올리는 등

몇 가지 중요한 결정을 내렸다.

로마 교황 레오 1세

칼케돈 공의회가 열릴 당시 로마 교황은 레오 1세였는데, 공의회는 교황의 요구로 열렸기 때문에 공의회에 모인 주교들은 레오 1세에게 공의회에서 정한 결정들을 서방 로마 교회에서도 승인해 줄 것을 요청했다. 마르키아누스 황제와 콘스탄티노폴리스 총대주교 아나톨리우스도 각각 교황에게 동의를 구하는 편지를 보냈다. 5세기쯤 되면 교황은 동로마제국에서 개최되는 공의회에서 중요한 교회의 교리를 확정하고 마무리하는 데 중요한 권위자이기도 했다.

그러나 교황 레오 1세는 칼케돈 공의회가 통과시킨 결정 중 제28조를 문제 삼으며 칼케돈 공의회의 결정을 수용할 수 없다는 입장을 밝혔다. 그가 문제 삼은 교회법 규정 제28조는 콘스탄티노폴리스를 로마에 이어 서열 2위로 격상시킨다는 내용이었다. 그리스도교가 전파되는 과정에서 다섯 교회가 중요한 역할을 했는데, 예루살렘 교회, 안티오키아 교회, 알렉산드리아 교회, 로마 교회, 마지막으로 콘스탄티노폴리스 교회였다. 콘스탄티노폴리스 교회는 콘스탄티누스 황제가 그리스도교를 공인한 다음에 그곳에 도시를 세우고 생겼기 때문에 가장 나중에 탄생한 교회였다. 그러므로 콘스탄티노폴리스 교회는 그동안의 전통과 역할에 있어 5위였다.

그런데 4세기 말 동서 로마가 나뉘고 콘스탄티노폴리스가 동로마 황제가 있는 동로마의 수도가 되면서 위상이나 영향력이 올라갈 수밖에 없었다. 여러 가지 교리적인 다툼이 있었을 때마다 황제뿐만 아니라 콘스탄티노폴리스 교회 역시 중요한 역할을 했다. 그러다 보니 칼케돈 공의회에서 콘스탄티노폴리스 교회의 지위를 격상시킨 것이다. 다만 로마 교회는 예수가 사도 베드로에게 열쇠까지 주면서 그 권위를 인정했다고 주장되었기 때문에 로마 교회 다음인 2위로 격상시킨 것이다.

그러나 로마 교회에서는 동로마 황제가 교회의 위상을 임의로 변경하는 것에 반발했다. 동로마제국에서는 황제교황주의라 불릴 만큼 황제가 동방교회의 수장으로 영향력을 행사하고 있었기에 더욱 그러했다. 교회는 그리스도를 머리로 하는 신앙공동체이고, 아우구스티누스가 논했듯이 신국의 현현일 수 있었다. 따라서 전통적으로 교회 질서는 지상국의 질서와는 차원이 다른 고유한 질서가 있고, 모든 교회의 어머니 교회인 로마 교회와 그 수장인 교황이 최고 권위를 가져야 하는데, 동로마제국의 세력이 강화되고 황제의 발언권이 점점 커지자 콘스탄티노폴리스 교회의 권위도 올라가게 된 것이다. 이는 로마 교황으로서는 수용하기 어려운 것이어서 강력하게 반발했던 것이다.

이미 381년 콘스탄티노폴리스 공의회 때에도 교회법적 규정 제3조에서 콘스탄티노폴리스에 로마 다음가는 지위를 부여함으로써 로마 교회의 반발을 산 적이 있었다. 이렇듯 당시 정치적인 갈등이 있었기에 칼케돈 공의회의 결정을 로마 교황이 흔쾌히 동의할 수는 없었다. 이런 상황에서 452년에 황제 마르키아누스는 여러 차례 칙령을 발표해서 칼케돈 공의회의 결정들을 존중하고 신앙과 관련된 문제에 대해서는 더 이상 논란을 벌이지 말 것을 요구해 교리 논쟁은 그 정도 선에서 마무리를 지었다. 이처럼 결국 콘스탄티노폴리스 주교좌의 권위를 격상시킨 교회법적 규정 제28조로 로마와 콘스탄티노폴리스의 갈등은 깊어졌지만, 칼케돈 공의회는 '한 위격 안에서 두 본성의 결합', 즉 그리스도의 인성과 신성이 결합된다고 하는 사상을 확정해 앞으로 더 이상 그리스도의 신성과 인성 문제를 가지고 논란을 피지 못하도록 종지부를 찍었다. 이는 칼케돈 공의회의 아주 중요한 업적으로 평가되고 있다.

칼케돈파와 비칼케돈파 교회들

앞에서 살펴본 니케아 공의회, 콘스탄티노폴리스 공의회, 에페소스 공의회로 이어 내려오면서 칼케돈 공의회는 그동안 논란이 되었던 큰 문제들을 마무리하는 계기가 되었다. 그리스도교의 교파를 칼케돈파와 비칼케돈파로 구별하는 것이 바로 이 칼케돈 공의회에서 비롯된 것이다. 네 차례의 공의회에서 공인된 교리 전체를 정통 교리로 인정하는 교회가 칼케돈파(가톨릭+정교회)이며, 반대로 네 차례의 공의회를 통해 이단으로 규정되어 축출된 교회들인 아리우스파와 네스토리우스파, 단성론 교회들이 비칼케돈 교회다.

이 과정에서 교황권도 강화되었는데, 교황의 권위를 확정시키는 데 기여한 사람은 5세기 중엽의 레오 1세와 6세기 말의 그레고리우스 1세였다. 교황 그레고리우스 1세는 네 개의 공의회가 사복음서에 해당하는 권위를 가진다고 밝히면서 교회사에 있어 정통 신앙 교리를 확정하는 데 아주 중요한 선언을 했다. 이로써 이단으로 정죄된 아리우스주의나 네스토리우스주의가 더 이상 동로마나 서로마에서 교리적인 혼란을 주지 않게 되었고 정통 교리가 확립되었다.

교황권의 등장과 확립

교황

가톨릭교회의 영적 지도자인 교황은 라틴어로 파파 (papa), 즉 '아버지'로 불린다. 신앙의 아버지라는 뜻이다. 로마 테베레강 서편에 자리한 바티칸은 면적 0.44제곱킬로미터에 교황과 추기경, 그리고 교황청을 위해 일하는 사람들을 포함한 인구가 800여 명에 지나지 않는 세계에서 가장 작은 나라이지만 반대로 가장 영향력이 있는 나라이기도 하다. 뒤쪽에 있는 페루지노의 그림에 보이는, 예수께서 베드로에게 열쇠를 주는 장면은 마태복음 16장 13-19절에 있는 베드로와 예수의 대화에 따른 것이다. 이것이 교황권의 근거가 되었다. 예수가 제자들에게 "사람들이 인자를 누구라 하느냐?"라고 물었지만 신통한 답이 나오지 않자 예수는 단도직입적으로 "너희는 나를 누구라 하느냐?"라고 묻는다. 그때 "주는 그리스도시오 살아 계신 하나님의 아들이시니이다"라는 베드로의 위대한 고백이 나온다. 이 답을 들은 예수는 "바요나 시몬아 네가 복이 있도다. … 너는 베드로라 내가 이 반석 위에 내 교회를 세우리니 음부의 권세가 이기지 못하리라. 내가 천국 열쇠를 네게 주리니 네가 땅에서 무엇이든지 매면 하늘에서도 매일 것이요, 네가 땅에서 무엇이든지 풀면 하늘에서도 풀리리라"라고 말씀하셨다. 베드로에게 천국 열쇠를 준다는 예수의 선언이 로마 교회 교황권의 권위의 원천이 된 것이다.

그러나 개신교계나 다른 그리스도교 교파들은 이 구절을 가톨릭교회와 달리 해석한다. 예수가 "너는 베드로 (Petros)라"라는 말씀에서 'petros'는 베드로의 이름으로 해석할 수 있지만 원래 '바위', '반석'이라는 뜻이다. 따라서 "주는 그리스도시오 살아 계신 하나님의 아들이십니다"라는 이 바위와 같은 신앙고백 위에 교회를 세운다는 뜻이지, 베드로라는 특정 인물에게 물리적으로 권위를 준다는 뜻은 아니라는 해석이다. 이처럼 로마 교회는 이 말씀이 베드로라는 한 개인에게 주어졌다고 보았지만 다른 그리스도 교회들에서는 좀더 보편적인 원리로 하신 말씀이라고 해석한 것이다.

바티칸은 원래 테베레강 건너의 야산이었고, 로마 제정 시기에는 공동묘지가 있던 곳이었다. 교회사의 전승에 따르면 베드로가 네로 황제의 박해 때 바티칸 언덕에서 순교했고, 그것도 예수처럼 반듯하게 십자가에 못 박힌 것이 아니라 거꾸로 못 박혀 순교했다고 전해진다. 이처럼 베드로의 위대한 신앙고백과 예수의 약속의 말씀, 그리고 베드로의 순교가 어우러지면서 그가 순교한 자리에 교회가 세워졌고, 로마 교회의 주교가 베드로의 후계자라는 전통을 계승해 가면서 교황직이 나왔다. 로마는 지중해 세계의 중심이었고, 또 베드로에게 한 예수의 약속이 있었기에 로마 교회는 모든 교회의 어머니이고, 그 우두머리인 교황은 모든 교회를 돌보아야 한다는 전통이 형성된 것이다. 그래서 로마 가톨릭교회에서는 베드로를 1대로 시작해서 지금까지 계승되어 현재 266대 교황인 프란치스코 교황 시대를 맞이하고 있다.

〈베드로에게 천국의 열쇠를 주는 예수〉, 피에트로 페루지노 작, 바티칸 시스티나 성당 소장.

교황직은 가장 오래된 관직

베드로부터 지금까지의 역대 교황의 계보를 볼 때 교황직은 세계에서 가장 오랫동안 지속된 자리임에 틀림없다. 사실 로마 교황은 로마 교회의 주교일 뿐이었으나 서로마제국의 붕괴로 인해 더 중요한 역할을 수행할 수 있었다. 중세 시대에 게르만족의 그리스도화를 주도하면서 교황은 더욱더 강력한 권위와 영향력을 행사하게 되었다. 그러다 보니 세속 문제에 너무 깊이 관여하는 일이 많아졌고 그것이 서유럽 중세 사회에 많은 분쟁을 유발하기도 했다. 특히 교황 우르바노 2세가 성지 회복을 명분으로 시작한 십자군 전쟁으로 인한 엄청난 희생과 피해가 있었다. 종교개혁으로 서유럽 세계가 가톨릭교회와 프로테스탄트 진영으로 나뉘면서 교황권이 큰 타격을 입었지만 대항해 시대를 맞아 아메리카나 아시아, 아프리카로 교세가 확대되기도 했다. 이후 서양 근대 사회가 도래하면서 교회와 국가, 정치와 신앙이 완전히 분리되었지만 교황은 가톨릭교회의 수장으로서 영적으로뿐만 아니라 정치적으로도 많은 영향력을 행사하고 있다.

교황권의 근거

로마 교황권의 근거는 앞서 본대로 마태복음 16장에 나오는 말씀이다. 그러나 그것만 있는 것은 아니다. 요한복음 21장 15절 이하에 보면 부활하신 예수가 베드로에게 "내 양을 잘 먹이라"라고 세 번씩이나 명령한 내용이 나온다. 그 장면에서 예수는 베드로에게 "네가 나를 사랑하느냐"라고 묻고 베드로가 그러하다고 답하자 "내 어린 양을 먹이라"라고 명령하는 것을 세 번이나 반복했다. 이처럼 베드로가 예수에게 천국의 열쇠를 받고, 양을 먹이라는 명령을 받은 것이 로마 교황권의 성경적 근거가 되었다.

물론 성경에는 교황이라는 단어가 나오지 않고 베드로 역시 교황이라는 말을 쓰지 않았다. 그러나 후대 교황들은 베드로가 교황이란 칭호를 쓰지 않았지만, 실제로는 교회를 돌보고 복음을 전하는 등 교황의 역할을 했다고 주장한다. 그 용어를 썼는지 안 썼는지가 중요한 것은 아니라는 것이다.

교황의 칭호들

로마 교회 주교(Episcopus Romanus)

그리스도의 대리자(Vicarius Christi)

사도들의 계승자(Successor Principis Apostolorum)

보편 교회의 최고 수장(Caput Universalis Ecclesiae)

최고 사제(Summus Pontifex)

대사제(Pontifex Maximus, P.M)

바티칸 시국의 국가원수

(Princeps Sui Iuris Civitatis Vaticanae)

하느님의 종들의 종(Servus Servorum Dei)

그러나 베드로가 로마 선교를 하다가 순교했다는 주장 자체를 인정하지 않는 의견도 있다. 초기 그리스도교의 전승에 나오는 이야기일 뿐 근거가 없다는 것이다. 그리고 신약성경의 사도행전에 따르면 실제로 로마에 가서 선교하다가 로마 교회에 편지를 보내고 순교한 사람은 사도 바울이다. 바울은 로마 시민이었기 때문에 십자가 처형은 당하지 않고 목이 잘려 죽은 것으로 알려져 있다. 그러나 베드로에 대해서는 성경 어디에도 그가 로마에 갔다는 언급이 없다. 마태복음 16장에서 예수로부터 "내 양을 먹이라"는 명령을 받았지만 그것이 로마의 바티칸에서 교황이 맡아온 역할을 상징하거나 암시하지도 않는다.

로마 교회의 수위권 주장

역사적으로 볼 때 로마 교회의 수위권을 주장하는 자료는 2세기 말부터 나온다. 189년 교부 이레네오(Eirēnaios)는 《이단 논박》(Adversus haereses, 3, 3, 2)에서 영지주의를 논박하면서 로마 교회의 수위권을 옹호했다. 그는 "모든 교회, 즉 온 세상에 있는 모든 신도는 이 (로마) 교회가 지니고 있는 강력한 수위권(Potenioren Principalitatem) 때문에 이 교회와 하나가 되어야 합니다. 왜냐하면 이 (로마) 교회 안에는 그들을 통해 전해 오는 사도적 전승이 항상 보존되어 있기 때문입니다"라고 썼다. 즉 사도적 전승을 로마 교회가 가지고 있기 때문에 로마를 중심으로 통일성을 가져야 한다는 주장이다. 사도적 전승은 그 뒤 교부들에게 이어져 교회를 수호하고 교리를 다듬는 데 중요한 근거로 작용했다. 예수께서는 중요한 사건이 있을 때마다 사도들, 그중에서도 베드로와 요한과 야고보를 데리고 다니셨다. 그러니까 사도의 전승을 초기 그리스도 교회가 계승했다고 할 때 수제자 베드로의 권위는 중요했고, 그의 지위를 계승한 교황들은 순교를 겁내지 않고 계속해서 교회의 기틀을 다지고 발전시키는 데 힘을 썼던 것은 사실이다. 교황의 목록을 보면 초기 그리스도교의 고르넬리오, 루치오 1세, 식스토 2세 등 교황들이 유배당하거나 순교했다는 것을 알 수 있다. 적어도 4세기 초 밀라노칙령으로 모든 그리스도 교회의 종교의 자유가 인정될 때까지 그러했다.

니케아 종교회의와 교황권

니케아 종교회의가 325년에 콘스탄티누스 황제에 의해 소집되면서 교황권은 새로운 국면을 맞게 된다. 이제 로마 황제가 교회의 보호자이자 후원자로 나서게 되었기 때문이다. 문제는 황제가 그동안 교황이 가지고 있던 교회 내 교리적인 문제까지 관여하는 상황이 전개되었다는 것이다. 이로써 교황권과 황제권 사이에 긴장이 형성되었다. 누가 교회의 주도권을 장악하고 이끌어 갈 것인가 같은 문제와도 관련이 깊은 것이다. 그래서 삼위일체 교리를 중요한 정통 교리로 선언하면서, 교회법 6-7조에서 로마와 알렉산드리아, 안티오키아, 예루살렘 주교좌 교회의 특별한 지위를 확정했다. 그중 로마는 다른 교회들보다 위에 있는 것으로 두었다. 굳이 순위를 매기자면 로마, 알렉산드리아, 안티오키아, 예루살렘 순이었다. 그런데 앞서 보았듯이 칼케돈 공의회에서 콘스탄티노폴리스를 두 번째 자리에 집어넣으려하니 로마 교황이 이에 반발하게 된 것이다. 콘스탄티노폴리스 교회는 순위상 다섯 번째였다. 그러나 아무래도 동로마 황제들이 로마제국을 주도하기도 했고, 콘스탄티노폴리스가 동로마제국의 수도이다 보니 교회의 순위를 조정하고 싶었던 것이다. 그렇다고 로마를 무시하기는 어려웠기 때문에 로마 교회 다음 자리에 콘스탄티노폴리스 교회를 두었다. 그러나 로마 교황 입장에서 보면 전통적인 질서를 무시할 때 로마 교회의 지위도 흔들릴 수 있다고 판단해 이에 반대한 것이다.

삼위일체론은 이미 사도 시대 이후 교회의 정통 이론으로 자리 잡았고, 교황들은 대체로 삼위일체론의 적극적인 지지자였다. 특히 교황 리베리오는 삼위일체 교리를 고수하며 변호했는데 이로 인해 아리우스파를 지지했던 콘스탄티누스 2세에 의해 유배를 가기도 했다. 삼위일체 교리를 받아들인 니케아 그리스도교파는 '가톨릭 그리스도교'라고 불리게 되었다. 391년 테오도시우스 황제에 의해 모든 이교적 의식이나 제사가 금지되면서 사실상 그리스도교

교황 레오 1세와 아틸라의 만남을 묘사한 라파엘로의 작품. 레오 1세가 훈족을 물러나게 하자 로마 시민들은 교황을 그들의 유일한 보호자로 바라보게 되었다.

는 로마제국의 국교가 되었다. 이처럼 동방에서는 콘스탄
티누스로부터 테오도시우스까지 황제들이 교리 문제의 해
결사로 군림한 반면, 서방에서는 로마 교회를 거점으로 한
교황이 계속해서 교회들에게 영향력을 강화해 나갔다. 특
히 395년에 동로마와 서로마가 분리되고 나서 서로마제국
이나 서로마 황제의 힘은 점점 약화되었고, 5세기에는 게르
만족들이 로마를 공격하고 약탈하는 일들이 계속 일어났
다(410년 서고트족, 452년 훈족, 455년 반달족).

　　이런 상황에서 교황 레오 1세(Leo I, 재위 440-461)는
452년 훈족이 로마를 침입했을 때 훈족 지도자 아틸라를
직접 만나 평화회담을 하고 그들을 물러나게 했다. 455년
에 가이세리크가 이끈 반달족이 로마를 공격했을 때에도
레오 1세는 가이세리크와 협상을 벌였다. 반달족의 로마
시내 입성을 막지는 못했지만, 최소한 무분별한 약탈과 살
육으로부터 로마 시민들을 구해내는 데 성공했다. 이로 인
해 로마 시민들은 교황을 그들의 유일한 보호자로 바라보
게 되었고, 교황들 또한 로마 시민들을 위해 위험을 감수
하면서 협상에 나서서 로마 시의 수호자 역할을 수행했다.

　　교리 문제의 결정에도 교황의 권위가 중요했다. 앞서
살펴본 것처럼 동로마 황제 마르키아누스는 칼케돈 공의
회에서 결정한 내용을 교황에게 보내 인정해 달라고 협조
를 구했기 때문이다. 에우티케스의 단성론에 대한 논란에
서 그에 반대하는 교황의 주장은 로마 교회의 권위가 동방
으로 확대될 수 있는 기회가 되었다. 451년에 소집된 칼케
돈 공의회에서 교황 특사가 그리스도의 신성과 인성에 대
한 레오 1세의 서한을 낭독하자 공의회에 참석한 모든 주
교들은 "이것이 교부들의 신앙이다! … 베드로께서 레오를
통해 우리에게 말씀하셨다!"라고 외쳤다. 이런 식으로 교황

의 판단은 교리에 관한 최종 결정에 중요하게 영향을 끼쳤다. 레오 1세는 교회의 보호자일 뿐만 아니라 로마 시의 보호자로서 명성을 얻었고 훗날 '대교황' 칭호를 받게 되었다.

성 베드로 대성당, 교황 그리고 그리스도

로마 시에서 서쪽으로 테베레 강을 건너면 바티칸 시국이 있고 그 안에 웅장한 규모의 성 베드로 대성당(Basilica Sancti Petri)을 만날 수 있다. 바티칸 대성당(Basilica Vaticana)이라고도 부른다. 전승에 따르면 67년경 베드로가 당시 바티칸 언덕에서 순교해서 그 인근에 묻혀 있었는데, 콘스탄티누스 황제가 그리스도교를 공인한 뒤에 그의 무덤으로 추정되는 곳에 지은 것이 옛 베드로 성당이었다. 대성당 제대 밑 지하에는 베드로의 석관을 중심으로 15세기까지 교황을 포함해서 수많은 석관과 기념비가 즐비하다. 15세기 말 옛 성당이 보수 작업에도 불구하고 노후화하자 성당을 신축하려는 움직임이 있었고, 16세기에 들어와서 판테온이나 콜로세움의 석재들을 활용한 대대적인 재건축사업이 120여 년 동안 진행되어 오늘의 모습을 갖추게 되었다.

성 베드로 대성당 앞에는 대성전의 돔을 머리로 하고 반원형의 회랑 두 개를 팔로 묘사함으로써 대성전이 두 팔을 벌려 사람들을 감싸 안은 모습을 형상화한 베드로 광장이 있다. 최대 인원 30만 명까지 수용 가능한 베드로 광장을 둘러싸고 건물 전면 기둥 위에는 12사도들의 조각상이 있고, 대성전 좌우로 4줄로 이어진 기둥들 위에는 40개의 성인상이 베드로 광장을 내려다보며 진열되어 있다.

베드로 성당 전면에는 'IN HONOREM PRINCIPIS APOST', 즉 '사도들의 일인자(베드로)를 기념해서'라는 문구가 새겨져 있다. 이어서 'PAVLVS V BVRGHESIVS RO-

성 베드로 대성당.

MANVS PONT MAX AN MDCXII PONT VII'라고 새겨져 있는데 '로마 교황 파울루스 5세 보르게시우스 1612년, 교황 재위 7년'이라는 뜻이다. 즉 교황 바오로 5세가 교황이 되고 나서 7년째 되는 해인 1612년에 베드로를 기념해서 성당을 세웠다는 뜻이다.

성 베드로 대성당을 볼 때마다 신약성경에 나오는 베드로를 생각한다. 갈릴리 어부 출신, 3년 동안 예수를 그림자처럼 따라다닌 수제자, 예수께서 고난당하실 때 세 번이나 예수를 모른다고 부인하고 회개한 베드로, 오순절 성령강림 후 복음 전도에 헌신하다 순교한 베드로, 그 베드로와 성 베드로 대성당의 주인 베드로, 1대 교황 베드로. 이들은 전혀 다른 두 인물처럼 보인다.

이와 같은 웅장하고 화려한 성 베드로 대성당의 재건축을 위해서 면벌부를 팔아야 했고, 이는 독일에서 루터의 종교개혁의 시발점이 되었다는 점에서 가톨릭교회와 프로테스탄트(개신교)의 분리의 출발이 되었다는 것은 역사의 아이러니가 아닐 수 없다.

성당 안팎을 채운 성상, 성화, 성물을 보면 과연 누구를 위한 성당인지 질문을 던지게 된다. 화려한 성 베드로 대성당의 주인공 베드로는 자신을 기념하는 화려하고 웅장하게 차려진 이 건물을 좋아할까? 그가 목숨을 바쳐서 순종했던 주 예수 그리스도, 우리 죄를 위해 십자가를 지신 예수 그리스도의 자리는 어디에 있는가?

맺음말

나라의 최고 지도자가 종교 문제에 관여하고 결정하는 것은 제정일치 사회였던 고대에는 늘 있는 일이었다. 로마도 왕정기에는 왕이 대사제 기능을 수행했다. 공화정이 시작되면서 정치와 종교가 분리되어 왕이 행사하던 정치군사적 권한은 1년 임기의 콘술 두 사람에게 갔고, 종교적 권위인 대사제 직무와 권한은 민회에서 선출하는 귀족 출신 한 사람에게 종신직으로 주어졌다. 그러나 초대 황제 아우구스투스가 다시 대사제직을 정치군사적 권한과 함께 통합해서 취하는 바람에 제정 시대에는 황제가 정치, 군사, 종교의 최고 우두머리가 되었다. 다음 장에서 다룰 것인데, 이 전통이 동서 로마 분리 후 동로마에서는 황제교황주의의 근거가 되어 황제가 국가 종교 문제의 최고 결정자로 군림했다. 서로마제국에서는 교황이 '대사제직'을 취했고, 게르만족의 이동으로 서로마가 해체된 뒤에도 로마 가톨릭교회의 최고 우두머리직을 계승해 갔다. 원래 로마에서 다신교적 전통의 로마 종교의 대표자였던 대사제직이 그리스도교 최고 지도자인 교황으로 연계되면서 교황을 주축으로 하는 로마 교회에는 이교적인 로마의 종교 문화가 스며들 수밖에 없었을 것이다. 로마 가톨릭교회는 의도한 것은 아니지만 결과적으로 다신교적 로마 문화의 여러 요소들을 포함할 수밖에 없게 된 것이고, 그 요소들을 떼어 내는 계기가 된 것이 16세기 프로테스탄트의 종교개혁 운동이었다.

그리스도교의 로마화
성인 숭배, 마리아 숭배, 십계명

11

들어가는 말

앞 장에서 300여 년 동안 불법 종교였던 그리스도교가 공인되고 국교로 까지 발전한 과정을 알아보았다. 로마의 그리스도교화는 고대 지중해 세 계에서 일어난 문명사적 대사건이었다. 그리스 문명에서 시작되어 로마인 이 종합한 다신교적 전통의 서양 고전 문명이 예수를 그리스도로 믿는 유 일신 사상으로 바뀐 것이기 때문이다. 초기 그리스도교는 사도들의 복음 전파를 통해 밑에서부터 서서히 확산되었다. 그러나 4세기에 들어오면서 합법화되고, 나아가 국교가 되는 과정을 황제가 주도하면서 위로부터의 그리스도교화가 빠른 속도로 진행되었는데 그 부작용도 적지 않았다. 또 한 로마 사회가 원래 다신교적 전통 위에 구축되었기 때문에 그리스도교 안에는 성인 숭배, 마리아 숭배 등 그리스도교적이면서 또한 이교적인 요 소가 들어 있는 문화들이 자리 잡게 되었다. 11장에서는 그리스도교 안에 들어와 있는 로마적 요소들을 알아본다.

성인의 의미와 시성 절차

가톨릭교회의 중요한 개념인 성인(聖人)과 성인 공경의 문제는 개신교인에게는 익숙하지 않은데, 어떤 면에서는 와닿지도 않는다. 성인을 의미하는 라틴어 'Sanctus'(영어로는 Saint)는 '거룩한', '거룩한 자'라는 뜻인데[1] 성인의 개념은 성경에 근거를 둔다. 신약성경에는 모든 그리스도교 신자에 대한 명칭으로 '성도'(聖徒, Sancti), 즉 거룩한 무리라는 표현이 나온다. 사도 바울은 골로새서에서 "골로새에 있는 성도들, 곧 그리스도 안에서 신실한 형제들에게 편지하노니"(골 1:2)라며 수신자를 '성도'라 칭하고 있다. 그런데 성경에는 이처럼 한 개인을 지칭하는 '성인'이라는 말은 나오지 않고 다만 복수로서 '성도'가 주로 쓰인다. '거룩한 무리'라는 뜻의 성도는 모든 그리스도교 신자, 즉 예수를 믿고 구원을 얻은 무리를 가리킨다.

그런데 로마 가톨릭교회에서는 성도 중에서 특별히 성덕(聖德)이 뛰어난 사람들을 골라 성인으로 명명했다. 특별한 성덕, 즉 거룩함이 더 뛰어난 소수의 사람을 칭하는 용어로 '성인'이라는 개념을 만든 것이다. 성인의 또 다른 조건은 세상을 떠난 자라는 것이다. 즉 죽어야만 한다. 다시 말하면 성인은 이미 죽은 자들 중에서 살아 있을 때 영웅적인 덕행(德行)으로 모든 사람의 모범이 되는 자로서 교회가 보편적인 교도권(敎道權), 즉 교황권에 의해 성인으로

1—— 여기에서 다루는 자료의 출처는 특별히 언급하지 않는 한 《가톨릭 백과사전》임을 밝힌다. 개신교가 주로 사용하는 성경에는 '하나님'으로 나와 있고 가톨릭 성경에는 '하느님'으로 되어 있다. 교파나 내용에 따라 두 단어를 혼용했다.

선포된 사람, 그래서 '성인록'에 올라 장엄한 선언에 의해 성인으로 선포된 사람들을 말한다. 예수를 믿으면 모두가 성도의 무리에 속하는데 여기에서 성인은 그런 사람들(성도) 중에서 신앙의 경지가 훨씬 더 높은 단계에 도달했던 사람을 심사하여 교황이 성인으로 선언해야 성인이 되는 것이다. 사실 심사 단계와 절차가 까다롭기 때문에 성인의 숫자는 많지 않다. 가톨릭교회가 공인한 성인의 숫자는 대략 10,000명 선을 웃돌고 우리나라에는 103명의 성인이 있다.

시성식의 단계: 하느님의 종, 가경자, 복자, 성인

성인이 되는 절차를 시성식(Canonization)이라고 부르는데 가톨릭교회에서는 성덕이 높은 사람이 죽으면 그 성덕을 드러내고 모든 이가 그를 본받도록 복자나 성인의 품위에 올리도록 한다. 이는 시성식을 통해 단계를 밟아야 하는데, 한 번에 성인으로 추대되는 것이 아니라 네 단계를 밟게 된다. 처음에는 하느님의 종, 그다음이 가경자, 그다음이 복자, 마지막으로 성인이다.

하느님의 종

먼저 '하느님의 종'(Servus Dei)을 살펴보자. 개신교에서 목사 자신이 또는 교인들이 목사를 지칭할 때 '주의 종', '하나님의 종'이라는 표현을 쓰는 경우가 있다. 그러나 가톨릭에서 '하느님의 종'은 그 쓰임이 특별하다. 죽은 자로서 보통 신앙인보다 모범적인 탁월한 업적이 있어야 하고 차후 심사를 거쳐 '성인'으로 부를 만한 후보자 반열에 오른 자에게 쓰는 용어이기 때문이다. 즉 '성인' 심사의 첫 번째 단계다. 공식적인 성인 승인을 얻으려면 그가 죽은 사람이어야 한다. 즉, 정말 훌륭한 삶을 살았다고 판단이 되는

1461년 시에나의 카타리나를 시성하는 교황 비오 2세.

사람이 죽고 난 후 그를 성인으로 높이길 원할 때 맨 처음에는 '하느님의 종'이라 지칭해서 평가가 시작되는 것이다. 물론 하느님을 섬기는 이들과 하느님에게서 특수한 사명을 받아 수행하는 일꾼을 지칭할 때 '하느님의 종'이라는 용어가 쓰이기도 한다. 예를 들면 교황의 여러 호칭 중에 '하느님의 종들의 종(Servus Servorum Dei)'이라는 표현이 있는데, 이는 자기 직무가 '하느님의 종인 그리스도교인들에게' 봉사하는 자라는, 아주 겸손한 마음이 담긴 표현이다.

가경자

그다음 단계는 '가경자'(Venerabilis)다. 이 칭호는 원래 가톨릭에서 주교나 대수도원장처럼 살아 있었을 때에도 큰 신앙적 권위를 가진 사람들에게 붙였던 경칭이다. 주교나 대수도원장은 한 지역 전체 교회를 돌보는 자리로서 가톨릭에서는 굉장히 높은 사람이며 그런 이들을 가경자라고 불렀다. 이 칭호는 《영국 교회사》를 쓰고 그 당시에 아주 학문이 높았던 8세기경의 인물인 베다(Beda Venerabilis)에게 처음으로 쓰였다. 베다는 돌아간 지 1세기 만에 가경자라는 호칭을 받았다. 1913년에 교황 비오 10세는 공식적인 교령으로 "놀라울 정도의 덕행을 실천하거나 순교한 사람이라야 가경자의 칭호를 받을 만하다"고 가경자의 기준을 명시적으로 말했다. 그래서 하느님의 종 중에서 순교했거나 덕행에 뛰어난 모범을 보인 자에 대한 시복 조사가 교황청 예부성성(禮部聖省)에 접수되면 그 시복 후보자에게 잠정적으로 주어지는 존칭이 바로 가경자다.

복자 또는 복녀

시성 후보자의 세 번째 단계는 복자(Beatus) 또는 복녀

(Beata)다. 'Beatus'는 형용사로 '복이 있는 자'라는 뜻이다. 이 복자는 생전에 성성(聖性)이나 순교로 인해 심사를 거쳐 복자에 걸맞은 모범을 보인 가경자, 즉 가경자로부터 한 단계 올라간 것으로, 교황이 공적으로 그 사람을 복자로 선언함으로 칭호가 부여된다. 교황이 복자를 승인하기 전에 그 사람의 업적에 대한 세밀한 조사가 진행된다. 조사가 다 끝나야 마지막에 교황이 복자로 선언하는 것이다. 성인이나 성녀는 전 세계의 가톨릭교회가 모두 성인과 성녀로 공경하지만, 복자는 해당 지역과 그 지역 교회에서만 명칭과 권위를 인정받는다는 점에서 성인과 차이가 있다.

성인 또는 성녀

복자 또는 복녀로 시복된 뒤에 또 다른 기적이 확인되면 다시 시복의 과정과 비슷한 절차를 거쳐 교황이 시성하여 성인으로 추대한다. 시성식은 주로 성 베드로 대성당에서 진행된다. 일반적으로 지혜와 덕이 뛰어나 길이 본받을 만한 사람이고, 천국에서 영원한 행복을 누리는 거룩한 자를 말한다. 그런데 중요한 것은 믿는 이는 모두 이 땅에서 죽으면 하늘나라에 올라가 성도로서 거룩한 모임의 일원이 되는데, 성인들은 그곳에서 또 특별한 지위를 받은 자들이라고 생각했던 것이다. 이들은 천국에서 하느님을 직접 뵈옵고 영원한 행복을 누리는 거룩한 자들이라는 뜻이다. 이들은 하느님께 대한 영웅적인 덕행을 실천한 자들이기에, 교회에서는 모든 신자의 귀감으로 선언하고 존경하도록 공식적인 성인의 품위에 올린다.

성인으로 인정되면 그 사람은 전 세계 가톨릭교회에서 성인 예우를 받는다. 우선 성인의 이름이 기도문에 삽입되고, 가톨릭 교인들의 세례명과 영세명으로도 사용될 수

성 프란체스코를 그린 성화.
성 프란체스코의 머리 뒤에
후광이 있는 것을 볼 수 있다.

있다. 또 성인들은 그를 기념하는 축일이 있어서 어떤 날을 어떤 성인의 축일로 지정받을 수 있다. 다음으로 성화를 그릴 때 성인들의 경우는 머리 뒤에 후광을 돌릴 수가 있다. 유럽 성당에 가 보면 성화를 볼 수 있는데, 성화에서 예수 그리스도는 온몸을 동그랗게 감싸는 광배를 넣는 반면 성인에게는 후광을 두른다는 차이가 있다.

 성인 공경 또는 성인 숭배의 문제

가톨릭교회에서는 성인 공경이라고 부르나 일반적으로는 성인 숭배라는 용어를 사용한다. 표준국어대사전에서 '숭배'는 "우러러 공경함" 또는 "신이나 부처 따위의 종교적 대상을 우러러 신앙함"을 뜻하며 '공경'의 유의어로 나온다. 하지만 일반적인 용례에서 뉘앙스의 차이가 있다. 공경이라는 말이 '여호와를 공경하라', '부모를 공경하라' 등 긍정적인 의미로 쓰이는 반면 숭배는 개인 숭배, 스탈린 숭배 등 부정적인 의미로 사용되는 경우가 많기 때문이다. 따라서 가톨릭에서는 성인 공경이라는 용어를 사용하는 데 반해 개신교계나 학계에서 성인 숭배라는 용어를 사용하는 것은 성인을 바라보는 시각의 차이 때문인 듯하다.

어쨌든 가톨릭교회에서 성인 공경은 전승을 통하여 이어져 온 교회 영성의 한 요소이고, 한때는 신자들의 전례 생활에 중요한 요소이자 가톨릭 신심의 특징 중 하나였다. "지상 여정에 있는 그리스도인들의 일치가 우리를 그리스도께로 가까이 인도하는 것과 같이 성인들과도 함께하는 것이다"라고 여기는 것이다. 살아 있는 그리스도 교인들이 하나가 된다는 것에 대해서는 이견이 없다. 예수를 그리스도로 믿는 이는 모두가 구원을 얻은 하나님의 자녀이기 때문이다. 그런데 "성인들과도 함께하는 것이다"라는 표현은 바로 성인 공경의 문제와 연결되기에 고려할 점이 많다. "성인들과의 일치는 우리를 그리스도와 결합시켜 주는 것이니… 그러므로 그리스도의 친구요 공동 상속자들이며 우리의 형제요 탁월한 은인들인 성인들을 사랑하고… 그리스도를 통하여 하느님께 은혜를 청하기 위해 성인들의 이름을 부르고 그들의 기도와 도움을 바라는 것은 참으로 당연한 일이다"(《가톨릭 대사전》, '성인 공경' 항목)라는 것에 대해 논란이 있는 것이다. 성인들은 죽은 후 주님 또는 하느님과 가까이 있게 되므로 하나님과 가까이 있는 그들을 통해서 하나님께 나아가야 한다는 것이다. 가톨릭교회에서 성인 공경이 중요한 것은 "성인에 대한 공경과 그들과의 참다운 교류는 그리스도를 통하여 성령 안에서 하느님께 바치는 흠숭을 약화시키지 않을뿐더러, 오히려 완전하게 할 것이다"고 믿기 때문이다. 반면에 개신교인들은 하나님께 직접 기도를 드리고 하나님과 직접 대화를 하면서 그 말씀을 직접 받으면 되는데, 굳이 성인이 중간자 역할을 할 필요가 있는지 의문을 제기한다.

그러나 가톨릭교회는 성인들에 대한 공경, 또 성인들과의 교류 같은 것들이 오히려 하나님께 바치는 흠숭을 완성하는 것이라고 설명한다. "진정한 성인 공경은 우리의 행동적 사랑의 깊이에 있으며, 이런 사랑으로 우리는 우리 자신과 교회의 선익을 위하여 성인들의 생활에서 모범을 찾고 통공에서 일치를 찾으며 전구에서 도움을 찾아야 하겠다"는 것이다.

성인들의 생활에서 모범을 찾는다는 것, 그들의 삶을 모범으로 해서 살아간다는 것은 좋은 일이다. 그러나 서로 교제한다는 뜻의 '통공'은 개신교에서처럼 믿는 자들이 예배를 같이 드릴 뿐만 아니라 대화나 봉사를 하면서 교제하는 것과는 다르다. 그것은 살아 있는 그리스도교인과 죽은 성인과 서로 영적으로 교제하고 소통하는 것을 의미하기 때문이다. 이는 일반인들이나 개신교인들은 공감하기 어려운 가르침이다.

성인 공경의 유래

성경에는 성인 공경을 명확하게 언급하고 있지 않다. 그렇다면 가톨릭교회의 역사에서 중요한 요소인 성인 공경은 언제 어떻게 시작되었는가? 성인 공경은 초기 그리스도교 교회가 로마 당국의 박해를 받던 시절로 거슬러 올라가는 오랜 전통의 결과였다. 초기에는 신앙을 지키기 위해 순교하는 사람들이 있었는데, 교회가 이들의 신앙생활을 숭고하게 여기면서 성인 공경의 뿌리가 심어졌다. 우리나라에서는 일제강점기나 한국전쟁을 겪는 과정에서 순교한 그리스도인이 많다. 이 땅에서의 삶보다 영원한 하나님 나라를 소망하면서 박해를 피하지 않고 순교를 택한다는 것은 숭고한 믿음의 행위임에 틀림없다. 이런 이들을 존경하고 공경하는 것은 어찌 보면 당연한 교회의 분위기였을 것이다.

그런데 성인을 'Sanctus'라 해서 이름 앞에 '성'(聖) 자를 붙여 주면서 하나의 제도적인 용어로 쓰기 시작한 것은 약 5세기부터다. 5세기면 그리스도교가 국교가 되었지만 정치군사적으로 쇠약해져서 로마제국, 특히 서로마제국이 이민족의 침입에 대처하지 못하고 거의 정치적으로 해체되어 가는 시기였다. 이때부터 교회에서 성인을 '성 ○○○'라고 부르고 또 그런 호칭을 교회에서도 공식적으로 사용하기 시작했다. 특히 초기 그리스도교 교회에서는 순교자 무덤을 중시해서 참배하면서 미사와 기도를 드리기도 했고, 무덤 위에 교회를 짓기도 했다. 무덤 위에 교회를 짓는 것은 오늘 날에는 낯선 문화일 것이다. 그러나 당시는 성인들을 귀하게 여기다 보니 그들의 시신과 유품을 잘 모시는 것이 중요하 다고 생각한 것이다. 그래서 신앙생활에 모범이 될 만한 훌 륭한 이들의 유골을 소중히 모시고 그 거룩함을 계속해서 흠모하면서 신앙생활을 하고자 했던 것이다.

그런데 차츰 순교는 아니어도 여러 가지 박해를 받았 던 사람들을 공경하는 일이 나타났다. 고행자나 수도자 또 는 금욕적인 삶, 즉 결혼을 하지 않고 독신으로 살았던 사 람들도 성인의 범주에 들어갈 수 있는 자격을 얻게 되었고, 3세기부터 그리고 이후 중세 시대에 성인에 관한 이와 같 은 공경은 로마 교회의 중요한 요소가 되었다. 성인은 거룩 한 생활을 하고, 특히 기적을 일으킨 중요한 '실적'이 있어 야 했다. 예수께서 기적을 많이 일으키셨고, 예수께서 승천 한 뒤 복음 전파를 하던 제자들(베드로나 바울 등)도 많은 기 적을 행했기 때문이다. 이처럼 살아 있을 때 거룩한 생활과 기적을 행한 신자의 유해와 무덤은 생전에 그가 했던 모든 신앙적인 모범들을 생각나게 하고, 그가 살아 있을 때의 권 위를 그대로 가지고 있다고 생각했던 것이다.

죽음, 시신에 대한 그리스로마적 태도

원래 그리스로마적 전통의 '천상지향적' 세계관에는 사람이 죽으면 영혼은 하늘로 올라가고 육체는 땅에 남아 썩어 사라진다는, 그래서 육체는 천한 것이며 영혼은 고귀 한 것이라는 이분법적인 사고가 있었다. 또한 훌륭한 사람 은 하늘의 별로 올라가며, 세상에 있을 때 육체라는 감옥 에 갇혀 있던 영혼은 해방되어 자유롭게 올라간다고 생각했다. 그래서 죽은 자의 육체는 도시 밖에 무덤을 만들어 매장했고, 도시 안에 무덤을 쓰는 것을 금했다. 무덤이나 시체와 같은 것은 도시를 오염시킬 수 있다고 부정적으로 생각했기 때문이다.

그리스도인들의 부활 신앙과 무덤에 대한 태도

그러나 죽은 뒤에 부활을 믿은 그리스도교인들은 죽음이나 시신에 대해 그리스로마적 전통과는 다른 생각을 갖고 있었다. 사람은 죽어도 완전히 끝나는 것이 아니라 부활한다는 신앙이 있었기에 부활할 때 몸을 생각하게 되는 것이다. 이에 죽은 몸이지만 그저 전통적인 로마인들처럼 생각할 수는 없었다. 물론 부활할 때 몸은 살아 있을 때의 형태가 꼭 유지된다는 것은 아니다. 그러나 몸의 부활을 믿었기 때문에 시신을 모신 무덤을 중요하게 생각했던 것이다.

성인들의 무덤 공경

더욱이 순교자는 하나님의 친구가 돼서 인간을 중재하는 역할도 하므로 무덤이 오히려 죽은 자를 기념하는 소중한 공간이 되었고, 이를 기념하면서 새로운 의식들도 생기기 시작했다. 그래서 도시 성벽 밖에 있던 무덤들이 성 안으로 들어오게 되었고, 나아가 아예 무덤 위에 교회를 짓는 상황까지 벌어지게 되었다. 이처럼 그리스도교가 지중해 세계에 전파되면서 죽음과 무덤에 대한 태도도 달라진 것이다. 오늘날 교회 안에 무덤을 둔다는 것은 매우 낯선 일이지만 당시는 성인 공경의 중요한 표현이었다. 그래서 명성이 있는 순교자 성인의 유골과 무덤은 오래전에 죽은 자라도 소중하게 생각했고, 한 교회에 다 모셔놓을 수는 없으니 나눠 가지면서 '우리 성당에 누구의 유골이 있다'는 식으로 자랑스럽게 여기거나 교회의 위상을 얘기하게 되었다. 즉, 성인 공경이 무덤에 있는 유골 숭배까지 연장된 것이다. 그래서 도시 안으로, 더러는 교회 안으로 들어온 무덤은 성인 숭배의 한 요소가 되었다.

수도원 운동의 성격 변화

한편 그리스도교 공인 이후 국가교회적 요소가 많이 생기자 신앙의 세속화를 피해 4세기부터 수도원 운동이 일어나게 된다. 늘 그렇듯이 정치권력과 종교가 만나면 부패할 수밖에 없기 때문이다. 정치권력은 절대적 진리보다는 권력 유지를 가장 중요하게 생각한다. 막강한 권력을 유지하기 위해 그리스도교를 이용하려 한 것은 당연한 일이다. 그러다 보니 교회와 황제권이 만나서 국가교회적 속성을 갖게 되었을 때에 굉장히 위험한 일이 많이 일어났다. 이에 수도원 운동을 처음에 주도했던 사람들은 그리스도교 신앙의 순수성을 유지하기 위해 사막이나 섬 등 사람들이 살지 않는 곳으로 가서 죄를 짓지 않으면서 살려 했던 것이다. 즉 도시에서 멀리 떨어질수록 그리스도교적 신앙의 순수성을 유지할 수 있다고 생각한 것이다.

이처럼 그리스도교적인 이상은 도시에서는 실현 불가능하다고 생각되었는데, 성인 공경 사상이 나오면서 이런 생각도 무너지기 시작했다. 도시에서 멀리 떨어진 곳에서도 거룩한 영성을 가진 수도자가 있으면 사람들이 모여들고, 그러면 오히려 그곳이 시간이 지나면서 새로운 도시가 되었던 것이다. 특히 수도원은 도시를 피해 간 사람들이 세운 신앙공동체이기 때문에 더욱 성성(聖性), 즉 거룩함이 높다고 생각했기에 수도사들이 죽으면 그곳에 무덤들이 생

성 베드로 대성당에 안치된
교황 레오 11세의 석관. 성인 공경은
무덤에 있는 유골 숭배로 연장되었다.

기고 공동묘지를 중심으로 새로운 도시가 세워지게 된 것이다. 그러므로 주교는 여전히 도시에 거주하지만 새로운 신도시들도 건설되었다. 성 베드로 대성당만 하더라도 로마 티베리스강 건너 바티칸 언덕의 공동묘지 터에 세워진 것이고, 그곳이 확대되어 성 베드로 대성당뿐만 아니라 지금 교황이 거주하는 바티칸 궁전 등 부대 건물들이 들어서게 된 것이다.

성 베드로 대성당

성 베드로 대성당은 베드로가 순교해서 묻혔다는 무덤 위에 지은 것이다. 예전에는 성 베드로 대성당 지하의 석관 앞까지 일반인에게 개방되어 있었다. 그곳에는 베드로 석관뿐만이 아니라 역대 교황의 석관도 여럿 진열되어 있었다. 이처럼 가톨릭교회에서는 특히 오래된 성당일수록 교황의 무덤과 대주교의 무덤과 같은 석관들이 많았다. 이렇게 오래된 무덤을 중심으로 다른 무덤들이 모이고, 성당 안이 다 차면 성당 앞에 묘지가 생기게 되었다. 여기에서 조금이라도 더 성인들의 무덤 근처에 가야 하나님에게 더 가까이 갈 수 있다는 믿음이 생기기 시작했다. 성인들과 친해지고 성인들이 말을 잘해 주면 하나님과도 친해질 수 있다는 아주 인간적인 생각이 근저에 자리 잡고 있었던 것이다. 이처럼 6세기가 되면 도시는 산 자들의 공간이고 죽은 자들은 성 밖에 멀리 있어야 한다는 전통적인 생각이 완전히 깨지면서 오히려 죽은 자와 산 자는 하나이며, 서로 교통한다고 여기는 생각이 대세가 되었다.

성인들의 활동에 대한 믿음, 전구

사실 교회가 어떤 이의 성성(聖性), 즉 거룩함을 공인

하여 성인으로 공경하는 것은 그가 살아 있을 때 덕행이
나 순교가 바로 그리스도교 신앙의 증언이요 본보기였다
는 것을 의미한다. 이제 성인은 하늘나라에서 영광스러운
자리에 올랐기에 전 세계의 신자들은 그 성인에게 전구(轉
求, intercessio)[2]해도 된다.

전구란 다른 사람들을 대신해 하나님께 기도하는 행
위로 "중간에 끼어서 간섭한다", "구한 것을 이전시킨다"라
는 뜻이다. 자기가 직접 구하는 것이 아니라 성인들에게 구
원을 요청하는 것이다. 사도 바울은 도고하도록, 즉 다른
사람을 위해 기도하도록 격려한 적도 있다.

> 그러므로 내가 첫째로 권하노니 모든 사람을 위하여 간구
> 와 기도와 '도고'와 감사를 하되 임금들과 높은 지위에 있
> 는 모든 사람을 위하여 하라. 이는 우리가 모든 경건과 단정
> 함으로 고요하고 평안한 생활을 하려 함이라."(딤전 2:1-2)

여기서 '도고'라는 단어를 가톨릭 성경은 '전구'로 번
역했다. 사도 바울이 디모데에게 도고를 권한 것은 성경 구
절에 나와 있듯이 살아 있는 임금들, 높은 지위의 사람들
을 위하여 하라는 뜻이었다. 이러한 전구는 초기 교회 시대
로부터 전승되어 내려온 것이었다. 초대 교회에서는 신자들
이 서로를 위하여 기도와 단식을 했고 2-3세기 그리스도
교가 공인되기 전에는 박해가 많았기 때문에 순교자도 있

바티칸 시국.
성 베드로 대성당뿐만 아니라
교황이 거주하는 바티칸 궁전 등
부대 건물들이 들어서 있는 작은 나라.

2—— 전구(도고)는 원래 다른 사람을 위해 탄원한다는 뜻인데, 가톨릭교회에서 마
리아나 성인을 통하여 우리가 바라는 바를 간접적으로 하나님께 전달하는 기도를 말
한다. 보통 "저희를 위하여 빌어 주소서"라는 형식을 취한다. 한편 연옥의 영혼이나 현
세의 다른 이를 위하여 대신 기도하는 경우도 이에 속한다. 여기에는 우리의 간절한 기
도와 소원을 성모님이나 성인들에게 알리고 있음을 전제로 한다.(천주교 용어사전)

지만 배교자도 당연히 있었는데, 그 배교자가 다시 교회로 돌아오도록 순교자들을 통해서 전구했다. 직접 하는 것보다 순교자의 이름으로 하나님께 하면 더 효력이 있다고 생각했던 것이다.

전구는 다른 말로 '중보기도'라고 한다. 다른 사람을 위해서, 예를 들어 대통령을 위해서나 친구들을 위해서 기도하는 것을 의미한다. 그러나 살아 있는 사람들을 위해서 하라고 하는 것이지, 죽은 사람을 위해서 하라는 것은 아니다. 그런데 가톨릭교회는 위 구절을 전구의 근거로 삼았다.

구체적으로 가톨릭교회에서는 전구를 "성모 마리아나 성인을 통해 우리가 바라는 바를 간접적으로 하느님께 전달하는 기도"라고 설명한다. 가톨릭 자료를 보면 "성모 마리아는 우리를 위하여 우리 주 천주께 빌어 주소서"라며 마리아에게 기도를 요청하는 식이다.

희망적인 전구와 속죄적인 전구

전구에는 '희망적인 전구'(intercessio impetratoria)와 '속죄적인 전구'(intercessio satisfactoria)가 있는데, 희망적인 전구란 성모 마리아나 모든 성인에게 우리가 바라는 바를 하느님께 전해 달라고 기도하는 것을 말하는 것이다. 예를 들면, 입시생을 둔 부모가 시험 잘 보게 해달라고 기도하는 경우가 있다. 이런 기도를 성모 마리아 또는 성인에게 해서 하나님께 잘 전해 달라고 하는 것이 희망적인 전구다.

속죄적인 전구는 연옥의 영혼이나 이 세상의 다른 사람들을 위해 대신 기도해 주는 것을 말한다. 가톨릭 교리에 따르면 연옥은 천국과 지옥 사이에 있으며 일부 영혼들이 용서받지 못한 죄를 정화하는 장소다. 원래 초기 그리스도교인들은 천국이 곧 임할 것이라는 종말론적 믿음이 강했고, 인간이 죽으면 천국과 지옥으로 갈라져서 영생과 영벌 중 한 길로 간다고 믿었다. 따라서 성경에는 제3의 중간지대가 언급되어 있지 않지만 5세기 이후 일종의 제3지대인 연옥 개념이 등장하기 시작했고, '작은' 죄를 지은 사람은 연옥에서 연단을 받은 후에 천국에 간다는 믿음이 생겼다. 따라서 연옥이 있다면 이 땅에 있는 사람이 연옥에 있는 영혼을 위해 기도할 '필요성'도 생기게 되었다. 결국 중세 말에 연옥에 있는 영혼을 위해 기도해야 한다는 연옥설은 면벌부 판매의 구실이 되어 루터의 종교개혁이 일어나는 요인이 되기도 했다.

연옥설과 전구의 개념이 합해져 성모 마리아 공경으로 이어졌다. "성모께서는 그리스도의 어머니로서 구속사업에 협력했고 성인들은 하느님의 생명에 참여하고 있으므로 우리를 위한 전구자가 될 수 있다." 그래서 "이 전구는 믿는 이들과 예수와의 직접 결합을 돕는다"는 것이다. 이렇게 가톨릭교회에서는 나름대로 이론을 세워서 전구 기도, 즉 죽은 자를 위한 기도이지만 죽은 자, 즉 성인에게 기도하고, 그 성인을 통해서 자기의 희망이 실현되기를 기도한 것이다. 그러나 가톨릭교회 외에서는 연옥이나 연옥의 영혼을 위해 기도해야 한다는 교리가 성경적 근거가 없기 때문에 받아들이지 않는다.

사도신경과 성인 공경

사도신경에도 성인 공경과 관련된 부분이 있다. 개신교의 사도신경에 "거룩한 교회와, 성도가 서로 교통하는 것과"로 되어 있는 부분이 가톨릭교회의 사도신경에서는 "거룩하고 보편된 교회와 모든 성인의 통공을 믿으며"로 되어 있다. 가톨릭교회는 세상에 살고 있는 신자들과 천국에서 천상의 영광을 누리는 이들과 연옥에서 단련받고 있는 이들이 모두 교회를 구성하는 일원인데, 이들이 기도와 희생과 선행으로 서로 도울 수 있게 결합되어 있다고 보는 것이다. 즉 살아 있는 자와 죽은 자가 믿음 안에서 서로 결합되어 있을 뿐만 아니라 계속 연결되어 있다고 생각한다. 그래서 가톨릭교회는 사도신경에서 전통적으로 "모든 성인의 통공을 믿으며"라고 신앙고백을 해왔다. 세상에 살고 있는 신자들은 동일한 신앙을 고백하며 동일한 권위에 복종하고 있는 신자 상호 간에 기도와 선행으로 서로 돕고 또한 천국에 있는 성인들을 공경하며 그들의 영광에 참여할 수 있도록 도움을 청한다. 그리고 성덕을 본받으려고 노력하며 연옥에 있는 영혼들을 기도와 희생을 통하여 도울 수 있다는 것이다. 그래서 사도신경을 가톨릭교회에서는 성인을 공경하는 표현의 구체적인 증거로 대단히 중요하게 여기고 있다.

그런데 개신교인들은 신앙생활을 하면서 죽은 자와 산 자가 이런 식으로 통공한다는 것에 동의하지 않는다. 살아 있을 때 성도가 서로 교제하고 권면하는 것이지, 죽은 성인이 아무리 훌륭한 삶을 살았다 해서 그 성인과 교제하거나 그 성인으로부터 힘을 얻거나 그 성인을 통해서 하나님께 나아간다고 보지는 않는다. 이런 부분이 로마 가톨릭과 개신교의 큰 차이인 것이다.

비성경적인 성인 공경의 문제

성인 공경이든 성인 숭배든 이미 세상을 떠난 성인을 특별

취급하는 것은 성경적인 근거가 없다는 것이 문제다. 십계 명뿐만 아니라 성경의 가르침을 보면 오직 유일하신 하나 님만 경배하고 그분의 말씀에 순종하도록 하셨다. 이 땅에 서 아무리 신실한 믿음의 본을 보였다 해도 이미 죽은 자 가 살아 있는 자에게 어떤 영향을 끼칠 수는 없는 것이다.

또한 바울은 서신서에서 '어디 성도에게 편지하노니' 라는 표현을 많이 썼다. 이렇듯 거룩한 공동체 안에서 믿는 사람은 모두 성도인 것이다. 그 성도 중에서 특정인을 빼내 어 신앙의 정도에 따라 계서제를 만들고 거기에 걸맞게 예 우하는 것은 성경적이지 않다.

그리고 성인들에게 기도한다는 것도 문제가 된다. 성 인들에게 도고한다는 것은 성인이 하나님과 성도 사이에서 중재를 하는 것인데, 성경은 성도의 기도를 들으시는 분은 오직 하나님이라고 가르친다. 또 예수께서도 직접 하나님 아 버지께 기도하셨고, 성도들에게도 하늘에 계신 하나님께 직 접 기도하라고 했지 누구를 통해서 하라고 하지 않았다. 하 나님께서 직접 기도를 들으시니 중간자는 필요 없는 것이다.

성인 공경의 이교적 근거인 수호성인제도

앞서 본 것처럼 성인 공경은 성경적 근거가 없을 뿐 만 아니라 이교적 기원을 가지고 있다는 점에서 문제가 있 다. 바로 수호성인제도인데, 이 제도는 로마 종교의 전통적 인 신관에 기원을 두고 있기 때문이다. 로마인들은 그리스 인들과 마찬가지로 많은 신을 숭배했다. 올림포스 12신뿐 만 아니라 가정생활·경제활동·군사활동·정치활동 등 공 적 생활을 비롯해 각각의 영역을 주관하는 신들이 있었다. 또 건강·질병·결혼·출산 등 인간이 살아가면서 부딪히는 문제들과 영역들을 주관하는 신도 있었다. 인간의 생사화

복을 주관하는 여러 신을 골고루 숭배한 것이다.

길일과 흉일

로마인들은 어떤 날은 성스럽고 거룩한 날이고, 또 어떤 날은 흉한 날이라 여겨 날을 길흉으로 나누었다. 로마인들은 길일을 신성한 날(dies fastus)이라 불렀고 이런 날에 재판, 민회 등 공식적인 활동을 할 수 있었다. 반대로 흉일(dies nefastus)에는 공식적인 일을 진행하면 안 되었다. 우리가 이사 날짜를 잡을 때 손 없는 날로 잡는다든가 결혼식 날짜를 잡을 때 사주를 보고 잡는 것과 비슷한 문화다.

그리스도교인이 주일을 거룩하게 지키는 것은 안식일을 거룩히 지키라는 십계명에 따른 것인데, 예수께서 안식 후 첫날 부활하신 것을 기념하기 위해 3세기부터 주일에 예배를 드리는 관행이 시작되었다. 그런데 주일을 거룩하게 지킨다고 해서 주일만 거룩하고 다른 날은 거룩하지 않은 것은 아니다. 그런데 로마인들은 길일과 흉일을 이분법적으로 나누었던 것이다.

그리스도교화된 로마에서 여전히 이교적인 수호성인제도

313년에 밀라노칙령을 통해 그리스도교가 공인된 당시만 해도 그리스도교인은 로마 인구의 10퍼센트 정도에 지나지 않았다. 이후 391년에 그리스도교가 국교가 되었지만 모든 로마인이 갑자기 그리스도교인이 된 것도 아니었다. 그래서 로마의 전통적인 다신교적 사상에 깊숙이 물들어 있는 사람들에게 익숙한 일상적인 문화가 자연스럽게 교회 안에 들어오는 것은 어쩔 수 없는 일이었을지도 모른다. 그들이 전통적으로 해왔던, 직업이나 공적인 활동 또는 개인사나 가족 행사에서 다양하게 섬기던 신들에 대한 종교심을 충족시켜 줄 무언가가 필요했는데 그것이 수호성인 제도라고 할 수 있다. 만물을 주관하는 유일신 하나님 한 분만을 믿으면 되는데, 평생 해온 관습이 쉽게 없어지는 것은 아니었다.

성인에게 바쳐진 날들

수호성인은 파트로누스(patronus)라고 부르는데 어떤 직업, 장소, 국가, 개인을 보호하는 역할을 한다. 따라서 관련이 되는 사람은 그 수호성인을 보호자로 삼아서 존경하며 그 성인을 통하여 하느님께 청원하도록 하는 게 수호성인제도의 취지다. 기본적으로 파트로누스는 로마 왕정기에 로물루스가 귀족과 평민 간에 신분적 갈등을 완화하고 공동체의 안녕을 위해서 귀족에게 평민의 보호자 역할을 하도록 만들어진 제도다. 귀족은 자기 수하의 평민의 정치적, 경제적, 법적 보호자가 되어 돌보고 또 평민은 자신의 귀족 파트로누스를 존중하고 지지하게 함으로써 공동체가 화합하도록 한 것이다. 이와 같은 파트로누스 제도가 로마 사회의 안정화에 기여한 것은 사실이다.

그런데 그리스도교가 국교가 된 로마 사회에서 성인 파트로누스가 하나님과 일반 그리스도인 사이에 중간자로 끼어든 것이 수호성인제도라 할 수 있다. 수호성인들이 인간의 생사화복을 관장하면서 직업별, 도시별, 국가별로 나뉘어져 있고 성인의 날도 정해져 있다. 그래서 가톨릭교회에는 성인들의 날이 직업을 따라 30-40개 정도 정해져 있다. 예를 들어 어부들의 수호성인은 안드레이고 11월 30일은 성 안드레의 날이다. 그리고 마태가 세리였으니 세무원의 수호성인은 마태이며 9월 21일이 성 마태의 축일이다. 이런 식으로 수호성인들의 날들이 지정되어 있다. 어부들

어부인 안드레와 베드로를 부르시는 예수. 가톨릭교회에서 어부 출신인 안드레는 어부의 수호성인이다.

은 물고기를 잘 잡게 해달라고 안드레에게 기도하고, 세무원들은 마태에게 복을 비는 것이다. 이런 수호성인제도는 개인의 안위를 걱정하는 인간적인 발상에서 나온 것이고, 또한 그리스도교 이전에 이미 로마 사회에 뿌리 깊이 내려온 관습을 이어받은 것이니 로마인들이 새로운 종교를 받아들일 때 촉매제 역할을 했던 것이다.

성유물 숭배, 성상 숭배, 성화상 숭배

성인 숭배는 거기서 멈추지 않고 성인과 관련된 유물과 성상, 성화상 등의 숭배로 확대되어 가면서 더 큰 문제를 만들었다. 특히 가장 강력한 유물 숭배 대상은 예수와 관련된 성유물이다. 예수께서 달리신 십자가 조각에 엄청난 힘이 있다고 믿는 식이다. 못이나 가시면류관, 수의, 빌라도가 재판하면서 손을 닦았다고 하는 세숫대야 등의 성유물이 있다.

또한 유럽의 큰 성당에는 성인이나 순교자들의 무덤이나 유골도 소중하게 보관되고 있다. 성당 이름도 대개 그곳에 무덤이 있거나 관련이 있는 성인들을 기념하는 방식으로 명명되었다. 예를 들면 바티칸의 성 베드로 대성당, 베네치아의 산 마르코 성당, 야고보 성인의 유해를 모신 에스파냐 북서쪽의 산티아고 데 콤포스텔라가 그러하다. 성당도 개신교 예배당처럼 하나님께 예배하는 공간인데 그 성당과 관련이 있는 성인 또는 고위 성직자의 유해나 그들을 기념하는 성화나 성상으로 가득 차 있으니 주객이 전도된 셈이다.

마리아 공경 문제

성인 공경과 관련하여 가톨릭교회의 특성 중 하나가 마리아 공경이다. 마리아는 예수의 어머니라는 특수한 관계 때문에 성모로 불리며 특별한 공경의 대상이 되었다. 마리아는 5세기 에페소스 공의회에서 테오토코스, 즉 '하나님의 어머니'로 선언되었는데, 이 용어는 마리아의 아들 예수가 인간이 되신 하나님인 것을 강조하기 위함이었다. 즉, 마리아는 삼위일체 중 성자 하나님이신 예수의 어머니이니 하나님의 어머니인 것이고, 어머니가 부탁을 하면 예수께서 더 잘 들어주실 것이라는 믿음이 있는 것이다. 성인들보다 마리아를 훨씬 막강하게 보았기에 로마 가톨릭교회에서 마리아 공경은 성인 공경보다 더 중요한 요소가 되었다. 그래서 가톨릭 성당에 가면 반드시 성당 입구에 마리아상이 서 있는 것을 볼 수 있다. 그리고 가톨릭 국가인 프랑스에는 파리의 노트르담 성당 외에도 큰 도시들에 노트르담 성당이 있는데, 여기서 노트르담(Notre-Dame)은 프랑스어로 '우리의 귀부인'이라는 뜻이고 성모 마리아(Santa Maria)를 가리키는 말이다. 이런 성당에 가면 마리아상이 성당 전면 또는 성당 첨탑 위 높은 곳에 세워져 있다. 마리아 공경은 성인 공경의 연장선상에서 이해할 수 있다.

성지(聖地)도 이와 비슷한 문제를 안고 있다. 거룩한 장소라는 뜻의 '성지'는 그리스도의 삶과 죽음, 부활의 배경이 된 장소를 말한다. 그리고 순례란 성지, 즉 하나님과 관련된 성스럽고 거룩한 땅(예루살렘, 로마 등)을 방문하여 경건한 마음으로 예배드리고 기도, 회개, 보속, 감사 등의 경신 행위를 하는 것을 말한다. 성지 순례 또한 일종의 경건한 신앙 행위다. 성지 순례에 가서 신앙적인 도전을 받는 것은 좋으나, 성지만 거룩하고 대부분의 다른 지역들은 속

파리 노트르담 대성당 사진.

되다는 이분법적 사고는 바람직하지 않다. 그런 점에서 성지 순례에 의미를 과도하게 부여하는 것은 성인 숭배와 비슷한 문제를 만든다.

성상, 성화상

성인 공경과 관련하여 빼놓을 수 없는 것이 성상(聖像)과 성화상 공경이다. 성상이란 "예수 그리스도, 성모 마리아, 성인, 천사 등의 모습을 조각하거나 주조한 상"을 말하고, 이것들을 그린 그림을 성화(聖畫)라 한다. 가톨릭 용어사전에서 성상 항목은 "예로부터 교회에서는 성상이나 성화를 모시는 관습이 있었다. 이들을 대할 때마다 보이지 않게 우리 곁에 현존하시는 그리스도와 성모님, 혹은 성인이나 천사들을 연상케 하고 흠숭과 공경을 효과적으로 드릴 수 있기 때문이다. 그러나 이렇게 하는 것은 하느님을 흠숭하고 성인과 천사를 공경하며 본받을 마음을 더하기 위함일 뿐 결코 성화나 성상 그 자체를 공경하는 것은 아니다"라고 설명한다. 제2차 바티칸 공의회에서는 성당에 성상을 모시는 관습을 유지하는 한편 신자들에게 덜 건전한 신심을 조장하지 않도록 수효를 조정하고 모셔 두는 위치도 올바른 순서를 지키게 했다. 그러나 성상에 대한 대중적 믿음은 보이지 않는 하느님보다 보이는 성상의 주인공을 더 의지하게 만드는 현상을 막을 수 없다. 이러한 성상의 잠재적 위험을 알았는지 가톨릭교회는 십계명에서도 차이를 보이고 있다.

성상 숭배와 가톨릭교회의 십계명

십계명은 하나님께서 시나이산에서 모세를 통해 이스라엘 백성에게 주신 계명이고 출애굽기 20장 1절에서 17절과 신명기 5장 6절에서 21절에 그 내용이 언급되어 있다.

예수께서는 당신이 율법(특히 십계명)을 폐기하러 온 것이 아니라 완성하러 왔다고 말씀하셨다.

그런데 아래 표를 보면 가톨릭교회의 십계명에는 두 번째 계명 "우상을 섬기지 말라"라는 구절이 없다. 대신 열 번째 계명인 "네 이웃의 것을 탐내지 마라"라는 구절을 "남의 아내를 탐내지 마라", "남의 재물을 탐내지 마라"라고 둘로 나누어 열 개의 계명으로 만들었다.

십계명 비교표

개신교 십계명	가톨릭교 십계명
1. 너는 나 외에는 다른 신들을 네게 두지 말라.	1. 한 분이신 하느님을 흠숭하여라.
2. 너를 위하여 새긴 우상을 만들지 말라.	2. 하느님의 이름을 함부로 부르지 마라.
3. 너는 네 하나님 여호와의 이름을 망령되어 부르지 말라.	3. 주일을 거룩히 지내라.
4. 안식일을 기억하여 거룩하게 지키라.	4. 부모에게 효도하여라.
5. 네 부모를 공경하라.	5. 사람을 죽이지 마라.
6. 살인하지 말라.	6. 간음하지 마라.
7. 간음하지 말라.	7. 도둑질을 하지 마라.
8. 도둑질하지 말라.	8. 거짓 증언을 하지 마라.
9. 네 이웃에 대하여 거짓 증거하지 말라.	9. 남의 아내를 탐내지 마라.
10. 네 이웃의 집을 탐내지 말라.	10. 남의 재물을 탐내지 마라.

"너를 위하여 새긴 우상을 만들지 말라"는 부분이 가톨릭교 십계명에서 사라진 이유는 무엇인가? 십계명을 담고 있는 구약성경 출애굽기나 신명기에는 십계명이 첫 번째, 두 번째 계명으로 언급되어 있지는 않고 내용이 차례대로 기술되어 있을 뿐이다. 그것을 해석을 달리하여 첫 번째부터 열 번째까지 순서를 부여한 것이다. 개신교 측 십계명의 첫 번째 계명인 "나 외에는 다른 신들을 네게 두지 말라"는 출애굽기 20장 3절 말씀이고, "우상을 만들지 말라"는 내용(4절부터 6절까지)을 두 번째 계명으로 본 반면에 가톨릭에서는 두 가지가 모두 첫 번째 계명에 포함된다고 보고 하나로 묶은 것이다. 그러다 보니 개신교 측 십계명보다 하나가 준 셈이다. 결국 열 번째 계명을 둘로 나누어 십계명으로 맞추었다. 즉 개신교 십계명의 열 번째는 "네 이웃의 집을 탐내지 말라"(출 20:17)로 되어 있는데, 가톨릭의 십계명은 그 내용을 '남의 아내'와 '남의 재물'로 나누어 각각 아홉 번째와 열 번째로 나눈 것이다.

맺음말

이번 장에서는 그리스도교의 로마화의 증거로 성인 공경, 마리아 공경, 성화상 공경 등의 문제를 알아보았다. 예수가 그리스도임을 믿으며 시작된 그리스도교는 마침내 지중해 제국 로마를 그리스도교화하는 데 성공했지만, 반대로 그리스도교회 안에는 다신교적 전통의 로마 문화와 그들의 종교적 유산이 스며들었다. 로마의 그리스도교화뿐만 아니라 그리스도교의 로마화도 함께 진행된 것이다.

서로마제국의 몰락과
비잔티움 제국

12

들어가는 말

기원전 8세기 중엽에 이탈리아 중부 라티움 지방의 티베리스 강가 7언덕을 중심으로 건국된 로마는 지중해 세계를 제패하여 유럽과 아시아, 아프리카 세 대륙을 정복하고 통치하는 대제국이 되었지만 제국의 운명도 수명을 다해 가고 있었다. 4세기 말 동서 로마제국의 분리로 서로마제국과 동로마제국은 각각 자기 길을 가게 되었다. 12장에서는 서로마제국의 해체와 그 이후 계승의식을, 이어서 1,000년 이상 유지된 동로마제국, 즉 비잔티움 제국의 그리스도교의 로마화의 한 요소이자 그리스 정교회의 특징인 황제교황주의를 알아본다.

서로마제국의 몰락과 유산

5세기 말에 일어난 이른바 '게르만족의 이동'은 가까스로 유지되던 서로마제국의 통치질서를 무너뜨렸다. 476년 로마제국의 중심이었던 서로마제국의 마지막 황제 로물루스 아우구스툴루스가 폐위되면서 종말을 맞은 것이다. 이미 410년 서고트족에게 로마가 약탈당한 것은 서로마제국 몰락의 신호탄이었다. 이후 훈족과 반달족이 로마를 위협했다. 아우구스티누스가 《신국론》에서 지상국의 흥망성쇠를 논했는데, 로마제국도 앞서 무너진 고대 제국들과 같은 운명을 맞게 되었다. 그리스도교를 국교로 한 뒤 로마는 번영하기는커녕 동서로 분리되더니 80여 년 만에 서로마제국이 붕괴됨으로써 그리스도교인들조차 '영원한 로마'가 역사 속으로 사라지는 것을 안타깝게 바라볼 수밖에 없었다. 비록 아우구스티누스가 신국과 지상국의 질적 차이를 논했지만 말이다.

라인강 북쪽에 거주하던 게르만족은 로마의 북쪽 국경 방위력이 약화되던 3세기부터 변경에 모여 살다가 4-5세기에는 대규모로 이동하기 시작했다. 5세기가 되면 이탈리아 반도 중앙에 있는 로마까지 약탈하며 로마를 혼란에 빠트린다. 410년에 서고트족은 로마를 약탈하고 서쪽으로 이동해서 히스파니아에 정착했다. 다음으로 반달족은 히스파니아를 거쳐 북부 아프리카에 자리를 잡았고, 455년에 로마를 약탈했다. 이런 일련의 과정 속에서 결국 476년에 마지막 황제인 로물루스 아우구스툴루스가 게르만 용병대장에 의해서 폐위되고 서로마제국은 멸망했다.

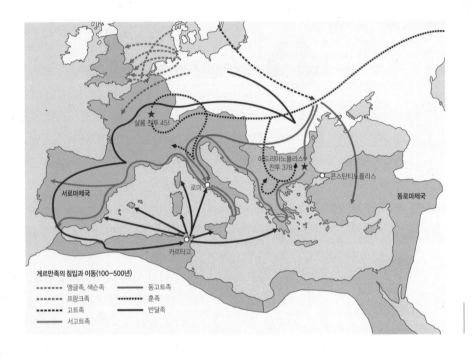

게르만족의 침입과 이동(100~500년)

- - - - - 앵글족, 색슨족 ──── 동고트족
- - - - - 프랑크족 ········· 훈족
- - - - - 고트족 ──── 반달족
──── 서고트족

살롱 전투 451

아드리아노폴리스 전투 378

콘스탄티노폴리스

서로마제국

동로마제국

로마

카르타고

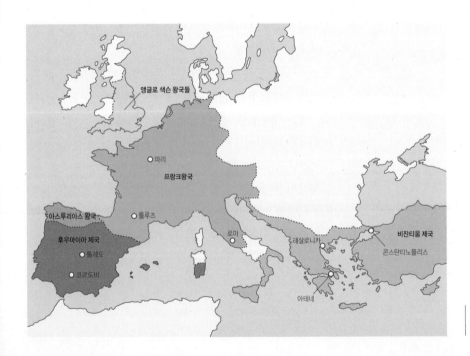

앵글로 색슨 왕국들

프랑크왕국

파리

아스투리아스 왕국

후우마이야 제국

톨레도

코르도바

툴루즈

로마

데살로니카

아테네

비잔티움 제국

콘스탄티노폴리스

서로마제국을 나누어 가진 게르만 왕국들

서로마제국이 해체되면서 게르만족 분파인 반달족, 서고트족, 프랑크족, 앵글족, 색슨족, 동고트족이 한 지역씩 차지했다. 이렇게 한때 로마제국 황제가 통치했던 서쪽 영토가 게르만 부족국가들에 의해 200-300년간 분할 통치되다가 8세기 초 이슬람 세력에 의해 정복당한다. 이슬람 세력은 북부 아프리카를 거쳐 이베리아반도를 장악하고 피레네산맥을 넘어 유럽 중서부로 진출했다. 프랑크왕국이 이슬람 세력의 유럽 진출을 막고, 피레네산맥 밑으로 다시 이슬람을 밀어냈지만 이베리아반도 대부분의 지역은 800여 년 동안 이슬람의 통치를 받았다. 1492년에 에스파냐의 이사벨라 여왕이 이슬람 세력의 마지막 거점 알함브라 궁전을 재정복하면서 이슬람 세력은 아프리카로 물러났다.

서로마제국을 부활시킨 카롤루스 대제

이슬람이 피레네산맥 이남으로 축출된 뒤 옛 서로마제국 영토는 프랑크왕국의 카롤루스에 의해 다시 통일되었다. 그는 800년에 로마 교황으로부터 로마 황제라고 하는 관을 받고, 서로마제국을 재건했다. 그러나 동로마, 즉 비잔티움 제국은 로마제국의 정통성을 계승하면서 발전해 왔는데, 카롤루스가 교황으로부터 로마 황제 칭호를 받자 로마 황제가 두 명일 수 없다며 반발했다. 사실 비잔티움 제국도 9세기에는 세력이 많이 위축되어 있었다. 따라서 당시 비잔티움의 여황제 이레네는 카롤루스에게 결혼을 통해 동서 로마를 통합하자고 제안했다. 그러나 그 제안이 실현되지 못했고, 오히려 카롤루스에게 제권 이양(translatio imperii)의 빌미를 주어 프랑크왕국으로 로마제국의 통치권이 넘어왔다는 주장을 하게 만들었다. 이후 프랑크왕국은 카롤루스

사후 동프랑크, 서프랑크, 이탈리아로 분리되었고, 동프랑
크, 즉 독일이 신성로마제국이라는 이름으로 19세기 초까
지 로마제국의 이념을 계승해 갔다.

서로마제국 몰락의 원인

'영원한 로마'를 노래하던 로마제국도 결국 역사 속으로 사
라졌다. 몰락의 조짐은 5세기 초반 서고트족의 로마 약탈에
서 드러났다. 이후 훈족과 반달족의 침입이 있었고, 476년
마지막 황제가 폐위되면서 로물루스가 건국한 로마제국은
생명을 다했다. 로마제국은 왜 몰락했을까? 역사가들이 답
할 일이나 그 답변은 쉽지 않다. 사실 동서고금을 막론하고
대제국들이 흥망성쇠를 거듭해 왔는데 큰 나라가 몰락하는
것을 한 가지 원인으로 설명하는 것은 무리일 것이다.

로마제국의 몰락에 대해 설명하는 여러 이론이 있었
다. 그리스도교가 국교가 된 뒤에 나라가 망했으니 얼마나
황당했겠나. 그리스도교도들은 야만적인 게르만족 때문이
라고 말할 수밖에 없었다. 게르만족의 이동과 침입이 있었
으니 당연한 설명이다. 우리는 서양사를 배울 때 게르만
족의 이동으로 서로마가 정치적으로 해체되었다고 듣는다.
그리고 이 사건을 서양 고대와 중세를 나누는 전통적인 시
대 구분이라고 배운다.

또한 내부적으로 국력의 약화, 도덕성의 타락과 시
민정신의 약화로 설명한다. 성 히에로니무스는 "로마제국
은 망하지 않으면 안 된다"고 말했다. 사람들은 로마제국이
영원할 것이라 생각했는데 세상 나라에 영원한 것은 없으
니 '영원한 로마'라는 생각은 오히려 독선적이며 신성하지

못한 표현이라는 것이다. 또한 아우구스티누스는 로마인의 도덕적 타락을 지목했다. 로마가 그리스도교를 받아들였어도 로마에는 내부적인 분열과 같은 큰 문제가 있었으며, 어떤 나라라도 지상국은 언젠가 망하게 되어 있다는 것이다.

그러나 이교도들은 그리스도교 때문에 로마가 망했다고 주장했다. 앞에서 '신들과의 평화'와 '신들의 분노'에 대해서 알아보았다. 로마인들은 다른 여러 신을 숭배해서 번영해 왔는데 그리스도교가 유일한 하나님만 섬기라고 해서 신들의 분노로 나라가 힘을 잃었다는 것이다. 이런 식으로 로마 멸망의 원인이 게르만족의 이동, 로마의 내부적인 취약성, 그리스도교 때문이라는 여러 논란이 있었다.

르네상스 시대에도 로마제국의 몰락에 대한 평가가 비슷하게 반복되었다. 먼저 인문주의자 페트라르카는 카이사르 때 이미 로마 공화정기를 지배해 온 '자유'의 정신이 끝났고, 그래서 공화정의 붕괴가 사실상 로마제국 몰락의 한 요인이었다고 주장했다.《군주론》을 쓴 마키아벨리는 로마제국의 몰락은 우선 게르만족의 침입 때문이고 그것을 막지 못해 나라가 망한 것으로 평가했다.

계몽주의 시대에《로마제국 쇠망사》를 쓴 에드워드 기번은 "서기 2세기의 로마제국은 지구상에서 가장 아름다운 영토와 가장 문명화된 인류를 차지하고 있었다"는 문장으로 책을 시작했다. 2세기 팍스 로마나 시대를 로마제국의 전성기로 본 것이다. 그러다가 그리스도교가 국교가 되고 그 뒤 동서 로마가 분리된 후 서로마가 먼저, 그리고 1,000년 이후 동로마가 어떤 과정을 거쳐 무너져 갔는지를 책에서 논했다.

그는 로마제국이 스스로의 광대함 때문에 더 이상 무게를 견디지 못해 무너졌다고 생각했다. 그리고 구체적인 원인으로 게르만족과 그리스도교 두 가지 모두를 거론

했다. 그중 그리스도교에 대해서는 대단히 계몽주의적인 시각에서 이야기했다. 로마인들은 원래 아주 현실주의적이고 실용적이어서 종교도 신들과의 거래, 즉 주고받기 식으로 이해했지만 그리스도교는 내세의 인간의 삶, 행복을 강조하다 보니 현세의 로마라는 국가에 대한 애국심이 낮아졌다는 것이다. 부패와 타락, 무기력이 만연하는 가운데 아우구스티누스가 말했듯 신국 백성으로서 세상에 크게 미련을 갖지 않았고, 또 엘리트들이 주로 성직자가 되려고 하다 보니 지상국 로마를 지키고 계승해 가려는 의지도 없어지게 되었다는 것이다. 거기에 계속되는 교리적인 논쟁 때문에 지배 엘리트 사회가 분열되었다. 황제가 공의회를 열어서 조정하려 했지만 믿음에 대한 파벌 싸움이었기에 근본적으로 해소되지 못했다. 원래 그리스도교 신앙은 유일신 사상인데, 교리적 갈등과 대립이 있다 보니 국가정체성이 하나로 유지되지 못하고 몰락한 것이다.

동로마제국의 전개

비잔티움 제국이라는 용어는 대체로 16세기부터 서유럽인 학자들에 의해 쓰이기 시작했다. 동서 로마가 나뉘었으니 동로마제국인데, 서로마제국이 5세기 말 해체된 이후에도 1,000년 이상 유지되었다. 이미 콘스탄티노폴리스가 건설될 때 그곳을 '새 로마', '제2의 로마'라고 불렀고, 더욱이 서로마제국이 해체된 이후에 동로마인들은 자신들의 나라를 '로마니아'(Ρωμανία)라고 부르기도 했다. 다만 동로마제국 사람들이 대부분 그리스 문화권에 속해 있어 헬라어를 썼기에 중세 서유럽인들은 그리스 제국이라 부르기도 했다. 또한 동로마제국의 수도인 콘스탄티노폴리스는 원래 그 자리가 비잔티온(라틴어 비잔티움)이라는 그리스 도시였기에 제국이 오스만인들에 의해 정복된 이후에는 '비잔티움 제국'이라는 명칭이 만들어졌다. 즉, '동로마제국'이니 '비잔티움 제국'이니 하는 표현은 서로마제국 해체 이후의 동로마제국을 그 이전과 구별하기 위한 서유럽 중심주의적인 역사 용어인 것이다.

동로마제국, 즉 비잔티움 제국의 씨앗은 디오클레티아누스 때에 심어졌다고 할 수 있다. 디오클레티아누스는 293년 4제통치를 시행할 때 동서 로마를 나누고 본인이 차지한 동로마의 동쪽 대관구의 수도를 비잔티움 동남쪽에 있는 '니코메디아'로 정했다. 그 뒤 콘스탄티누스 황제는 324년 동로마제국의 리키니우스 황제를 제압한 다음에 새로운 시대에 걸맞은 새 수도로 비잔티움 자리에 콘스탄티노폴리스를 건설했기 때문이다.

로마의 터를 잡았던 로물루스처럼 비잔티움에 새로운 도시를 건설한 콘스탄티누스 황제는 미래를 내다보는 탁월한 식견이 있었다. 니코메디아라고 하는 디오클레티아누스가 중시했던 도시가 있었고, 또 공의회를 열었던 니케아나 칼케돈처럼 수도로 삼기에 좋은 도시가 있었는데도 새로운 시대를 열기 위해 흑해 입구 유럽의 동쪽 끝에 '새 로마'를 건설했기 때문이다.[1] 그래서 그는 동서 로마의 분리는 사실상 4세기 말이지만 이미 4세기 초에 앞으로 이어질 1,000년 동안의 새로운 시대를 연 황제인 셈이다. 그 후 동서 로마제국의 공식적 분리는 395년에 테오도시우스 황제가 죽으면

1—— 콘스탄티노폴리스라는 말은 나중에 그가 죽고 나서 붙여졌고 원래는 'Nova Roma'(새 로마)라고 불렸다.

서 장남 아르카디우스와 차남 호노리우스에게 나라를 나눠
줌으로써 시작되었다.

황제교황주의의 탄생

1,000년 이상 지속된 비잔티움 제국의 특징을 여기
서 다 다룰 수는 없지만 그리스도교와 관련하여 주요한 특
징을 하나만 든다면 바로 '황제교황주의'(Caesaropapism)라
할 수 있다. 황제를 뜻하는 카이사르(Caesar)와 교황을 뜻하
는 파파(Papa)가 합성된 개념이다. 황제와 교황, 두 개념은
중세 서유럽에서는 속권과 교권, 그리스도 교회와 국가의
대립을 말할 때 쓰이는 용어인데 비잔티움 제국에서는 황
제가 교회의 우두머리, 소위 교황의 역할까지 함으로써 독
특한 비잔티움 제국의 정치문화가 탄생했고, 이것이 비잔
티움 제국 안에서 발전했던 정교회의 특징이기도 했다. 황
제가 교회 문제를 결정하는 최고 권위자가 된다는 것은 정
치권력과 종교권력이 한 사람에 의해 통솔되는 것을 의미
하는데, 이는 효율성은 있을지 모르지만 부작용 또한 크다
는 사실은 역사를 통해서 잘 알 수 있다.

이미 아우구스티누스가 《신국론》에서 다루었듯이 신
국과 지상국은 서로 경쟁하는 두 개의 세계 또는 나라라
고 할 수 있는데, 황제교황주의는 정치권력의 수장이 교회
의 수장 역할도 겸한다는 점에서 문제가 있었다. 다신주의
전통의 로마에서는 왕정 시대에 왕이 대사제를 겸직한 적
이 있었지만, 공화정 시대가 열리면서 최고 정무관인 콘술
직과 국가 종교의 우두머리인 대사제직이 분리되었다. 제정
시대에 아우구스투스가 대사제직을 겸직하면서 왕정기의
전통으로 돌아갔는데, 그리스도교가 국교가 되면서 서로
마에서는 교황이 교회의 수장이 된 반면 동로마에서는 황

제가 종교권력을 가지게 되면서 다신교적 전통의 종교 문화가 계승된 셈이다. 이렇게 황제가 교회의 수장까지 겸해야 했던 시대적 배경은 무엇이었을까?

그리스도교가 공인되기 전에도 그리스도교인의 숫자가 점차 증가하면서 교회 조직이나 교리를 정비할 필요가 있었다. 그러나 그리스도교 자체가 법적으로는 불법 종교였기 때문에 교회 조직이나 교리를 체계적으로 관리할 수 있는 여건이 조성되지 않았다. 그러나 그리스도교가 합법적인 종교가 된 뒤에는 상황이 달라졌다. 교회는 이제 이런 문제를 하나씩 풀어갈 수 있게 된 것이다. 문제는 '누가 그것을 주도하는가'였다.

교리의 갈등과 정치 문제

조직의 정비나 교리의 통일이 교회만의 문제는 아니었다. 교회나 종교를 정치에 이용하려 했던 황제에게도 이 문제는 중요했다. 교리를 둘러싸고 교회 지도자들이나 신학자들이 분열하는 것은 곧바로 정치적·사회적 혼란으로 연결되기 때문이다. 그리스도교가 공인되고 나서 로마 당국의 탄압은 사라졌으나 교회 내에 교리를 둘러싼 논쟁은 서로가 상대를 이단이라고 공격하면서 과격한 양상으로 전개되었다. 오늘날 삼위일체 교리는 그리스도교계의 주류를 형성하는 다수파의 정통 신앙이 되었지만 그것이 확립되는 과정은 큰 논란거리였다는 것을 이미 공의회의 역사에서 확인했다. 예수를 그리스도로 믿는다는 것은 단순 명료해서 논란의 여지가 없었지만, 예수는 하나님이시며 인간이라는 교리, 즉 '하나님의 아들'이신 예수에게 신성과 인성이 동시에 있다는 것을 어떻게 설명할 것인가? 이 문제를 두고 아리우스파와 아타나시우스파의 논쟁은 물리적인 충돌, 더 나아가

상대편에 대한 정치적인 공격으로 확대되기 쉬웠다.

또 성령을 설명하는 것에 대해서도 의견이 분분했다. 이런 문제를 하나의 교리로 정리하려니 논란이 계속되었다. 이렇듯 혼란이 끊이지 않자 황제가 정통과 이단을 가려내고 교리적 통일성을 이루겠다고 나선 것이다. 해결 방식은 공의회를 소집해서 주교들을 모아놓고 논의를 하게 한 뒤 주류의 손을 들어주는 식이었다.

황제가 소집하고 마무리한 공의회

최초의 공의회인 니케아 공의회는 콘스탄티누스 황제가 소집하고 개회사를 한 뒤 주교들이 서로의 주장을 토론하는 방식으로 진행되었다. 오늘날로 보면 정치지도자가 교회 총회를 소집하고 사회를 보는 모습과 같다. 그러나 당시는 황제 역시 그리스도교인이었고, 더욱이 다신교적 전통에서는 황제가 대사제였으니 큰 문제가 없다고 생각할 수도 있었다. 교리 문제는 교회의 문제이면서 곧 그리스도교인인 황제 자신의 문제이기도 했다. 또 황제인 자신의 문제이니 이는 곧 국가의 문제인 것이다. 이런 식으로 콘스탄티누스는 황제교황주의의 선례를 보여 주었다. 그래서 10장에서 살펴보았듯, 1차부터 7차 공의회들이 황제의 소집령에 따라 니케아를 시작으로 콘스탄티노폴리스, 에페소스, 칼케돈 등 동로마제국의 도시들에서 열렸고, 당시 이슈가 되는 교리적 분쟁이 황제의 주도로 수습되었기 때문에 자연스럽게 황제교황주의가 자동하게 되었다.

니케아 공의회 이후 공의회들

325년 니케아 공의회에서는 "예수가 존재하지 않은 적이 있었다"라고 주장하며 예수의 신성을 약화시킨 아리우스 사상이 이단으로 선언되었고 삼위일체론을 천명한 니케아 신경이 발표되었다. 그러나 삼위일체론을 둘러싼 논쟁은 여기서 멈추지 않았다. 그리스도교를 로마의 국교로 선언한 테오도시우스 황제가 콘스탄티노폴리스 공의회(381)를 열어 삼위일체론에 대한 논의에 종지부를 찍었다. 그러나 오늘날까지도 삼위일체론을 부정하는 교파들은 이 공의회의 결정을 받아들이지 않는다. 에페소스 공의회(431)에서는 예수의 신성과 인성을 별개로 구분한 네스토리우스파가 이단으로 선언되었다. 그리고 칼케돈 공의회(451)에서는 소위 칼케돈 신조가 작성되어 한 분이신 하나님, 그리고 예수의 신성과 인성이 "혼동도 없고, 변이도 없고 단절도 없고 분열도 없음"을 천명해서 정통 교리를 확정했다. 본성의 문제가 어느 정도 해결되었지만 동방에서는 여전히 하나님이신 예수에게 신으로서의 의지와 인간으로서의 의지가 둘 다 있는지 여부가 쟁점이 되었고 단의론이 도마에 올랐다. 세 번째로 열린 콘스탄티노폴리스 공의회(680-681)에서는 단의론이 배격되고 그리스도에게 하나님으로서의 의지와 인간으로서의 의지 둘 다 있다고 규정했다.[2]

퀴니섹스툼 공의회

황제교황주의와 관련해서는 692년에 유스티니아누스 2세가 소집한 '퀴니섹스툼 공의회'를 살펴보아야 한다.

---

2 ―― 단성론(單性論, Monophysitism)은 예수 그리스도의 한 인격 안에 두 본성, 곧 신성과 인성이 있다는 교리를 부인하고 오직 하나의 본성만 존재한다는 이론인 반면, 단의론(單意論, Monothelitism)은 그리스도가 오직 하나의 의지만 가졌다고 주장한 이론이다. 3차 콘스탄티노폴리스 공의회는 성육신 하신 주 예수 그리스도가 두 본성을 가졌으므로 두 본성대로 두 의지와 두 역사를 갖는다고 확정했다. 이로써 성육신 사상이 완성되고 그리스도를 둘러싼 논의가 종결되었다.

'퀴니섹스툼'은 'quintum'(다섯)과 'sextum'(여섯)을 합친 말로, 앞선 5차, 6차 공의회를 보충하는 공의회라는 뜻이다. 이 공의회는 콘스탄티노폴리스 황궁의 트룰로 홀에서 열렸기 때문에 트룰로 공의회라고도 부른다. 퀴니섹스툼 공의회에서는 성직자와 평신도로 하여금 그리스도교 도덕을 장려하고 확고히 할 것을 강조하는 내용이 결정되었다.

퀴니섹스툼 공의회의 주요 결정사항

<u>교회법 3조</u>: "성직자의 재혼을 금한다"고 규정했다. 성직자의 재혼을 금한다는 말은 당시 성직자의 결혼은 금하지 않았고,[3] 단지 재혼만 못하게 규정한 것이다. 그리고 "세례를 받은 이후에 과부, 창녀, 노예, 여배우와 결혼한 남자는 절대 사제가 될 수 없다"라고 규정했다.

<u>교회법 11조</u>: "사제가 유대인 의사에게 진료를 받거나 유대인과 함께 목욕탕에 들어갈 수 없다."

<u>교회법 65조</u>: "초승달이 뜰 때 모닥불을 피워 놓고 주위를 돌며 춤추는 행위를 금한다."

<u>교회법 79조</u>: "크리스마스 선물을 금한다."

<u>교회법 96조</u>: "도발적이거나 유혹적인 곱슬머리를 한 자는 성당에 올 수 없다."

---

3 —— 성직자의 혼인은 밀라노칙령으로 신앙의 자유를 얻은 이후 엄격하게 금지되었다. 니케아 공의회에서는 미혼자가 서품을 받으면 혼인할 수 없었고, 기혼자의 경우 주교로 서품되면 부인은 수녀원에 들어가야 한다고 규정되었다. 그러나 동방교회에서는 17세기부터 이 규정이 완화되었고, 일반 성직자의 결혼이 허용되었다. 다만 혼인한 자는 주교가 될 수 없었다. 반면에 로마 가톨릭교회에서는 사제들의 독신생활을 강력히 권고했고, 1123년 1차 라테란 공의회와 1139년 2차 라테란 공의회는 사제가 독신생활을 해야 한다고 규정했다. 1545년 트리엔트 공의회도 사제 독신제도를 재차 규정했고, 오늘날 같은 사제독신제가 보편 교회법으로 명시된 것은 1917년이다.

이처럼 여러 내용을 규정했는데 문제는 서방 교회가 공의회에 참가하지 않았다는 것이다. 당시 교황의 권위가 강화되었기에 동방의 주교들과 만나 토론을 하기에는 교황의 급이 다르다고 생각한 것이다. 5대 주요 교회 중에서 로마 교회가 첫 번째 교회라는 것은 비잔티움 제국에서도 인정했다. 교황은 베드로의 계승자이고 베드로는 예수로부터 '천국의 열쇠'를 받았다는 성경 말씀을 인정하지 않을 수 없었기 때문이다. 그래서 동방에서 공의회가 있을 때마다 교황은 대리인을 파견하기도 했다. 그리고 공의회의 결정을 교황이 수용할 수도 있고 안 할 수도 있었다. 또한 대리인이 가서 교황의 뜻을 전하기도 하는 식이었는데, 퀴니섹스툼 공의회에서는 황제가 교황에게 대표단을 초청하지 않고, 공의회가 끝난 뒤 결정 사항을 통보해 로마 교회도 이 결정에 따르라고 한 것이다. 반면 교황 입장에서는 '연락받은 바도 없고 자기들끼리 결정한 것을 왜 나한테 따르라고 하느냐'고 반발하게 된 것이다. 이는 동로마의 황제교황주의 원리에서 나온 것이다. 즉 황제가 소집한 공의회에서 결정했으면 참석했든 안 했든 따라야 한다는 것인데, 교황은 이를 거절한 것이다. 그래서 동방 정교회에서는 지금도 이 퀴니섹스툼 공의회를 보편공의회로 인정하는 데 반해 로마 교회는 인정하지 않고 있다. 이것이 황제교황주의의 전형적인 사례다.

2차 니케아 공의회

8세기에 레오 3세(재위 717-741) 등 비잔티움 황제들은 성직자들이 교회를 그리스도와 성인들의 상으로 장식하거나, 심지어 휴대용 성상을 가지고 다니는 것은 우상을 새기지 말라는 십계명의 2계명(출 20:4)을 어기는 행위라며 성상 파괴 정책을 시행했다. 726년 레오 3세를 시작으로 그의 손자 레오 4세(재위 775-780)까지 성상 파괴 운동이 강력하게 추진되었고 이는 로마 교황의 반발을 사게 되었다. 그러나 레오 4세가 죽자 황후 이레네가 미성년자 아들 콘스탄티누스 6세의 섭정이 되어 교황 아드리아노 1세와 협의해 787년 2차 니케아 공의회를 소집하여 성화상 사용을 허락하는 결정을 내렸다. 이후 정교회에서는 큰 성상의 사용은 불허하면서 성화 사용은 허용했고, 모자이크 벽화나 성화로 교회를 장식하기 시작했다. 이처럼 성화상 문제를 두고 황제가 공의회를 개최하여 자기의 권위로 이에 따르도록 했던 것은 황제교황주의의 또 다른 실례라고 할 수 있다.

황제교황주의의 문제

그리스도교가 국교가 된 뒤에는 황제 자신도 그리스도교인이니 로마 황제는 하나님의 도구로서 이 세상에서 질서를 수호해야 할 사명을 받은 자라고 생각하는 것은 자연스러운 일이다. 서신서에 보면 바울도 권세에 복종하라는 가르침을 내리기도 했다. 그런 점에서 황제교황주의는 교회의 분열을 막고 통일성을 유지하게 하는 힘임을 인정해야만 한다. 그러나 황제교황주의를 근거로 비잔티움 황제가 공의회를 열어 교회와 교리 문제를 주도하면서 서방 교회와 대립을 거듭했고, 급기야 1054년에 서로가 서로를 파문하면서 갈라진 것을 보면 황제교황주의가 동서 교회 분열의 요인인 것도 무시할 수 없다. 이처럼 공의회를 통해서 교리를 통일해 갔지만, 신앙의 통일성이 깨지고 분열과 대립이 오히려 조장된 측면이 있다. 예수의 "가이사의 것은 가이사에게, 하나님의 것은 하나님에게"라는 말씀처럼 성과 속의 영역이 다를 수밖에 없는데 황제가 교회 문제에 관여하니 많은 부작용이 생겨난 것이다.

유스티니아누스 치세의 비잔티움 제국 최대 영토(555년). 이탈리아, 시칠리아, 북아프리카, 히스파니아 남부 등 갈리아를 제외한 서로마제국 영토를 대부분 재정복했다.

13번째 사도를 자칭한 콘스탄티누스 황제

콘스탄티누스는 죽기 직전에 세례를 받았지만 그리스도교를 공인하고 니케아 공의회를 열어 삼위일체를 정통으로 인정하는 등 교회사에서 중요한 일을 많이 했다. 그는 새로운 로마 콘스탄티노폴리스를 건설해서 천도했고, 그곳에 옛 성 소피아 성당을 세웠다. 그러나 그 뒤에 성당이 두 번이나 화재로 붕괴되었기 때문에 6세기 중엽 유스티니아누스 황제가 재건했는데, 이것이 바로 오늘에 이르기까지 1,500여 년 동안 이스탄불에 남아 화려함과 웅장함을 자랑하는 성 소피아 성당이다. 예루살렘의 골고다 언덕에 세운 성묘교회 등 중요한 교회들은 어머니 헬레나가 세웠지만 사실은 아들 콘스탄티누스의 권위를 빌려서 세운 것이다. 즉, 스스로 '13번째 사도'로 자칭할 만큼 콘스탄티누스 황제는 교회를 위해서 많은 일을 한 셈이다. 그의 이러한 활동은 황제교황주의의 모델이 되었다.

유스티니아누스 시대

황제교황주의의 모델, 유스티니아누스 황제

비잔티움 제국이 차지한 영토는 로마제국이 동서로 분리되기 전에도 가장 부유한 지역이었다. 게르만족의 이동기에 이곳도 초기에는 서고트족의 침입을 받았고, 아드리아노폴리스 전투에서는 황제가 전사하기도 했다. 그래도 콘스탄티노폴리스가 위기를 견뎌 낸 것은 인구가 많고 도시도 번영을 누렸으며 무엇보다 방어 시설이 잘 마련되어 있었기 때문이다. 콘스탄티누스 황제의 모범을 가장 잘 계승한 사람은 유스티니아누스 황제(재위 527-565)였다. 그는 황제가 된 삼촌 유스티누스 황제를 도와 황실 경비대장을 지내다가 후임 황제가 되었다. 황후 테오도라는 미천한 출신이었지만 정치적으로 많은 영향력을 행사했고, 특히 532년 니카 반란으로 유스티니아누스 황제가 제위를 빼앗길 위기에 처했을 때 황제를 도와 "테오도라가 없었다면 유스티니아누스 황제도 없었을 것이다"라는 말이 나돌 정도였다.[4]

위기를 넘긴 유스티니아누스는 게르만족이 차지한 서로마제국의 영토를 다시 정복함으로써 로마제국의 재건을 시도했다. 533년 반달족이 차지하고 있던 북부 아프리카를 장악한 것을 시작으로, 라벤나를 위시한 북부 이탈리아의 동고트왕국을 정복하고 히스파니아 남쪽 해안과 시킬리아를 동로마제국 영토로 편입시킨 것이다. 이로써 갈리아와 브리타니아를 제외한 대부분의 서로마제국 영토를 되찾았다. 그는 아주 강력한 군주로서 반세기 동안 제국을 강력한 황제권에 통합시켜 옛 로마제국의 영광을 잠시나마 재현했다.

로마법 대전의 완성

영토 회복 못지않게 유스티니아누스 황제의 중요한 업적은 로마법 편찬이다. 독일 법학자 예링(1818-1892)은 로마인들이 세계를 세 번 통일했다고(처음에는 군사적인 지중해 세계 정복, 두 번째는 그리스도교로 종교의 통합 그리고 세 번째는 법의

4——— 532년 전차 경주를 응원하던 청색당과 녹색당 간의 충돌을 진압하는 과정에서 폭동이 일어나 황후 테오도라가 천한 출신이라는 점, 게다가 단성론을 옹호한다는 점을 들어 황후 테오도라를 비난했고, '황제 타도'라는 문구와 함께 '니카'(승리)를 외치며 폭동을 일으켰다(니카 반란). 당시 황궁이 폭도들에게 점령당할 위기에 처하자 황제는 탈출하려 했지만 황후 테오도라가 "황제답게 떳떳하게 죽으라"라고 말린 후 강경 진압에 성공했다는 유명한 이야기가 있다.

위: 성 소피아 성당.
아래: 성 소피아 성당 남서쪽 입구의 모자이크. 오른쪽에 있는 콘스탄티누스 황제가 새로운 로마인 콘스탄티노폴리스를, 왼쪽에 있는 유스티니아누스가 성 소피아 성당을 옥좌에 앉은 성모 마리아와 아기 예수께 헌정하고 있다.

통합) 말했다. 로마법은 로마제국 당시에도 제국 질서를 유지하는 중요한 수단이었으며 서로마제국이 해체된 이후에 중세 유럽에서도 그 실용성이 입증되었다. 중세 사회가 안정을 되찾은 후 상업이 부활하고 도시가 발전하자 12세기부터 로마법 계승 운동이 전개되었기 때문이다. 중세 유럽인들이 로마법을 연구해서 그것을 교회나 도시, 또는 장원 등에 적용하려 했던 것이다. 이후 로마법은 서양근대국가 건설의 토대가 되었고, 20세기에 로마법을 이어받은 독일법이 일제강점기를 통해 우리에게까지 영향을 끼쳤다. 로마법은 역사적으로 발전했지만 이것을 체계화해서 하나의 로마법 대전으로 묶은 것은 유스티니아누스 시기였다. 3세기에 집성된 로마법을 구법이라고 하고, 4세기부터 6세기까지의 모든 법을 신법이라고 했는데, 구법과 신법을 묶어 로마법 대전을 완성한 것이다.

비잔티움 문화의 토대 구축

유스티니아누스는 비잔티움 문화의 토대를 닦았다. 동로마 지역은 알렉산드로스 대왕 이후로는 헬레니즘 문화권이었기 때문에 로마 통치 아래에서도 헬라어가 공용어였다. 로마인들이 지배하면서도 라틴어가 국제 언어로 정착하지 못했던 것이다. 그런데 유스티니아누스는 황제 중에 라틴어를 한 마지막 황제였기에 로마법 대전은 라틴어로 쓰였다. 그러나 비잔티움 문화도 결국은 그리스 문화의 텃밭에서 발전해 갈 수밖에 없었다. 유스티니아누스 황제 후로는 황궁에서도 더 이상 라틴어가 사용되지 않게 되었고 동로마 세계는 로마가 중심이 되었던 서로마제국과 언어와 문화적으로도 다른 길을 가게 되었다.

성 소피아 성당

유스티니아누스와 비잔티움 제국의 영광을 잘 보여주는 것은 콘스탄티노폴리스(현재 이스탄불)의 성 소피아 성당이다. 정교회의 총본산인 성 소피아 성당은 전 세계에서 네 번째로 크지만 현존하는 가장 오래된 성당으로 '거룩한 지혜'라는 뜻을 가지고 있다.[5] 532년 1월 성 소피아 성당 앞 대경주장(히포드롬)에서 일어난 니카 반란 때 두 번째 성 소피아 성당도 불탔다.[6] 현재 남아 있는 성 소피아 성당은 니카 반란을 진압한 다음에 건축을 시작해서 5년 10개월만에 완공한 것이다. 헌정식에 참석한 유스티니아누스가 '솔로몬이여, 내가 당신을 이겼다'고 외쳤다고 전해진다. 솔로몬이 지은 예루살렘 성전보다 위대한 성전을 지었다고 자랑한 것이다. 이후 성 소피아 성당은 콘스탄티노폴리스 총대주교의 주교좌가 위치한 정교회의 총본산이 되었고, 비잔티움 제국 황제 즉위식이나 중요한 정치적·종교적 의식이 이곳에서 거행되었다. 성당 안은 예수 그리스도와 성모 마리아를 비롯한 성인, 천사, 황제, 황후를 그린 각종 모자이크로 화려하게 장식되었다. 그러나 1453년 오스만 투르크에 점령당해 모스크로 사용되면서 성화 모자이크들이 회반죽으로 덮이는 수난을 당하기도 했다.

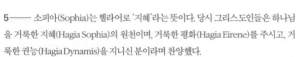

5—— 소피아(Sophia)는 헬라어로 '지혜'라는 뜻이다. 당시 그리스도인들은 하나님을 거룩한 지혜(Hagia Sophia)의 원천이며, 거룩한 평화(Hagia Eirene)를 주시고, 거룩한 권능(Hagia Dynamis)을 지니신 분이라며 찬양했다.

6—— 첫 번째 소피아 성당은 '위대한 교회'(메갈리 에클레시아)라는 이름으로 360년 콘스탄티우스 2세가 세웠다. 목조 지붕의 바실리카 양식 교회였는데, 5세기 초에 일어난 폭동으로 소실되었고, 두 번째 성당은 테오도시우스 2세가 415년에 재건한 것이었다.

위: 산 비탈레 성당 외부.
아래: 황제교황주의를 상징하는 산 비탈레 성
내부 모자이크. 가운데가 유스티니아누스다

산 비탈레 성당 모자이크화

북부 이탈리아의 라벤나에 있는 산 비탈레 성당은 황제교황주의를 잘 보여 주는 모자이크로 유명하다. 라벤나는 5세기 초 서로마 황제 호노리우스 황제에 의해 한때 서로마제국 수도가 되었지만 서로마제국이 붕괴된 이후 동고트왕국의 수도가 되었다. 540년에는 유스티니아누스가 파견한 벨리사리우스 장군에 의해 비잔티움 제국의 영토이자 이탈리아 수도가 되었다.[7] 527년에 공사를 시작하여 548년 막시밀리아누스 주교에 의해 완성된 산 비탈레 성당은 비탈리스 성인의 무덤 위에 지은 것이다. 비잔티움 제국의 서지중해 거점도시에 건립되었기 때문에 산 비탈레 성당은 로마 건축 양식과 비잔티움 양식이 결합되어 독특한 양식의 건물로 탄생했다. 중앙은 팔각형 구조이고 그 위에 둥근 천장을 올려놓아 콘스탄티노폴리스에 있는 성 소피아 성당을 연상하게 한다. 무엇보다도 이 성당은 화려한 모자이크 천장화로 유명하다. 그중에 유스티니아누스 황제와 막시밀리아누스 주교, 그리고 군인들의 모습이 나와 있는 모자이크는 전형적인 황제교황주의를 상징한다. 중앙에 있는 유스티니아누스가 앞으로 조금 나오게 함으로써 입체감을 주었다. 유스티니아누스 황제에게는 광배가 둘러쳐져 있으며, 그 옆에 산 비탈레 성당의 대주교인 막시밀리아누스의 이름이 쓰여 있다. 성배를 들고 있는 시종들의 모습, 3일 동안 교회일 하랴 나랏일 돌보랴 너무 바빠서 수염을 깎지 못해 덥수룩한 모습의 유스티니아누스 모습이 인상적이다.

---

7 —— 라벤나는 8세기 초 롬바르디아족을 거쳐 8세기 중엽 프랑크왕국에 넘어가고, 피핀이 이곳을 정복해 교황에게 희사하면서 교황령이 된다.

맺음말: 로마의 그리스도교화, 그리스도교의 로마화

이제 이 책의 종착역이다. 예수 그리스도의 탄생과 사역, 십자가 고난과 죽음, 부활과 승천으로 시작된 그리스도교는 처음 300여 년 동안 무시와 무관심, 간헐적인 박해 속에서 지중해 세계로 퍼져 나갔다. 과정이 순탄하지만은 않았다. 신약성경의 정경화 작업이 있었고, 교리를 둘러싼 갈등이 이단과 정통 시비를 낳았고, 박해를 받을 때에 배교와 순교가 교차하면서 분열과 갈등이 드러나기도 했다. 그런 험난한 과정을 거쳐 4세기 초에 로마제국은 그리스도교를 공인하고 4세기 말에 그리스도교를 국교로 선언했다. 로마의 그리스도교화를 이룬 것이다.

그러나 얼마 지나지 않아 동서 로마가 분리되고 서로마제국은 100년도 가지 않아 멸망하고 말았다. 베드로의 후계자를 자처하면서 로마 가톨릭교회의 수장이 된 교황은 게르만족에 대한 선교를 통해 서유럽 세계를 라틴 그리스도교 세계로 결집시켰다. 그러나 다신교적 전통의 로마 문화가 교회에 스며들어 많은 이교적인 전통도 만들어졌다. 교회 문제의 결정권이 교황에게 집중되면서 교권과 속권의 대립이 생겼고, 교황의 권위가 강화되어 어느 때는 세속군주보다 더 막강한 영향력을 행사하기도 했다. 교황이 로마 전통종교의 우두머리인 대사제(pontifex maximus)가 됨으로써 교회 계서제의 최상층에 자리 잡았지만 국가교회가 갖는 세속화를 피할 수는 없었다.

반면 1,000년 이상 이어진 비잔티움 제국에서는 황제교황주의가 자리 잡았다. 그리스 문명, 나아가 오리엔트 문명이 자리했던 동로마제국에는 비그리스도교적 전통이 들어올 수밖에 없는 문화적 특징이 있었다. 더욱이 황제교황주의는 세속 군주인 황제가 교회 문제에 많은 부분 관여한 결과였다.

이처럼 로마와 그리스도교는 결코 하나가 될 수 없었다. 로마 역사와 문화 안에는 기본적으로 다신교적 전통과 실용주의 정신이 스며들어 있던 반면, 그리스도교는 희생을 통해 인류의 죄를 대신 지고 십자가를 지신 예수 그리스도의 사랑을 깨닫고 실천하는 종교다. 이런 이질감에도 불구하고 그리스도교는 로마의 국교가 되면서 로마의 그리스도화에 성공했다. 그러나 그리스도교는 로마제국 안에서 자라났고 로마제국 곳곳으로 퍼져 나가면서 로마 문화에 물들었음을, 그래서 그리스도교의 로마화라는 문제가 발생했음을 보았다.

오늘날은 다문화, 다원주의가 시대정신이고 이러한 시대정신이 그리스도교에 영향을 주고 있다. 로마 시대에 그러했듯, 그리스도교인들과 비그리스도교인들이 함께 현대 시대를 살고 있다. 이런 상황에서 그리스도교인은 역사 속에서 교훈을 얻어 그리스도교의 로마화의 실상을 잘 깨닫고 그리스도교의 진리를 잘 수호해야 한다. 아우구스티누스가 말했던 것처럼 지상국과 구분되는 신국에 속한 자라는 정체성을 잊지 말아야 한다. 일찍이 예수께서 말씀하셨고, 또 사도 바울이 우리에게 권면했듯이 말이다.

너희가 세상에 속하였으면 세상이 자기의 것을 사랑할 터이나 너희는 세상에 속한 자가 아니요 도리어 세상에서 나의 택함을 입은 자인 고로 세상이 너희를 미워하느니라.(요 15: 19)

우리의 시민권은 하늘에 있는 지라 거기로부터 구원하는 자 곧 주 예수 그리스도를 기다리노니.(빌 3:20)

참고문헌

김경현, 《콘스탄티누스와 기독교》, 세창출판사, 2017.

김덕수, 《그리스와 로마: 지중해의 라이벌》, 살림, 2004.

김덕수, 《아우구스투스의 원수정: 로마 공화정에서 제정으로》, 길, 2013.

김창성 편저, 《사료로 읽는 서양사 1 고대편》, 책과함께, 2014.

도널드 R. 더들리, 김덕수 역, 《로마문명사》, 현대지성사, 1997.

로널드 사임, 허승일·김덕수 역, 《로마혁명사》 1-2권, 한길사, 2006

몽테스키외, 박광순 역, 《로마인의 흥망성쇠 원인론》, 범우사, 2007.

베르길리우스, 천병희 역, 《아에네이스》, 숲 출판사, 2004.

브래들리, 차전환 역, 《로마제국의 노예와 주인-사회적 통제에 대한 연구》, 신서원, 2001.

《성경》, 한국천주교주교회의, 2005.

《성경전서》, 대한성서공회, 개정개혁판, 2010.

성 아우구스티누스, 김광채 역, 《성 어거스틴 고백록》, 기독교문서선교회, 2004.

성 아우구스티누스, 성염 역, 《신국론》 vol.1-3, 분도출판사, 2004.

수에토니우스, 박광순 역, 《풍속으로 본 12인의 로마 황제》 1-2권, 풀빛 미디어, 1998.

수에토니우스, 안재원 역, 《로마의 문법학자들》, 한길사, 2013.

신상화, 《로마: 물의 도시, 돌의 도시, 영원의 도시》, 청년사, 2004.

안재원, 《인문의 재발견》, 논형, 2014.

안희돈, 《네로황제 연구》, 다락방, 2004.

오비디우스, 천병희 역,《로마의 축제일》, 한길사, 2005.

정기문,《그리스도교의 탄생: 역사학의 눈으로 본 원시 그리스도교의 역사》, 길, 2016.

차전환,《로마제국과 그리스문화: 헬레니즘의 수용과 변용》, 길, 2016.

최병조,《로마법강의》, 박영사, 1999.

카이사르, 박광순 역,《갈리아 전기》, 범우사, 1990.

키케로, 김창성 역,《국가론》, 한길사, 2007.

키케로, 안재원 역,《수사학-말하기의 규칙과 세계》, 길, 2006.

타키투스, 김경현·차전환 역,《타키투스의 역사》, 한길사, 2011.

타키투스, 박광순 역,《타키투스의 연대기》, 범우, 2005.

타키투스, 이광숙 편역,《타키투스의 게르마니아》, 서울대학교 출판부, 1999.

퓌스텔 드 쿨랑주, 김응종 역,《고대 도시-그리스·로마의 신앙, 법, 제도에 대한 연구》, 아카넷, 2000.

프리츠 하이켈하임, 김덕수 역,《하이켈하임의 로마사》, 현대지성사, 2017.

플루타르크, 이성규 역,《플루타르크 영웅전 전집-완역판》I-II, 현대지성사, 2000.

P. A. 브런트, 허승일 역,《로마사회사》, 1985.

한국서양고대역사문화학회 엮음,《아우구스투스 연구》, 책과함께, 2016.

허승일 외,《로마제정사연구》, 서울대학교출판부, 2000.

허승일 외,《인물로 보는 서양고대사》, 길, 2006.

허승일,《로마공화정》, 서울대학교출판부, 1997.

허승일,《증보로마 공화정연구》, 서울대학교출판부, 1995.

로마와 그리스도교

Rome and Christianity

지은이 김덕수
펴낸곳 주식회사 홍성사
펴낸이 정애주
국효숙 김의연 김준표 박혜란 손상범 송민규
오민택 임영주 주예경 차길환 허은

2017. 9. 21. 초판 발행   2021. 11. 15. 2쇄 발행

등록번호 제1-499호 1977. 8. 1.
주소 (04084) 서울시 마포구 양화진4길 3   **전화** 02) 333-5161   **팩스** 02) 333-5165
홈페이지 hongsungsa.com   **이메일** hsbooks@hongsungsa.com
페이스북 facebook.com/hongsungsa
양화진책방 02) 333-5163

ISBN 978-89-365-0348-2 (03900)